Jahrbuch für Wirtschaftsprüfung, Interne Revision und Unternehmensberatung 2011

Herausgegeben von
Prof. Dr. Dr. h.c. Wolfgang Lück
Wirtschaftsprüfer

Oldenbourg Verlag München

Bibliografische Information der Deutschen Nationalbibliothek

Die Deutsche Nationalbibliothek verzeichnet diese Publikation in der Deutschen Nationalbibliografie; detaillierte bibliografische Daten sind im Internet über http://dnb.d-nb.de abrufbar.

© 2011 Oldenbourg Wissenschaftsverlag GmbH
Rosenheimer Straße 145, D-81671 München
Telefon: (089) 45051-0
www.oldenbourg-verlag.de

Lektorat: Christiane Engel-Haas
Herstellung: Constanze Müller
Titelbild: thinkstockphotos.de
Einbandgestaltung: hauser lacour
Gesamtherstellung: Grafik + Druck, München

Dieses Papier ist alterungsbeständig nach DIN/ISO 9706.

ISBN   978-3-486-70554-6

Vorwort des Herausgebers

Vertrauen ist für alle Unternehmen
das größte Betriebskapital

Albert Schweitzer

Das Jahrbuch verfolgt das Ziel, grundsätzliche und aktuelle Fragen, Probleme und Entwicklungstendenzen der Wirtschaftsprüfung, der Internen Revision und der Unternehmensberatung zur Diskussion zu stellen und Lösungsansätze aufzuzeigen.

Die fachbezogenen Themen werden durch fächerübergreifende Beiträge ergänzt: Werte für die Unternehmensführung, Wirtschafts- und Finanzkrise, Human Value Business.

Offensichtlich wird heute kaum noch eine Vorlesung zur „Geschichte der Betriebswirtschaftslehre" angeboten. Absolventen betriebswirtschaftlicher Studiengänge kennen nicht einmal den Namen Eugen Schmalenbach. Deshalb haben wir im Jahrbuch 2011 einen Beitrag über Eugen Schmalenbach, den „Gründer der Kölner Schule" und „Vater der Wirtschaftsprüfer", aufgenommen.

Der Herausgeber dankt allen Autoren für die spontane Zusage zur Mitarbeit. Dem Oldenbourg Wissenschaftsverlag GmbH in München und insbesondere dem Leiter des Lektorats Wirtschafts- und Sozialwissenschaften, Herrn Dr. Jürgen Schechler, danke ich für die Unterstützung und für die harmonische Zusammenarbeit.

München und Weimar im Januar 2011

Prof. Dr. Prof. h. c. Dr. h. c. Wolfgang Lück

Inhaltsverzeichnis

Werte für die Unternehmensführung –
Eine theologische Perspektive

Prof. Dr. Hartmut Kreikebaum

1   Problemstellung

In dem James Bond-Film „Die Welt ist nicht genug" wird gezeigt, dass der Mensch zu mehr bestimmt ist, zu etwas „Höherem", wie immer dieses über seine unmittelbare Existenz hinaus Weisende bestimmt ist. In der DDR war es z. B. die über allen Bürgern stehende Ideologie: „Die Lehren von Marx, Engels und Lenin sind allmächtig, weil sie wahr sind." Dieser jahrzehntelange Werbespruch der SED-Führung blieb nicht ohne Langzeitwirkung. Heute glauben nur noch 25 % der Menschen im Osten der Republik an Gott, gegenüber 65 % der Bevölkerung im Westen.

Allerdings ist inzwischen festzustellen, dass der ursprüngliche, kämpferische Atheismus bei den meisten Menschen durch Areligiösität verdrängt worden ist.[1] Ein erklärter Atheist setzt sich wenigstens noch mit der Möglichkeit eines – wenn auch verneinten – Gottes auseinander. Dagegen ist für einen Areligiösen die Abwesenheit von Transzendenz so vollständig, dass eine Verneinung Gottes überhaupt keinen Sinn mehr macht. Nichtglauben ist völlig normal geworden. Die Unterscheidung von christlich und atheistisch gilt für viele Zeitgenossen nicht mehr. Für sie existiert auch keine theologische Begründung wirtschaftlichen Handelns. Der insbesondere durch die Finanzkrise deutlich gewordene Zerfall an Werten ist aus einer ethischen Perspektive heraus bereits früher kritisiert worden. In ihrem Buch „Zivilisiert den Kapitalismus" rief Marion Gräfin Dönhoff schon vor eineinhalb Jahrzehnten zu einer ethischen Neubesinnung auf: „Ohne ethischen Minimalkonsens zerbröselt die Gesellschaft" stellte sie ihren kritischen Betrachtungen voran. „Erst kommt das Geld – dann die Moral" und „Zur Raffgesellschaft degeneriert" lauteten einige der griffigen Kapitelüberschriften im Buch dieser engagierten Journalistin, die sich wie kaum eine andere Zeitzeugin für einen solidaritätsschaffenden und Orientierung bietenden ethischen Konsens einsetzte. Zu Recht betonte sie, dass für Adam Smith, den Erfinder des klassischen Liberalismus, ethische Bindungen als Begrenzung des Egoismus unbedingt notwendig waren.[2] Smith war schließlich Professor für Moralphilosophie.

Seine „Theorie der moralischen Gefühle" belegt unmissverständlich, dass der Vertreter einer liberalen Marktwirtschaft intensiv über Sinnfragen nachdachte.

Als zentraler Inhalt der Ethik gelten Tugenden und Werte. Tugenden prägen die individuelle Grundhaltung jedes Menschen. Sie helfen ihm, in einer schwierigen Entscheidungssituation die richtige Wahl zu treffen. Das Verhalten der Menschen untereinander wird im vorgesetzlichen Rahmen durch konsensuelle Werte geregelt. In einem Rechtsstaat ist die Würde des Menschen der zentrale Wert.

Tugenden und Werte gelten heute vielfach als alte Zöpfe. Nach Ansicht von Ulrich Wickert sollten sie wiederbelebt und in das bewusst erfahrene System der Ethik eingeordnet werden.

---

[1]   Garth, Alexander: Die Welt ist nicht genug, München 2010.

[2]   Gräfin Dönhoff, Marion: Zivilisiert den Kapitalismus. Grenzen der Freiheit. Hamburg 1997, S. 57.

Nur so entgingen sie der Gefahr, reine Wunschvorstellungen oder universalisierte Ideen zu bleiben.[3]

„Ethik" wird hier verstanden als eine Summe gemeinsamer Regeln über das, was in einer Gesellschaft als gut oder böse zu betrachten ist. „Tugendhaft" handelt jemand, der verantwortlich mit sich selbst, den Mitmenschen und der natürlichen Umwelt umgeht, d.h. vernunftgemäß und authentisch agiert. Die zunehmende Beschäftigung mit Werten kann als modischer Trend betrachtet werden, aber auch als ein Indikator für unbeantwortete Sinnfragen.

Die Rückbesinnung auf Sinnfragen steht im Mittelpunkt dieses Beitrags. Wir fragen zunächst nach der Rolle von Werten für die ethische Begründung des wirtschaftlichen Handelns (Punkt 2). Im nächsten Abschnitt soll gezeigt werden, welche Aktualität die jahrhundertealte Tradition der jüdischen Torah und speziell der Mishna für die heutige ethische Diskussion besitzt (Punkt 3). Daran schließt sich die zentrale Frage nach der Bedeutung christlicher Ethik für die Wertefrage an (Punkt 4). Die Konsequenzen einer theologischen Sichtweise für die Unternehmensführung werden in Punkt 5 dargestellt. Der letzte Abschnitt bietet einen (selbst-)kritischen Ausblick.

2   Werte im Wirtschaftsleben

„Ihre Werte, bitte!" lautet der Titel eines Buches, das 2010 von drei Vorstandsmitgliedern der im Jahr 2004 gegründeten „Wertekommission – Initiative Werte Bewusste Führung e.V." herausgegeben wurde. Im Vorwort schreiben die Herausgeber Sven H. Korndörffer, Liane Scheinert und Matthias Bucksteeg nicht nur, dass ein Mangel an Werteorientierung die globale Finanzkrise wesentlich verursacht habe. Sie weisen auch anhand eines Meinungsbildes von 48 Führungskräften der deutschen Wirtschaft darauf hin, dass Wertschaffung ohne eine fundierte Werteorientierung des einzelnen nicht möglich sei. Die Wertekommission geht davon aus, dass die moralische Beurteilung der Wirtschaftseliten inzwischen an einem Tiefpunkt in einschlägigen Rankings angelangt sei. Gefordert wird deshalb eine grundlegende Neubesinnung auf Werte *wie* Integrität und Mut, Nachhaltigkeit und Respekt sowie Verantwortung und Vertrauen.[4]

Wenn von moralischen Werten die Rede ist, liegt der Begriff des Wertewandels nicht fern. Ein Wertewandel hat sich beispielsweise aus der wachsenden Bedeutung von Antikorruptionsmaßnahmen ergeben. Ausgelöst durch große Korruptionsskandale wie bei Ferrostaal und Siemens wurde in den Vorstandsetagen großer deutscher Unternehmen stärker auf die Einhaltung von Gesetzen und internen Richtlinien (compliance) geachtet. Gleichzeitig mit den erheblichen Investitionen in Kontrollsysteme begannen die Unternehmen jedoch auch, eige-

---

[3]   Vgl. Wickert, Ulrich: Das Buch der Tugenden. Hamburg 1995, S. 31–37.
[4]   Korndörffer, Sven H.; Scheinert, Liane; Bucksteeg, Mathias (Hrsg.): „Ihre Werte, bitte!" Wiesbaden 2010, S. 5 f.

ne Maßnahmen der Mitarbeiterschulung einzuführen und sogenannte „Whistleblower-Hotlines" einzusetzen. Der Integritätsansatz betont demgegenüber die Verantwortlichkeit, und zwar von Institutionen und einzelnen Entscheidungsträgern. Natürlich wäre es zu einfach, die Schuld für den Ausbruch der Finanzkrise bei einigen wenigen Investmentbanken zu suchen. Ebenso verkehrt wäre es jedoch, die Entstehung der Krise als einen unvermeidlichen Schicksalsschlag zu bezeichnen. Im Gegenteil: Sie entwickelte sich aus bewussten Entscheidungen, Motiven und Verhaltensweisen von einflussreichen Personen. Und wenn Banker behaupteten: „Es war wirklich nicht unsere Schuld!" negierten sie die harten Tatsachen und verhielten sich weiterhin als „Masters of the Universe" (Tom Wolfe).

Wer einen theologischen Ansatz wählt, um sich mit der Rolle von Werten für die Führung von und in Unternehmen zu beschäftigen, bezieht sich auf einen biblischen Referenzpunkt. Dies geschieht jedoch nicht durch logisch erschlichene Werturteile. Vielmehr bekennt sich der Autor zu einer jüdisch-christlichen Begründung von Ethik, wie sie im Alten und Neuen Testament zum Ausdruck kommt. Es soll gezeigt werden, dass diese Orientierung nicht verstaubt und überholt ist. Ganz im Gegenteil: Gerade angesichts der jüngsten Finanz- und Wirtschaftskrise erfährt sie eine ungeahnte Modernität und Realität. Zunächst soll dargestellt werden, zu welchen Konsequenzen die jüdische Torah und die mit ihr verbundene Mishna bei der Durchsetzung von Werten in der unternehmerischen Entscheidungsbildung führen.

3 Die Rolle von Torah und Mishna in der Finanz- und Wirtschaftskrise

Das hebräische Wort Mishna heißt soviel wie Lernen durch Wiederholen und bezeichnet das außerhalb der Torah entwickelte, mündlich tradierte Gewohnheitsrecht des nachexilischen Judentums. Die einzelfallbezogenen Traktate der sog. Mishna Rabbis genossen stets unbestrittene Autorität in der Öffentlichkeit.[5] Die Mishna besteht aus ursprünglich mündlichen Berichten, welche die Torah als göttliches Gesetz ergänzen.

Die „Responsa" genannten Kommentare bieten spezielle Lösungen in kritischen Entscheidungssituationen.[6] Die starke Kritik am eigensüchtigen Verhalten ihrer Manager nahmen einige unter jüdischer Führung stehende Wall Street –Banken zum Anlass, zwei Mishna Rabbiner um eine offizielle Stellungnahme aus theologischer Sicht zu bitten. Die beiden Rabbis bezogen sich in ihrer Auslegung auf zwei Responsas aus dem 13. Jahrhundert. Sie verwiesen auf das Mishna-Prinzip ‚letakunai shelachtik velo li'avutei': „Ich habe dir geboten, mein Handeln zu unterstützen und es nicht zu gefährden." Angewandt auf die Entscheidungssituation der kritisierten Banker bedeutet diese Regel: Wenn ein Geschäftsmann in einem be-

---

[5] Vgl. Groß, E.: Mischna. In: Die Religion in Geschichte und Gegenwart, Band 4, 3. Auflage, Tübingen 1986, Sp. 966–968.

[6] Vgl. zum Folgenden Albertini, Francesca Yardenit: Die jüdische Wirtschaftsethik im 21. Jahrhundert. In: Forum Wirtschaftsethik, 18. Jg., Nr. 1, 2010, S. 6–15.

stimmten Fall fachlich kompetent ist, darf er keinen Preis fordern, der nur ihn selbst begünstigt, z. B. in Form einer exzessiven Bonuszahlung. Die zwei Rabbis fügten noch ein anderes im Alten Testament erwähntes Prinzip hinzu, das in der Mishna auf wirtschaftliches Handeln bezogen wird. „Du sollt vor einen Blinden kein Hindernis legen" (3. Mose 19:14). Das bedeutet: Wenn jemand bei einer bestimmten Frage um Rat nachsucht, ist er mit einem Blinden zu vergleichen, der Unterstützung benötigt. Falls er bei der Befolgung dieses Ratschlags einen Schaden erleichtert, ist der Berater für diesen Schaden verantwortlich. Seine Aufgabe besteht darin, den zu erwartenden Schaden zu minimieren.

In jedem Fall galt es, übertriebenen Gewinn zu vermeiden. Die Ehrlichkeit der Absicht als Anfang aller Geschäftsbeziehungen entspricht der unaufhebbaren, eindeutigen Verantwortung Gott gegenüber. Sie besteht darin, alles von ihm empfangene Eigentum weiterzuleiten und damit zu mehr Gerechtigkeit im Wirtschaftsleben beizutragen. Mit diesem Hinweis bewegen wir uns bereits auf die Frage zu, welche Rolle das christliche Verständnis einer Wirtschafsethik übernimmt.

4   Der christliche Glaube als Grundlage von Werten

Thomas von Aquin gilt als der bedeutendste Philosoph und Theologe des Mittelalters. Er fügte den aristotelischen Kardinaltugenden Klugheit, Gerechtigkeit, Tapferkeit und Maß die paulinische Trias Glaube, Hoffnung, Liebe hinzu. Zugleich gilt Thomas als Vorläufer eines autonomen, geschichtlichen Denkens im Bereich der Ethik.

Eine vorurteilsfreie Betrachtung des menschlichen Verhaltens vor, während und nach der jüngsten Finanz- und Wirtschaftskrise lässt vermuten, dass die ökonomische Krise Ausdruck einer tiefergehenden Wertekrise ist. In einem bis dahin unbekannten Ausmaß beherrschen Betrügereien, Bestechungen und ein überzogenes Anspruchsdenken das Wirtschaftsleben. Horst Albach bringt es auf den Punkt: „Die moderne Mikroökonomie geht von dem Menschen, der von unbegrenzter Habgier getragen wird, als dem Normalfall aus. Es gibt kein Urvertrauen. Es gibt nur opportunistisches Verhalten des Individuums, Habgier zu Lasten der anderen Individuen."[7]

Nach dem in der Bibel geschilderten Bild vom Menschen besteht dessen Würde in seiner geschöpflichen Abhängigkeit von Gott und Zuordnung zu seinem Schöpfer. Damit gewinnt der Mensch einen festen Orientierungspunkt außerhalb seines Selbstverständnisses. Zwischen dem Zwang, sich selbst zu behaupten, und der Bestimmung zur Offenheit gegenüber dem Nächsten besteht ein Spannungsverhältnis. „Humanität ohne Gott" droht latent in Unbarmherzigkeit umzuschlagen und macht den Menschen gerade nicht frei. Die permanent durch

---

[7]   Albach, Horst. Zurück zum Ehrbaren Kaufmann. Zur Ökonomie der Habgier. In: WZB-Mitteilungen, Heft 10, Juni 2003, S. 37–40, hier S. 37.

Egoismus gefährdete innere Freiheit kann nicht durch Moralappelle oder bessere Einsicht gewonnen werden. Vielmehr geschieht dies nur durch eine totale Wende im Sinne einer grundlegenden Umkehr (metanoia).

Eine solche Umorientierung im Denken und Handeln kann die stets vorhandene Tendenz zur egozentrischen Abschließung aufbrechen. Daraus folgt, dass seitens der Ethik kein bestimmtes Menschenbild vorgegeben werden darf. Nach Auffassung von Eberhard Jüngel führte eine solche Festlegung dazu, dass Gott mit „heterogenen Moralitätsgesetzen" verwechselt würde.[8] Als „Quelle wahrer Aufklärung" zeige das Evangelium eine fragmentarische Natur des Menschen. Erst der Glaube an den in Christus Mensch gewordenen, „(zu uns) herunter gekommenen" Gott befreie den Menschen von seiner zirkulären Selbstbezüglichkeit. Dadurch eröffne sich ein neuer Weg zum Frieden mit sich selbst und zur Aussöhnung mit dem Nächsten.

Ein wunder Punkt steht dem entgegen; „Die stärkste Kraft reicht nicht an die Energie heran, mit der manch einer seine Schwächen verteidigt".[9] Dieses Diktum des Kritikers Karl Kraus wird durch aktuelle Beispiele aus der Gegenwart bestätigt. In Dietrich Dörners empirischen Untersuchungen ergab sich z.B. immer wieder, dass „Fehlereingeständnisse das Selbstwertgefühl des Managers in einer für ihn kaum erträglichen Weise beeinträchtigten. Die Entscheider kämpfen um ihre Kompetenzillusion, bemühen Verschwörungstheorien, selbst wenn sie längst widerlegt sind".[10] Man spielt das „blame game", d.h. die Schuld wird allein bei anderen gesucht, notfalls per Gerichtsbeschluss und auf Kosten einer Zerrüttung der menschlichen Beziehungen.

5   Konsequenzen für die Unternehmensführung

Es fasziniert mich immer wieder neu, wie realitätsnah die Aussagen der Bibel sind. Bereits das Alte Testament enthält ein ungeschminktes Bild der positiven und negativen Antriebe des Menschen, seiner Größe und seiner tiefen Verstrickungen. Dies zeigt sich z.B. beim Propheten Jesaja im Alten Testament. Jesaja beschreibt die zusammenbrechende gesellschaftliche Ordnung in Juda und Jerusalem wie folgt: „Einer fällt über den anderen her, jeder übervorteilt jeden" (Jes 3,5). Den gewissenlosen Führern des Volkes Jakobs lässt Gott sagen: „Gierig sind sie wie Hunde, die nie satt werden [...]. Sie sorgen nur für sich selbst und suchen ihren

---

[8]   Vgl. F. W. Graf: Nur Narren können die befreiende Wahrheit aussprechen. Der profilierteste Theologe im deutschen Protestantismus: Eberhard Jüngel zum siebzigsten Geburtstag. In: FAZ, Nr. 284, vom 4.12.2004, S. 37.

[9]   Kraus, Karl: Aphorismen. Frankfurt a. M., 1995, S. 65.

[10]   Zitiert aus einem Interview mit Winfried von Petersdorff: „Manager können keine Fehler eingestehen". Der Psychologe Dietrich Dörner über die Logik des Misserfolgs, den Sprachstil schlechter Führungskräfte und die Tücke guter Absichten. In: FAZ Nr. 53 vom 02.01.2005, S. 27.

eigenen Vorteil" (Jes. 56,11). Ebenso beeindruckend ist die Reaktion des Volkes. Es antwortet mit einem eindeutigen Schuldbekenntnis: „Wir haben unsere Mitmenschen erpresst und verleumdet. Wir haben gelogen und betrogen. Von Recht und Gerechtigkeit ist nichts mehr bei uns zu finden."

Die Ehrlichkeit und Offenheit dieser Sätze sprechen für sich. Durch sie öffnet sich der Weg zu einer Kehrtwende und Neubesinnung. Theologisch gesprochen geht es hier um Versöhnung und Umkehr. „Wer sich die Tür zur Erfahrung konkreter Vergebung verschließt, lebt nicht versöhnt mit sich selbst, und das ist eine schlechte Voraussetzung für den Umgang mit den Mitmenschen und dem Leben überhaupt".[11] Der protestantische Theologe Klaus Douglass vertritt die Auffassung, dass der Begriff einer christlichen Ethik missverständlich sei, weil ein tugendhaftes Leben nicht jemand zum Christen mache, sondern nur eine persönliche Beziehung zu Gott. Er folgert daraus, dass ethische Werte zwar das Handeln entlasten würden, ihr Wirkungskreis aber nur begrenzt sei. Im Grunde könne man christliche Ethik auf einen Satz zurückführen: „Der Christ versucht, in seinem Handeln die Liebe Gottes abzubilden, die ihm zuvor zuteil wurde".[12] Christen in der Wirtschaft sind nicht nur glaubende und liebende, sondern auch hoffende Menschen. Sie erwarten, dass göttliche Verheißungen wahr werden, die den Gedemütigten und Verzagten gelten, wenn sie wieder mal als Einzelkämpfer mit einer schweigenden Mehrheit konfrontiert werden. Dass die Hoffnung zuletzt stirbt, kann jemand zur Änderung seines Verhaltens führen. Als Revisor stieß ich bei der Aufdeckung geschäftsschädigenden Verhaltens häufig auf erbitterten Widerstand und Hinhaltetaktiken der Geprüften, die mit heiler Haut davonzukommen versuchten. Man war dann gut beraten, von jedem persönlichen Tadeln abzusehen und möglichst emotionslos auf die Konsequenzen eines uneinsichtigen Handelns hinzuweisen. Der Appell an die Vernunft scheiterte allerdings dann, wenn die andere Person keinerlei Unrechtsbewusstsein erkennen ließ und der bestehende Konflikt durch andere Mittel gelöst werden musste.

Paulus wertet die Liebe neben Glauben und Hoffnung als die „Größte" unter diesen Gaben bzw. Aufgaben (Vgl. Kor. 13,13; 14,1; 16,14). Im Römerbrief wird diese spezifiziert (vgl. Röm. 12,9) als Aufforderung, die Liebe solle „ohne Falsch" (nach Luther) sein und dem Nächsten nichts Böses antun (Röm. 13, 10). Freund und Feind solle kein Unrecht zugefügt werden (Apg. 7, 27).

Die Hinweise im Römerbrief bringen gleich mehrere ethische Werte ins Spiel: Aufrichtigkeit bzw. Verlässlichkeit, Offenheit und Vertrauenswürdigkeit sind Tugenden, mit denen sich echte Liebe assoziieren lässt.

---

[11]   Douglass, Klaus: Glaube hat Gründe. Stuttgart 1994, S. 279.
[12]   Douglass, Klaus: Glaube hat Gründe. a. a. O., S. 242.

6   Ausblick

Der wesentliche Unterschied zwischen einem Glaubenden und einem Nicht-Glaubenden liegt darin, dass der Glaubende sein eigenes Unvermögen besser kennt. Er betrachtet sich selbst mit einer kritischen Distanz, er lässt seine Schattenseiten nicht unbeachtet und er überspielt nicht seine Abgründe. Wer sich so nimmt, wie er geschaffen worden ist und wie ihn Gott meint, wird Selbstvergötzung vermeiden. Niemand kann Kollegen oder Vorgesetzten Mut machen, Fehlverhalten zu erkennen, der die Erfahrung vergebener Schuld nicht zuerst bei sich selbst gemacht hat.

Ein tugendhaftes Verhalten trägt dazu bei, als positives Vorbild eines „Ehrbaren Kaufmanns" zu wirken. Wer jedoch ständig ‚über den grünen Klee' gelobt und ‚hochgejubelt' wird, tendiert dazu, dies für bare Münze zu nehmen. Die jeder Schmeichelei innewohnende Übertreibung und Unaufrichtigkeit kann sich zur zweiten Haut einer Lebenslüge auswachsen. Zerbricht der morsche Boden, auf dem man sich bewegt, können schwerwiegende Depressionen die Folge sein. In diesem Sinne argumentiert auch der Mediziner Manfred Lütz: „Das häufigste Gefühl der Wirtschaftsbosse, denen man gemeinhin jede Möglichkeit der Lebensfreude zutraut, ist nicht Glück, sondern Angst."[13]

Soweit muss man es wirklich nicht kommen lassen. Bei den zu lösenden moralischen Problemen geht es immer wieder darum, dem „Maßstab der Liebe in der sozialen Ordnung der Gesellschaft zu entsprechen" und dies durch die „persönliche Zuwendung von Mensch zu Mensch"[14] in personaler Verantwortung zu bekräftigen. Niemand braucht sich übermenschlich anzustrengen. „Moralisch gesehen müsste man immer wieder sagen: Denk auch mal an dich dabei, überfordere dich nicht! Unsere Moral geht davon aus, dass niemand über seine Kräfte hinaus in Anspruch genommen wird."[15]

Auf diese Situation muss sich jemand einlassen, der von der Grundlage des christlichen Glaubens aus argumentiert. Er kann sich dabei auf den bekannten Philosophen und Mathematiker Blaise Pascal berufen, dem die Aussage zugeschrieben wird: „Lernen Sie von anderen, die früher wie Sie von Zweifeln geplagt wurden. Tun Sie alles, was der Glaube verlangt, als wenn Sie schon gläubig wären." Der Heidelberger Theologe Klaus Berger fügt dem hinzu: „Wir müssen uns dem, was wir erkennen wollen, so lange aussetzen, bis wir es sprechen hören".[16]

---

[13]   Zitiert nach H. Volk: Macht die Berufswelt krank?" In: FAZ Nr. 302 vom 30.12.2002.

[14]   Von Weizsäcker, Richard: Die deutsche Geschichte geht weiter. Stuttgart 1983, S. 138 f.

[15]   Klaus Berger: Jesus. München 2004, S. 352.

[16]   Zit. nach Alexander Garth: Die Welt ist nicht genug, 2010, S. 64.

7   Literatur

Albach, Horst: Zurück zum Ehrbaren Kaufmann. Zur Ökonomie der Habgier. In: WZB-Mitteilungen, Heft 10, Juni 2003, S. 37-40.

Albertini, Francesca Yardenit: Die jüdische Wirtschaftsethik im 21. Jahrhundert. In: Forum Wirtschaftsethik, 18. Jg., Nr. 1, 2010, S. 6-15.

Douglass, Klaus: Glaube hat Gründe. Stuttgart 1994.

F. W. Graf: Nur Narren können die befreiende Wahrheit aussprechen. Der profilierteste Theologe im deutschen Protestantismus: Eberhard Jüngel zum siebzigsten Geburtstag. In: FAZ, Nr. 284, vom 4.12.2004.

Garth, Alexander: Die Welt ist nicht genug, München 2010.

Gräfin Dönhoff, Marion: Zivilisiert den Kapitalismus. Grenzen der Freiheit. Hamburg 1997.

Groß, E.: Mischna. In: Die Religion in Geschichte und Gegenwart, Band 4, 3. Auflage, Tübingen 1986, Sp. 966-968.

Klaus Berger: Jesus. München 2004.

Korndörffer, Sven H.; Scheinert, Liane; Bucksteeg, Mathias (Hrsg.): „Ihre Werte, bitte!" Wiesbaden 2010.

Kraus, Karl: Aphorismen. Frankfurt a. M., 1995.

Petersdorff von, Windfried: „Manager können keine Fehler eingestehen". Interview. Der Psychologe Dietrich Dörner über die Logik des Misserfolgs, den Sprachstil schlechter Führungskräfte und die Tücke guter Absichten. In: FAZ Nr. 53 vom 02.01.2005.

Volk, H.: Macht die Berufswelt krank?". In: FAZ Nr. 302 vom 30.12.2002.

Weizsäcker von, Richard: Die deutsche Geschichte geht weiter. Stuttgart 1983.

Wickert, Ulrich: Das Buch der Tugenden. Hamburg 1995.

Die Welt in der Krise –
Antworten einer sozialen Marktwirtschaft

Prof. Dr. Michael Hüther, Dr. Klaus Hafemann

1   Unwohlsein mit dem Unwägbaren

Die globale Finanz- und Wirtschaftskrise ist zwar im Herbst 2010 noch nicht vollständig überwunden, aber die Eskalationsphase liegt hinter uns. Die Konjunktur ist in eine normale zyklische Bewegung übergangen. Damit erweist sich diese Krise entgegen mancher Befürchtung als Wachstumspause, nicht aber als Strukturbruch. Es ist nach der Krise in der Tat nicht alles anders als es vorher war. Aber es bleiben tiefe Verunsicherungen der Menschen, es bleiben Zweifel der Politiker und es bleiben Fragen der Ökonomen. Es geht um das grundsätzliche Verständnis von ökonomischen Krisen, es geht um die Bewertung der Spekulation als Handlungsmuster im Kapitalismus und es geht auch um die gesellschaftliche Akzeptanz von Fortschritt und steigender Veränderungsdynamik, wie sie durch Krisen und Spekulation getrieben werden. Beginnen mit einer näheren Betrachtung dieser Fragen.

1.1   Eine Typologie der Krisen

Eine Krise der Weltwirtschaft liegt weitgehend hinter uns, die nach zuvor akzeptierter Einschätzung eigentlich gar nicht hätte entstehen dürfen. Robert Lucas erklärte 2003 in seiner Presidential Address auf der Jahrestagung der American Economic Association,

> „the central problem of depression-prevention has been solved, for all practical purposes". [1]

Und Ben Bernanke, damals Vorstandsmitglied der Federal Reserve, betonte 2004 in einem Vortrag mit dem Titel „The Great Moderation", moderne Makropolitik habe das Problem der Konjunkturschwanken mehr oder weniger gelöst. [2] Die moderne gesamtwirtschaftliche Steuerung habe zwar nicht den Konjunkturzyklus beseitigt, wohl aber zu einer deutlichen Moderation zyklischer Schwankungen geführt. Eine gezielte Antidepressionspolitik sei deshalb nicht mehr vonnöten.

Offenbar schien ein tief sitzender Traum des Menschen erfüllt: Die enorme Bedrohung der Depression war lange Jahre lebendig geblieben, als Erinnerung an die Weltwirtschaftskrise von 1929, an ihre Ausweitung zur großen Depression in den Vereinigten Staaten, an massenhafte wirtschaftliche Verelendung, an ihren Beitrag zum Zusammenbruch der Weimarer Republik und an die nachfolgenden politische und menschliche Katastrophen.

Insofern erinnerte die Weltwirtschaftskrise als große Verwerfung an die Krisen des „type ancien"[3], die nicht zyklischer Natur waren, sondern vor allem infolge von Klimaveränderungen oder militärisch-politischen Ereignissen auftraten und meist massenhaft Bevölkerungs-

---

[1]   In Krugman 2009, S. 9.

[2]   Vgl. Krugman 2009, S.10.

[3]   Vgl. Abel 1977, Plumpe 2010 sowie ders. 2010a.

verluste verursachten. Auch die Spekulationskrisen früherer Jahrhunderte – wie die Tulpenmanie in Holland von 1634 bis 1637, die South Sea Bubble 1720 oder die Assignatenspekulation in der Französischen Revolution – waren keine systematischen ökonomischen Krisen. Derartige Krisen waren Menetekel des Bösen in einer Welt, die vorrangig über Mythen erschlossen und damit lebenspraktisch handhabbar wurde.

Die Krisen des Kapitalismus des 19. Jahrhunderts sind anders einzuschätzen: Als Folge neuer Technologien, neuer Formen der Arbeitsteilung und des Tauschhandels waren sie als zyklische Phänomene in ihren ökonomischen und sozialen Folgen einerseits überschaubar, andererseits als Anpassungsschübe im Strukturwandel auch unvermeidbar. Dies mag mit Blick auf Einzelschicksale verwegen klingen, ist aber zur Verdeutlichung der Unterschiede notwendig. Anlass zu Hysterie und Untergangsängsten waren sie demnach nicht, auch nicht zur Forderung nach gezielter wirtschaftspolitischer Intervention. Mit der Steigerung der Wirtschaftsleistung, die den Zeitgenossen im 19. Jahrhundert eindruckvoll vor Augen geführt wurde, nahm auch ihre Volatilität zu. Beides waren Kennzeichen der modernen kapitalistischen, d.h. auf Kapitalbildung, Arbeitsteilung und dezentraler Steuerung beruhenden Wirtschaftsweise und unterschieden diese von den zuvor agrarisch geprägten Gesellschaften.

Die Weltwirtschaftskrise zerstörte diese grundsätzliche Akzeptanz von Krisen als unvermeidbare Reinigungsprozesse ökonomischer Arbeitsteilung:

> „Zu den zweifellos verhängnisvollen Folgen der Weltwirtschaftskrise von 1929 ff. gehört die Tatsache, dass die Vorstellung von der Normalität der Wirtschaftskrisen, ja geradezu ihrer notwendigen Funktion im Rahmen des ökonomischen Strukturwandels verloren gegangen ist".[4]

Die Weltwirtschaftskrise hatte also nicht nur den Kapitalismus umfassend diskreditiert, sondern zugleich seine – unvermeidbaren – Krisen, seine Zyklizität, inakzeptabel werden lassen.

Dem Staat hingegen wurde nun die zusätzliche Kompetenz zugeschrieben, den Kapitalismus bändigen und seine Krisen bekämpfen zu können. Die Einschätzung, ohne staatliche Intervention drohe die Apokalypse, wurde zur Leitschnur moderner Gesellschaften. Die Suche nach wirtschaftspolitisch fundiertem Schutz vor derartiger Krise prägte daher über Jahrzehnte das wirtschaftspolitische Denken. Anfang des neuen Jahrtausends endlich schien die Botschaft von John Maynard Keynes, wir könnten in der Krise handeln, deren Dynamik abbremsen und dramatische Folgen verhindern, wahr geworden.

Kurz gesagt: Die große Depression hat die bis dato gültige Krisenerfahrung überformt und grundsätzlich neue Fragen gestellt. Sie bestimmt nun das Denken über wirtschaftliche Krisen.[5]

1.2   Das Wesen der Spekulation

Wenn Krisen im Ausmaß der Weltwirtschaftskrise erfahren werden, dann fordert der natürliche Reflex nicht nur Remedur, sondern auch danach, Schuldigen zu benennen und zu stellen. Die Geschichte kennt viele Beispiele dafür, wie in Zeiten existenzieller Belastungen be-

---

[4]   Plumpe 2010.

[5]   Borchardt 1986.

stimmte Gruppen als Verantwortliche identifiziert wurden. Wirtschaftskrisen werden in diesem Sinne mit Spekulationen und Spekulanten verknüpft. Nicht selten steht dahinter unreflektiert die Gleichsetzung von Spekulation und Manipulation, jedenfalls aber gibt es großes Unbehagen gegenüber dieser Form der Wette, obgleich ohne sie die kapitalistische Wirtschaftsweise nicht denkbar ist. Denn wie soll Kapital gebildet werden, wenn eine Wette auf künftige Nachfrage nicht heute Investitionen anspornt? Wie soll es möglich werden, Ideen zu testen, wenn nicht Kapital bereit steht? Eigentlich selbstverständlich. Doch Krisen sind auch Zeiten der leichten Desorientierung, zumal solche Aversionen lange Tradition haben. Auch literarisch ist die Gefährdung durch abgehobene Spekulation vielfach verarbeitet, Zolas „Geld" von 1891 ist nur ein Beispiel.

Spekulation ins Ungewisse begründet Zufälle, Ereignisse und Entwicklungen, die gerade nicht erwartungstreu sein müssen und dadurch der Einschätzbarkeit entziehen. Dem Spekulanten wird dabei unterstellt, dass er mit Hinterlist gegen jene agiert, die aus ehrlichen Motiven wirkliche Werte schaffen. Tatsächlich hat die Entwicklung bestimmter Finanzderivate diese Bewertung öffentlich weit verbreitet und die These der Abkopplung der Finanzsphäre von der realen Wertschöpfung begründet. Doch was dies bedeutet, muss unklar bleiben, wenn unklar ist, worin eigentlich die Funktion des Kapitalmarkts besteht.

Der Kapitalmarkt hat neben der Finanzierungsleistung insbesondere die Aufgabe, Information zu produzieren – das Finden der richtigen Investitionsprojekte und das Bewachen der eingesetzten Mittel – sowie den Risikotransfer zu organisieren. Der Begriff Abkopplung unterschlägt die Bedeutung der Informationsproduktion und des Risikotransfers, zugleich suggeriert er eine hervorgehobene Rolle des reinen Finanzierungsvorgangs. Wenn dem so wäre, dann bräuchten wir keine Banken und andere Finanzmarktintermediäre, weil Finanzierungen auch über anonyme Märkte funktionieren könnten. Der ökonomische Grund für die Existenz von Intermediären – von institutionellen Spekulanten – liegt gerade darin, dass erst Informationen produziert werden müssen, bevor Finanzierungen gewährt werden können. Allerdings waren vor der Krise viele Finanzmarktprodukte redundant und haben zu keiner besseren Allokation der Risiken geführt, sondern Risiken durch virtuoses Umbuchen verschleiert. Wenn sich Investoren dann sicher fühlten, haben sie zusätzlich investiert, so dass sich Schieflagen potenzierten. Dieser redundante Teil der Finanzmarkttransaktionen kann in der Tat als Abkopplung klassifiziert werden. Hier haben Spekulationen keinen volkswirtschaftlichen Ertrag abgeworfen.

2 Krise als spontane Unordnung

Paul Krugman schrieb:

> „The world economy has turned out to be a much more dangerous place than we imagined … What the world needs right now is a rescue operation."[6]

---

[6] Krugman 2009, S. 182, 184.

Führt also unsere Krisenerfahrung zu einer Reaktivierung der Krisenpolitik? Oder kommen wir zu der neuen – respektive sehr alten –Einschätzung ökonomischer Krisen zurück, diese seien unvermeidbare Korrekturen im Strukturwandel? Die jüngst erlebte Krise stellt uns Fragen, die wir bisher nicht genötigt waren zu beantworten, und insofern ist sie ebenso wie die Weltwirtschaftskrise vor 80 Jahren dazu geeignet, unser Krisenverständnis zu verändern, aber auch unser Denken über Krisen und Krisenpolitik zu schärfen. Allein die Kategorie „systemisches Risiko", deren zuvor trocken-theoretisches Dasein durch praktisches Erleben handfest gemacht wurde, lädt dazu ein.

2.1   Blinde Flecken der Ökonomik

Folgt man der Politik und der veröffentlichten Meinung, dann sind die Spekulanten im Casino Finanzwelt unterwegs und in besonderer Weise für all das Übel dieser Zeit verantwortlich. So schlicht und populistisch diese These ist, so unzureichend sind leider auch die wissenschaftlichen Kenntnisse der Mainstream-Ökonomik über die hier relevanten Verhaltensmuster. George Akerlof und Robert Shiller reflektieren dies in dem Buch „Animal Spirits":

> „This crisis was not foreseen, and is still not fully understood by the public, and also by many key decision makers, because there have been no principles in conventional economic theories regarding animal spirits. Conventional economic theories … exclude the loss of trust and confidence … the sense of fairness … the role of corruption … They also exclude the role of stories that interpret the economy."[7]

Eine besser verstandene Verhaltensökonomik drängt sich durch die Krise geradezu auf. So wenig wie die Mainstream-Ökonomik und die Ordnungsökonomik mit dem Phänomen des systemischen Risikos anfangen können, so wenig können sie mit solchen Verhaltensweisen und Handlungsstrategien anfangen, die sich in der Grauzone zwischen rechtlicher Zulässigkeit und moralischer Fragwürdigkeit bewegen. Wir finden hier sogar eine fundamentale Schwachstelle der Marktökonomik, die auf die Logik und Konsistenz der Regelwerke ebenso setzt wie auf deren moralische Dignität, sich aber Fragen der Individualmoral entzieht. Helmuth Plessner hat es auf treffende Weise schon 1924 so formuliert:

> „Aber man gibt den Menschen kein gutes Gewissen, wenn man ihnen sagt, dass sie überhaupt keins zu haben brauchen. Gewissensinhalte lassen sich desavouieren, das Gewissen selbst nie."

Wie muss vor diesem Hintergrund die Rolle der Spekulation definiert werden? Die Steuerung ausschließlich über Regeln, das wird deutlich und es wurde in der Krise deutlich, kann nicht gelingen. Es bedarf auch eines gemeinsamen Verständnisses über den Sinn und die innere Logik der Regeln sowie des dafür angemessenen Verhaltens.

Diese Krise ist nur vor dem Hintergrund der globalen Verflechtung der Kapitalmärkte, deren Öffnung und Re-Regulierung sowie der hohen Mobilität des Kapitals zu verstehen. Während die Weltwirtschaftskrise nur aus einem singulären Geflecht unterschiedlichster Zusammenhänge und Politikinterventionen zu erklären ist, folgt die heutige Krise in ihren – auch realwirtschaftlichen – Verwicklungen den Impulsen der Kapitalmärkte. Moralisches Risiko wur-

---

[7]   Akerlof, Shiller 2009, S. 167.

de über die Kapitalmärkte virulent, und das dem Kapitalmarkt innewohnende systemische Risiko fügte dem eine gewaltige Hebelwirkung hinzu. Aus Sicht der Realwirtschaft erweist sich die Wirtschaftskrise daher als schmerzliche Wachstumspause, nicht aber als Strukturbruch der realwirtschaftlichen Zusammenhänge. Die mitunter im Laufe der Krisenquartale 2008/09 geäußerte These, die Krise sei eine Folge globaler Über- und Fehlinvestitionen in Sachkapital, hat sich entsprechend nicht bestätigt. Die Krisenanalyse muss sich auf die internationalen Kapitalmärkte richten.

2.2   Funktionsgestörter Kapitalmarkt

Bereits im Jahr 1998 äußerte Jagdish Bhagwati im Lichte der Asienkrise erhebliche Zweifel am seinerzeitigen IMF-Standardwissen, nach dem die Liberalisierung des internationalen Kapitalverkehrs vergleichbar der Liberalisierung des Warenverkehrs eindeutig positive gesamtwirtschaftliche Effekte habe:

> „Capital flows are characterized by panics and manias", und: „when a crisis hits, the downside of free capital mobility arises."[8]

Wenn Bhagwati Recht hat, dann müssen die relevanten Kapitalmärkte an einer grundlegende Funktionsstörung leiden, die sich in der Preisbildung manifestiert. Offenkundig wirken irrationale Verhaltensweisen und dysfunktionale Wirkungsketten zusammen. Systemisches und moralisches Risiko verschlingen sich ineinander und begründen damit das Risiko einer Implosion an den Finanzmärkten, die ihrerseits – wie im Herbst 2008 erlebt – die internationale Arbeitsteilung zum Zusammenbruch brachte.

Es sind offenkundig die Spekulationen an Finanzmärkten aller Art, die solche Prozesse in Gang setzen können. Sie sind es aber nie allein. Es bedarf immer der intransparenten Vernetzung von Finanzinstitutionen, die Kettenreaktionen auslösen können und damit den gefährlich großen Hebel schaffen. Dafür hatte die Innovation der Verbriefung weit reichende Folgen.[9] Denn so wurde das Finanzsystem, das traditionell einerseits auf vertrauensbasierter Finanzierung mit Banken als Informationsagenturen und andererseits auf arm's-length-Finanzierung an Märkten mit Finanzmarktpreisen als Informationen beruhte, um einen hybriden Kapitalmarkt ergänzt. Dieser Verbriefungsmarkt benötigt eine eigene Informationsarchitektur, wobei Ratingagenturen eine zentrale Rolle spielen. Insgesamt hat die Regulierung dieser Entwicklung nicht folgen können, so dass die Informationsstruktur des Finanzsystems labiler wurde. Die Einschätzung von Bhagwati erhielt eine zusätzliche Fundierung.

2.3   Geldpolitisch angeregte Wachstumseuphorie

Es bedarf ebenso einer geldpolitischen und einer regulierungspolitischen, freilich nicht-intendierten Fehlsteuerung. Eine Verwerfung kann nämlich nur dann drohen, wenn die Erwartung in bestimmten Marktsegmenten besteht, auf längere Sicht Überrenditen erzielen zu

---

[8]   Bhagwati 1998, S. 8.

[9]   Vgl. Franke, Krahnen 2009.

können. Dies setzt eine Geldpolitik voraus, die eine bezogen auf die Produktionsmöglichkeiten der Volkswirtschaft zu großzügige monetäre Entwicklung zulässt. Die Niedrigzinspolitik der US-amerikanischen Federal Reserve Bank nach dem 11. September 2001 und nach den folgenden militärischen Konflikten in Afghanistan und im Irak dauerte außergewöhnlich lange. Alan Greenspan erklärte dazu in seinen Memoiren, die durch niedrige Zinsen ermöglichte Belebung der Immobilienpreise habe er als Vermögensbildung in breiter Hand gesehen, und dies sei ihm – vor allem nach den Vermögensverlusten der dotcom-Blase wenige Jahre zuvor – als bedeutsamer erschienen als das mögliche Risiko einer Blasenbildung. So kam es zu einer über mehrere Jahre laufenden Vermögenswertsteigerung im Bereich der privaten Wohnimmobilien in den USA. Verhaltensökonomische Studien zur „Hot-Hand-Fallacy" („einen Lauf haben") und zur „Gamblers' Fallacy" (Fehlschluss des Glücksspielers) lassen die Anfälligkeit der individuellen Wetten – Spekulationen – unter den Bedingungen eines geldpolitischen angeregten Anstiegs von spezifischen Vermögenswerten als besonders bedeutsam erscheinen.

2.4   Trennung von Information und Risiko

Damit eine Vermögenswertblase entstehen kann, braucht man nicht allein den notwendigen Füllstoff – wie die überreichlich bereitstehende Liquidität – sondern auch eine Pumpe, die die Blase immer weiter zu füllen vermag. Diese Pumpfunktion erfüllte eine ausreichende Wachstumsphantasie, gepaart mit den richtigen Finanzinstrumenten. Die wichtige Finanzinnovation der Verbriefung, die sich in anderen Märkten etabliert hatte, wurde – teilweise unter halbstaatlicher Anleitung von Fannie Mae und Freddy Mac – systematisch eingesetzt, um das Kreditfinanzierungspotential für Immobilien auszuweiten. Die Verbriefung wirkte dabei nicht nur als Transportband, um mehr Hypothekarkredite zu ermöglichen, sondern geradezu als Motor, der nach neuen Hypotheken rief: Das Kreditangebot suchte sich die entsprechende Nachfrage, wobei die Qualität der Kreditnachfrager eine immer geringere Rolle spielte. Diese umgekehrte Wirkungsrichtung war ein Indiz für die Dysfunktionalität des Instruments.

Der Grund lag in der Aushebelung des Haftungsprinzips, da bei diesen Verbriefungen kein Selbstbehalt der ursprünglichen Kreditgeber vorgesehen war und die Banken daher in die Versuchung kamen, achtlos Kredite zu vergeben und diese so schnell wie möglich wieder aus den eigenen Büchern zu bekommen. Nach der Theorie der Verbriefung soll zwar das makroökonomische und das systemische Risiko, die in jedem Kreditvertrag auch enthalten sind, durchaus weit über das Finanzsystem hinaus verbreitet werden – nicht aber das spezifische Risiko, das in einem einzelnen Kredit je nach Bonität des Schuldners enthalten ist.[10] Somit waren Informationen – die bei den Banken vor Ort lag – und sämtliches Risiko – das zu den Käufern der verbrieften Papiere wanderte – getrennt, und damit verlor die Spekulation am Immobilienmarkt ihre volkswirtschaftliche Grundlage und ihre positive Wirkung. Es ging den ursprünglichen Kreditgebern nicht um die Suche nach dem fairen Wert oder die Umsetzung exklusiver Informationen, sondern um die Expansion eines Geschäftsmodells unter verzerrten Bedingungen. Dass die Banken sich so umfänglich auf die Risikostrategien eingelassen haben – ob als Kreditvergeber, als Produzent strukturierter Produkte oder als Käufer

---

[10]   Vgl. Krahnen 2004.

solcher Papiere – und damit das moralische Risiko begründet haben, hängt nicht zuletzt damit zusammen, dass große systemrelevanten Banken weltweit damit rechnen konnten, im Krisenfall gerettet zu werden.

Diese ungesunden Strukturen waren längere Zeit stabil. Weder die Fehlspekulationen wurden identifiziert noch die Vernetzungsstrukturen erkannt. Das System lief eine gewisse Zeit, ohne dass es nachhaltig sein konnte, weil die zugrunde liegenden Preise verzerrt waren. Mit der Wahrnehmung erster Einbrüche bei den Immobilienpreisen in den USA wurde die Labilität des Zusammenhangs erahnbar. Damit war der Anfang der Kriseneskalation gelegt, der zunehmend die hohe Korrelation zwischen den Risikopositionen der internationalen Banken deutlich werden ließ. Im Herbst 2008 griff nach der Insolvenz von Lehman die Krise als Misstrauensepidemie auf die Realwirtschaft über.

2.5   Regulierung: nur gut gemeint

Aufgrund dieser Dysfunktionalität könnte man glauben, der Finanzmarkt habe völlig unreguliert vor sich hin wuchern können, und nur deshalb könnten sich derartige Fehlentwicklungen ergeben. Die Realität ist anders, denn der Kapitalmarkt ist einer der am stärksten regulierten Bereiche der Volkswirtschaft. Das weckt den Verdacht, dass dabei manches vielleicht unangemessen reguliert ist. Zwei Beispiele lassen dies verdeutlichen.

Zum einen wirkten die Anforderungen aus Basel II zu einem verstärkten Risikomanagement nicht nur im gewünschten Sinne. Denn die Banken bauten ihre Risikopositionen just dann aus, als das geforderte Risikomanagement etabliert war. Da zudem das eigentliche Kreditgeschäft international seit langem an Bedeutung für das Geschäftsergebnis der Banken verliert, bestand ein Druck, das provisionsträchtige Geschäft auszuweiten. Das wurde nun zusätzlich durch die Regulierung in eine risikoorientierte Strategie gedrängt.

Zum anderen haben die Anforderungen zur Eigenkapitalunterlegung der ausstehenden Forderungen eines Kreditinstituts nicht intendierte Konsequenzen. Diese Regeln sollen Banken dazu anhalten, ein Risikopolster aus Eigenkapital aufzubauen, das den Werteverfall der Aktiva auffangen kann. Soweit so gut. Doch die Anforderungen sehen keine Regel für den Fall vor, dass ein Werteverfall eintritt, sondern es wird immer die gleiche Mindestquote gefordert. Gerade in der Krise sollte es aber möglich sein, davon temporär nach unten abzuweichen. So aber hat diese Regel von Basel II – wie vielfach diskutiert – stark prozyklisch gewirkt.

2.6   Intransparente Vernetzung

Eine Folge der Verbriefung von Krediten ist die globale Vernetzung der Bankbilanzen, die zudem weitgehend intransparent war, weil sie in vielen Staaten nicht den üblichen Bilanzierungspflichten unterlagen und auch in Kreditregister keinen Eingang fanden. Der grundsätzlich positive Effekt einer weiten Risikostreuung verkehrte sich so in sein Gegenteil, da im Krisenfall viele tatsächlich betroffen waren. Hinzu kam ein psychologischer Effekt: Mindestens ebenso viele waren potenziell betroffen. Misstrauen breitete sich aus, tatsächlich betroffene und nicht betroffene, aber verwandte Papiere wurden massenhaft abgestoßen, mit der Konsequenz weiterer Wertkorrekturen.

2.7   Aufgaben der Zukunft

Kurz gesagt: Systemischer und moralischer Risikofall traten im Finanzmarkt ein. Vernetzung und fragwürdige Verhaltensmuster haben – um eine Wortbildung von F.A. von Hayek zu wenden – eine spontane Unordnung ausgelöst, also eine fundamentale Funktionsstörung des öffentlichen Raums. Der Preismechanismus, dem in der Ordnungspolitik eine zentrale Bedeutung zukommt, hat sich im Kapitalmarkt als anfällig für Fehlsignale erwiesen. Offenkundig reagiert der Finanzmarkt oftmals nicht graduell durch ansteigende Preise auf neue Informationen über steigende Verschuldungsgrade, sondern plötzlich durch Mengenrationierung. Dies war an der Bewertung von Investmentbanken durch Fonds ebenso zu beobachten wie an der Entwicklung der Zinsspreads für griechische Staatsanleihen gegenüber Bundesanleihen bei der allmählich ansteigenden Auslandsverschuldung Griechenlands. Die marktoptimistische Erwartung, dass ein hoher Grad an Informationseffizienz die Preise zeitnah bewegt, hat sich als blauäugig erwiesen, denn offensichtlich neigen Kapitalmärkte bei einer Mengensteuerung zu abrupten Null-Eins-Entscheidungen. Daher muss die praxisnahe Frage lauten: Wie kann der Preismechanismus so informationseffizient gestaltet werden, wie es die Theorie unterstellt?

Aus Sicht des einzelnen Wirtschaftssubjekts eskalierte im Höhepunkte der Krise ab September 2008 der Optionswert des Wartens, Stillhaltetaktiken und Misstrauen dominierten. Das Bilden von Erwartungen war weder durch den Rückgriff auf Erfahrung noch im Austausch mit anderen mehr möglich. Abstrakte und allgemeine Koordinationsregeln verloren so ihre Funktion. In einer solchen Situation wird die spontane Unordnung zur umfassenden Vertrauens- und Ordnungskrise: weder auf der individuellen Ebene noch auf der systemischen Ebene scheint es eine konstruktive Perspektive zu geben. Eine solche Situation wird von der Ordnungsökonomik nicht vorgedacht, in der Folge kommt es zu „Adhocerie". Wirtschaftspolitik muss schnell handelt und verliert dann vor allem in der Krisennachsorge an Orientierung über das Gebotene. Deshalb ist es erforderlich, die Krise systematisch zu beachten und ihr das Absonderliche zu nehmen. Was ist zu tun, wenn der Optionswert des Wartens eskaliert?

3   Reaktionen auf die Krise

Die Wirtschaftspolitik hat in der Krise global koordiniert wichtige Antworten gefunden, um die Gefahr fundamentaler Verwerfungen zu verringern. Dabei hat sich erwiesen, dass der Handlungsdruck in der Krise wenig Raum für ideologischen Disput ließ. Es wurde entwickelt und beschlossen, was nach Einschätzung der Akteure wie der Analysten geboten war. Die sachorientierte Stringenz des Handelns ließ jedoch eindrücklich nach, als der Druck der

Krise mit zunehmender konjunktureller Belebung geringer wurde. Daher sind wichtige Fragen immer noch nicht beantwortet worden. Folgen wir aber der Chronologie der Interventionen.

3.1 Finanzmarktrettungspakete

Mitte Oktober 2008 wurde in allen großen Volkswirtschaften mit Rettungspaketen für den Finanzmarkt interveniert, die mehr oder weniger in gleicher Weise konstruiert waren. Neben Eigenkapitalhilfen für die Banken war der Aufkauf von „toxischen" Papieren vorgesehen; ergänzend wurden Regeln für die zeitnahe Bewertung der Aktiva verändert oder ausgesetzt. So wurde auf beiden Seiten der Bankbilanz interveniert. Zudem schwenkten die Notenbanken mit ihrer Zinspolitik und Liquiditätsbereitstellung auf einen extrem expansiven, vor allem die Banken entlastenden Kurs ein. Mit diesen Maßnahmen wurde das systemische Risiko adressiert. Tatsächlich gelang es auf diese Weise, die Kernschmelze des Finanzsystems zu beenden. Der Verzehr des Eigenkapitals wurde gestoppt, es entstand sogar Zeit und Raum für eine Stärkung der Eigenkapitalbasis. Insgesamt konnten seitdem die Bankbilanzen strukturell verbessert werden; der Stresstest im Juli 2010 hat deutlich gemacht, dass die Robustheit der Banken wieder zugenommen hat, wenngleich hier noch viel zu tun bleibt. Die ordnungspolitische Problematik des Finanzmarktrettungspakets ist damit freilich noch nicht aufgelöst. Entscheidend ist dafür die Frage, was in der Zukunft an Re-Regulierungen beschlossen wird, um das Risiko systemischer Verwerfungen nachhaltig zu mindern. In der gegebenen Situation war das Handeln effektiv.

3.2 Konjunkturpolitik

Im Frühjahr 2009 wurde in den Industrieländern weltweit diskutiert, ob und inwieweit eine konjunkturpolitische Intervention geboten sei. Die aus den Finanzmärkten auf die Realwirtschaft überschwappende Misstrauensepidemie ging weiter. Die Ankündigung konjunkturpolitischer Gegensteuerung im globalen Gleichschritt hat wohl wesentlich dazu beigetragen, den eskalierten Optionswert des Wartens zu verringern. Dies zumindest legt das Abbremsen des Konjunkturabsturzes nahe, das wir Ende des ersten Quartals 2009 erkennen konnten und das in eine Erholung überwechselte. Realwirtschaftliche Vorgänge, die das erklären könnten, hat es in dieser Zeit nicht gegeben. Wenn eine Vertrauenskrise in den Märkten von diesem Ausmaß eintritt, dann kann nur der Staat dies kompensieren. Keynesianische Politik in keynesianischen Situationen ist ordnungspolitisch zu vertreten, wenn grundsätzlich finanzpolitische Vernunft gewahrt bleibt und es nicht – wie Karl Schiller es anlässlich seiner goldenen Promotion formulierte – durch Dauereinsatz zum Missbrauch kommt.

3.3   Regulierungspolitik

Die Re-Regulierung der Finanzmärkte ist bisher nur in Anfängen erkennbar. In der Krise wurden vor allem prozyklisch wirkende Regeln der Bilanzierung und der Eigenkapitalunterlegung ausgesetzt. Das war angemessen. Das moralische Risiko wurde durch dadurch allerdings nicht adressiert. In diese Richtung wirken vor allem eine Selbstbehaltsregel für Verbriefungen, die das Haftungsprinzip stärkt, und die gesetzliche Regelung für Reorganisationsverfahren von Banken von der Restrukturierung bis zur geordneten Abwicklung. Ins Auge gefasst werden eine Überwachung der Ratingagenturen sowie eine Trennung von Rating und Consulting. Die Beschlüsse zu Basel III – höhere Anforderungen an das Eigenkapital, antizyklische Komponente, Bindung an die Größe der Risikoposition, Vorgabe für den bilanziellen Verschuldungsgrad – sind weitgehend angemessen. Wichtig wäre es zudem, die Finanzaufsicht wirklich handlungsfähig zu machen, insbesondere indem ihre Kompetenz durch höher angesiedelte Gehaltsstrukturen gesteigert wird, welche die Abwanderung zu den privaten Instituten mindert. Eine Zusammenlegung von BAFin und Bundesbank trägt dazu jedoch nicht wirklich etwas bei.[11] Nur eine kompetente, unabhängige und somit starke Aufsicht, die auch personell mit den Finanzinstituten auf Augenhöhe ist, wird letztlich die Anreize zur moralischen Ausbeutung der Steuerzahler reduzieren können.

4   Reprise: Spekulation als konstruktives Element der Marktwirtschaft

Sorge machen indes nicht nur die bestehenden Lücken der Re-Regulierung, Basel III und Bilanzierungsrecht, sondern jene Themen, die sachfremd von der politischen Klasse wegen ihrer Popularität bedient werden und damit alte Urängste reaktivieren. Das betrifft die Bankenabgabe, die Tobin-Steuer, vor allem aber das von Bundesregierung mit Gesetzentwurf vom 2. Juni 2010 auf den Weg gebrachte Verbot ungedeckter Leerverkäufe in deutschen Aktien, in Staatspapieren der Eurozone und von Kreditausfallversicherungen auf Ausfallrisiken von Staaten der Eurozone, „die keinen Absicherungszwecken dienen" (nackte Ausfallversicherung).

Ungedeckte Leerverkäufe und nackte Versicherungen sind umstritten, weil sie eines realen Grundgeschäfts entbehren und damit als bloße Spekulation daher kommen. Leerverkäufe, das zeigen Studien zu den Wirkungen von Verboten in den vergangenen Jahren, erhöhen aber die Liquidität des Marktes und dämpfen die Preisausschläge. Diese Erfahrung konnten auch das Karlsruhe Institute of Technology, das Institut der deutschen Wirtschaft Köln und das Handelsblatt als Betreiber der Prognosebörse auf eix.handelsblatt.com machen. Das von vielen Nutzern geforderte Zulassen von Leerverkäufen führte genau zu den erwähnten, posi-

---

[11]   Vgl. Institut der deutschen Wirtschaft Köln et al. 2009.

tiven Effekten. Die Pessimisten auf den Märkten, die ansonsten durch ihren jeweiligen Bestand an Wertpapieren in ihren Verkaufsabsichten begrenzt werden, erhalten durch Leerverkäufe zusätzliche Optionen, und damit wird der Markt dann nicht länger durch die Optimisten – die Käufer – dominiert, was die Volatilität der Preise reduziert und die Gefahr von Preisblasen mindert.

Bei „nackten Versicherungen" wird befürchtet, dass der Versicherungsnehmer einen Anreiz hat, den Kreditausfall wahrscheinlicher zu machen. In der Tat profitiert er im Fall eines Kreditausfalls und hat dementsprechend den Anreiz, den Markt zu manipulieren beziehungsweise direkt darauf hinzuwirken. Dementsprechend ist es sachgerecht, nackte Versicherungen zu beaufsichtigen. Daran hat der Marktbetreiber selbst ein Interesse, da andernfalls die Integrität des Marktes untergraben wird. Der Nutzen nackter Versicherungen ergibt sich wiederum aus ihrer Information für den Markt. Der Versicherungsnehmer signalisiert durch seinen Kauf, dass er den Kreditausfall für wahrscheinlich hält. Das Signal ist mit einer regelmäßigen Zahlung – der Prämie – verbunden, also kostenintensiv und damit glaubwürdiger als lediglich eine wortreiche Analyse. Versicherungsnehmer verlieren regelmäßig bei solchen Geschäften, wenn das Kreditereignis nicht eintritt. Dementsprechend sollte man ihre Ansicht ernst nehmen, denn sie setzen Geld dafür ein. Dies zeigt: Der Gesetzgeber muss sich gut überlegen, welche Art der Spekulation er verbietet und ob eine konsequente Offenlegungspflicht und Aufsicht derartiger Versicherungen, Wetten usw. nicht der volkswirtschaftlich zuträglichere Weg sind.

So liegt die Botschaft dieser Krise in einer vierfachen Provokation: Erstens verankert sie Keynes als Krisenpolitik und nicht als Konjunkturpolitik, also als Antwort auf außergewöhnliche Situationen, wie sie mit dem Begriff des spontanen Unordnung verbunden sind. Konjunkturpolitik erweist sich – keinesfalls neu – als Überforderung der Wirtschaftspolitik und damit als Bedrohung der Handlungsfähigkeit in wirklichen Krisen. Zweitens verlangt die Krise nach einer positiven Würdigung der Spekulation und nach Innovationen im Finanzsystem, als notwendige Voraussetzungen für die weitere wirtschaftliche Entwicklung. Drittens sind Regulierungen sehr spezifisch nach der Problemlage zu gestalten und Regulierungsphilosophien umfänglich ernst zu nehmen. Wenn beispielsweise mit Basel II eine Quasi-Selbstregulierung der Banken in der Eigenkapitalunterlegung ermöglicht wird, dann erfordert dies eine unabhängige und starke Finanzaufsicht. Und wenn Ratingagenturen mit öffentlichen Aufgaben beliehen werden, dann sind sie streng zu überwachen. Viertens fordert die Krise dazu auf, die notwendige Selbstverantwortung im Sinne der Euckenschen Haftung mit der gebotenen Mitverantwortung für die Regelfindung und die Regeldurchsetzung zu verbinden.

5 Literatur

Abel, Wilhelm; Massenarmut und Hungerkrisen im vorindustriellen Deutschland. 2. Aufl., Göttingen 1977.

Akerlof, George, Robert Shiller: Animal Spirits. 1. Aufl., Princeton 2009.

Bhagwati, Jagdish, The capital myth: The difference between trade in widgets and dollars. In: Foreign Affairs 77 (1998), S. 6ff.

Borchardt, K, Wandlungen im Denken über wirtschaftliche Krisen, In: K. Michalski (Hg.), Über die Krise. Stuttgart 1986, S. 127 ff.

Franke, Günter, Jan P. Krahnen: Instabile Finanzmärkte. Perspektiven der Wirtschaftspolitik 10 (2009), S. 335 ff.

Krahnen, Jan P.: Der Handel von Kreditrisiken: Eine neue Dimension des Kapitalmarkts. In: Perspektiven der Wirtschaftspolitik 6 (2004), S. 499 ff.

Krugman, Paul, The Return of Depression Economics. 1. Auflage 2009.

Plumpe, Werner, Die gegenwärtige Wirtschaftskrise in historischer Perspektive. In: Geschichte in Wissenschaft und Unterricht 2010, Heft 5/6, S. 284 ff.

Plumpe, Werner, Wirtschaftskrisen. Geschichte und Gegenwart. München 2010a.

Human Value Business im Mittelstand

Dr. Walter Jochmann

1   Einleitung

Grundsätzlich entwickelt sich der Stellenwert der Personalarbeit in den letzten Jahren kontinuierlich nach oben – Managementkonzepte, Bewertungsfaktoren von Unternehmen, die betriebswirtschaftlich relevanten Erfolgsfaktoren der Mitarbeiterstruktur und ihre zahlreichen Bewertungsansätze belegen die Bedeutsamkeit des professionellen Managens personalwirtschaftlicher Faktoren im Unternehmen. Hierbei ist zu unterscheiden in die aktuelle und zukunftsorientiert beurteilte Qualität der Mitarbeiterstruktur/Workforce, die personalwirtschaftlichen Schlüsselkonzepte und –systeme, ihren Stellenwert im gesamten Prozessspektrum der Unternehmenssteuerung sowie die strategische und operative Qualität des ausführenden Personalbereichs. Bestandteile eines Human Value-Ansatzes sind aus Geschäftsmodell und Unternehmensstrategie/mittel- und langfristigen Zielsetzungen abgeleitete Kompetenzanforderungen an die Workforce.[1] Zusätzlich bedarf ein solcher Ansatz Schlüsselkennzahlen zur Beurteilung der resultierenden Workforce-Qualität und der zugrundeliegenden Personalprozesse, die Verankerung personalwirtschaftlicher Kennzahlen im gewählten Key Performance-Indicator-Ansatzes des Unternehmens insgesamt, sowie Effektivitäts- und Effizienz-Kriterien der unternehmensinternen Personalfunktion. In bewusster Konkretisierung kann die unternehmerische Wertorientierung, die Qualität der identifizierenden und emotionalisierenden Leitbildwirkung, welche neben ambitiösen Unternehmenszielen in Grundsätzen für das Geschäft auch für Führungsprozesse zentrale Unternehmenswerte zu formulieren hat, ergänzt werden. Eine werteorientierten Unternehmensführung hat durch die emotionalisierende Leitbildwirkung gravierende Auswirkungen in Form einer Leitplanken-Funktion für alle Personalprozesse. Dies muss sich insbesondere bei Auswahl und Besetzung von Schlüsselfunktionen, im Management von Symbolen und Kommunikation sowie der Markenbildung zumindest als Arbeitgeber widerspiegeln. Somit beinhaltet ein erweiterter Managementprozess des Faktors Personal die Qualität der intendierten Unternehmenskultur, der Strategie-Kommunikation und die Arbeitgeber-Positionierung in demografisch geprägten knappen Arbeitsmärkten von morgen.

---

[1]   Vgl. Jochmann, 2009.

2   Besonderheiten der Personalarbeit im mittelständischen Umfeld

Mittelständische Unternehmungen sind nach Mitarbeiteranzahl und Umsatz zu unterscheiden in kleinere mittelständische Einheiten bis zu Kleinbetrieben, dem gehobenen Mittelstand mit branchenabhängig ab etwa 500 MitarbeiterInnen und großen mittelständischen Strukturen im 4-stelligen Mitarbeiterbereich. In der letztgenannten Kategorie gibt es, analog zu Konzernunternehmungen und ihren großen Tochtergesellschaften, voll ausgebildete Personal-/HR-Funktionen mit HR-Schlüsselfunktionen, eine zu definierenden Mitarbeiteranzahl sowie eine ausreichendes Budget zur Bewältigung wichtiger HR-Prozesse. In kleineren Unternehmensformen oder ausländischen Tochtergesellschaften dominieren aktuell noch personalwirtschaftliche Mischfunktionen, etwa mit dem Finanzressort/der kaufmännischen Leitung. Vor jedweder theoretischen Diskussion ist eine grundsätzliche Anforderung moderner Personalarbeit zu definieren und die Ausgestaltung einer handlungsfähigen HR-Funktion zu bedenken.

In Kombination gängiger HR-Headcount-Ratios zwischen 1:70 und 1:130 ist unsere Empfehlung, ab einer Unternehmensgrößenordnung von 60 MitarbeiterInnen den Aufbau einer HR-Funktion voranzutreiben. Geschäftsmodelle rund um Dienstleistung und Wissensindustrie sowie Pharma und Hightech profitieren dabei mehr vom frühzeitigen Aufbau als produktions- und anlagengetriebene Geschäftsmodelle.

Die Arbeitsgrundlage einer HR-Funktion kann passend über eine HR-Prozesslandkarte beschrieben werden (siehe Abbildung 1). Hierbei werden die operativen Kernprozesse rund um Beratung und Gestaltung der HR-Schlüsselinstrumente ein stärkeres Gewicht haben als strategische oder service-bezogene Personalprozesse. Auf der Strategieseite dominiert im Mittelstand die Perspektive der Unternehmenssteuerung – die Entwicklung einer eigenständigen HR-Strategie und eines abgeleiteten Kennzahlensystems wird zumindest im kleineren Unternehmensumfeld angesichts des Aufwandes oder der Alleinstellung gegenüber anderen Steuerungs- und Unterstützungsfunktionen unter Kritik geraten. Zudem ist die unternehmensinterne Realisierung von Serviceprozessen rund um Gehalt und Personaladministration, Reisekostenmanagement und mögliche Versorgungssysteme kein notwendiges Kerngeschäft. Während ein von der Kompetenzseite her vollständig ausgestatteter Personalbereich mindestens 5 bis 8 MitarbeiterInnen umfassen muss, werden mittelständische Strukturen unter Berücksichtigung einer maximalen HR-Kapazität von 1:50 auf Vollzeit-Unternehmensbeschäftigte mit einer Teilfunktion auskommen müssen, die sich auf die unmittelbare Unterstützung der Unternehmensziele, die Ausgestaltung des Personalkörpers mit Personalmarketing und Rekrutierung, Nachfolgeplanung und Qualifizierung sowie leistungsorientierte Vergütungs- und Anreizsysteme konzentriert. Hinzu kommt das Management der Mitbestimmung und als klares Ziel die Vertretung aller Personalthemen in einem gleichberechtigten Führungsgremium. Die Leitungsfunktion HR wird somit zum obersten Business-Partner für die Unternehmensleitung, die sich in mittelständischen Strukturen aus ein bis drei Geschäftsführern und einer nachgeordneten, funktional oder prozessorientiert besetzten Bereichsleitungsebene zusammensetzt.

Besondere Unterscheidungspunkte zur Personalarbeit im Konzernumfeld liegen aus unserer Sicht in

- Orientierung an pragmatischen planungs- und kennzahlenorientierten Strategiegrundlagen,

- dem Fokus auf Kernfunktionen und Kernprozesse bei sonstiger Hinzuziehung von externen Service- und Beratungsleistungen,

- der Forderung eines integrierten Geschäftsverständnisses aller wichtigen HR-Funktionsträger gegenüber einem Experten- oder Steuerungs-Rollenbild,

- aus Budget-Begrenzungen resultierenden Mischfunktionen der HR-Funktionsträger,

- der hohen notwendigen Flexibilität und Veränderungs- sowie Innovationsbereitschaft angesichts der zumindest potenziell höheren Unternehmens-Agilität,

- erheblichen Chancen in Wirksamkeit von schneller Kommunikation durch den direkten Zugang zur Unternehmensführung und die Überschaubarkeit der Workforce-Strukturen,

- Nachteilen im Prozessmanagement durch unterstützende IT-Lösungen.

Letztendlich ergibt sich ein Bild aus Vor- und Nachteilen gegenüber der Konzernperspektive – gefordert sind flexible und businessnahe Schlüsselfunktionsträger der Personalfunktion, die im Mittelstand deutlich stärker kurzfristige Erfolge erzielen müssen, sich auf die vorhandenen Steuerungsinstrumente und das Geschäftsmodell sowie die handelnden Personen ausrichten müssen, die stand-alone-Lösungen zur Workforce-Steuerung entwickeln können und die eine klare Botschaftsfunktion vermitteln. Engpässen bei der mengenmäßigen und kompetenzbasierten Betrachtung der MitarbeiterInnen im Personalbereich sowie der zur Verfügung stehenden IT-Systemlösungen stehen Vorteile im potenziellen Impact und in unternehmerischer Wirkung entgegen. In personalintensiven Branchen bzw. Geschäftsmodellen kann die Personalfunktion sogar zu einem integrierten Strategiebereich wachsen, indem sie die Aufgabenstellungen in der Unternehmensentwicklung und somit auch dem Strategieprozess integriert. Zusätzlich gilt es, das Top-Management, je nach dessen HR-Affinität, in den Erfolgswirkungen und –hebeln moderner Personalarbeit zu schulen. Wirksame Personalarbeit kann durch Personalbereiche strukturiert werden, ihre Umsetzung obliegt, wie auch in Großunternehmen, dem Management; dieses Management ist in Gestalt der obersten Ebene auch wesentlicher Träger und Veränderer der Unternehmenskultur und der zugrundegelegten Führungs- und Managementqualitäten.

3 Besonderheiten bei der Bewertung von Humankapital

In den letzten 10 Jahren wurden zahlreiche Definitionen rund um die Begrifflichkeiten des Humankapitals entwickelt.[2] Sie haben eine wesentliche Quelle im jeweiligen Managementverständnis und Managementmodell, in den gewählten Kennzahlen-Ansätzen und im grundlegenden Verständnis zu immateriellen Unternehmenswerten. Als Grundlage bevorzugen wir die in Abbildung 2 dargestellte Ausgangsstruktur immaterieller Unternehmenswerte, die je nach Geschäftsmodell zwischen 50 und 75 % des Unternehmenswertes ausmachen dürften.[3] Zugegebenermaßen ist die Abtrennung von Human Value oder Humankapital nicht trennscharf, in Organisations- und Prozesskompetenzen, im Beziehungs- und auch im Innovationskapital bilden sich personelle Grundlagen ab. Sie werden allerdings hier deutlich stärker durch die Träger von A-Positionen oder hervorragende A-Leistungsträger vermittelt als in einer breiteren Betrachtung der gesamten Belegschaftsstruktur, wie sie dem immateriellen Vermögensfaktor Humankapital unterlegt werden muss. Je nach Branche und Industrie machen Unternehmensmarke, finanzielle Stabilität und produktionsorientierte Prozesskompetenz eine wesentliche Erfolgsarchitektur aus. Je stärker Unternehmungen mit kapitalintensiven Anlagen arbeiten, je komplexer der Innovations- und Produktionsprozess ist, je kundenorientierter das Produktspektrum ist, desto wichtiger sind diese Kapitalfaktoren. Die generelle Aussage, dass hinter allen wichtigen Unternehmensprozessen und Innovationen Menschen mit ihren Fähigkeiten und Kompetenzen, ihren Motiven und ihrer Leistungseinstellung stehen, ist dabei eine Grundsatzaussage. Abbildung 3 verdeutlicht anhand konkreter unternehmerischer Erfolgsfaktoren ein Bild der häufigen Gewichtungen dieser unterschiedlichen Bestandteile des immateriellen Unternehmenswertes – Human/Workforce Capital.

Wir haben klassischen Definitionen des Humankapitals nichts hinzuzufügen[4] – das Humankapital einer Unternehmung ist das Resultat aus Kompetenzen und Potenzialen, Arbeitseinstellungen und Veränderungsfähigkeit der Mitarbeiterstruktur angesichts aktueller und zukünftiger Unternehmensstrategien. Diesem engeren, kompetenzbasierten Kapitalbegriff stehen erweiterte Definitionen beiseite, die einerseits die Führungs- und Unternehmenskultur, andererseits die Qualität der Personalprozesse ergänzen. In der vorliegenden Modellvielfalt bilden sich aktuell allerdings keine Ideallösungen ab[5] – treffliche Streitpunkte gibt es in der Auswahl und Verknüpfung der Modellkomponenten, der personalwirtschaftlichen Kennzahlen sowie der Bestimmung sinnvoller Benchmarks in Form von Zielwerten. Generell haben in der Vergangenheit „stand-alone-Lösungen" etwa von HR-Scorecards versagt – gerade im mittelständischen Umfeld sind Gesamtmodelle zur Unternehmenssteuerung und zur Bewertung und Steuerung der immateriellen Vermögenswerte erforderlich.

---

2   Vgl. Leitl, M., 2007.
3   Vgl. Scholz et al., 2006.
4   Vgl. Schmeisser, W., 2010.
5   Vgl. Jochmann, W., 2010.

Die Bestimmung des konkreten Wertes von Humankapital oder spezifischer Mitarbeiter-struktur macht einige Klärungen erforderlich:

- Strukturierung der Belegschaft nach funktions- und verantwortungsorientierten Job-gruppen.

- Bewertung von Jobgruppen und Positionen nach einem ABC-Raster.

- Festlegung der überfachlichen und fachlichen Skills für alle Jobgruppen.

- Design einer strategischen Kompetenzplanung, die Unternehmensziele und Geschäfts-modelle in Kompetenz- und Skill-Anforderungen übersetzt

- Festlegung eines jährlichen Performance-Potenzial-Bewertungsprozesses für ausge-wählte Teile der Belegschaft orientiert an ihrer strategischen Bedeutsamkeit.

In überschaubaren mittelständischen Strukturen ist die grundsätzliche Bewertung jeder Position und jeder Person möglich; dennoch glauben wir, dass die Strukturierung nach Jobgruppen und die Klassifikation sowie die Konzentration auf A-Positionen und A-MitarbeiterInnen ausreichend ist, um insgesamt den Wert einer Belegschaft zu steigern, ihn zum maximalen Wertbeitrag für die Unternehmensziele zu entwickeln und als Best Practice im Wettbewerberumfeld aufzubauen.

Werte und Bewertungen sind letztlich an Kennzahlen festzumachen[6] – etwa an Key Per-formance Indicators und an Schlüsselkriterien von Workforce und Personalarbeit. Abbil-dung 4 zeigt eine beispielhafte Balanced Scorecard, die sich in ihren Kennzahlen entweder auf die Gesamtbelegschaft oder die Qualität der HR-Funktion ausrichtet. Es fällt schwer, Wertungsunterschiede zwischen Konzernen und mittelständischen Unternehmen abzuleiten, gerade in kompetitiven Arbeitsmärkten sind Kennzahlen zu Engagement und Commitment der Belegschaft, zum Arbeitgeberimage und zur Kompetenzpassung überlebenswichtig. Hierbei sind einige Herausforderungen mittelständischer Unternehmensstrukturen in be-sonderem Maße zu managen:

- angesichts des hohen Anteils von Familienunternehmen das Bewältigen der familienin-ternen oder -externen Nachfolgeplanung für die Top-Positionen (nicht vorbereite-te/gelöste Generationswechsel als häufigste Ursache für Unternehmensschieflagen).

- mangelnder Bekanntheitsgrad des Unternehmens als Unternehmensmarke in Arbeitge-ber und Bewerberumfeld.

- fehlende Rotationsmöglichkeiten in andere betriebliche Funktionen oder Auslands-märkte.

- Nachteile in den Vergütungs- und Karriereperspektiven.

Eine sinnvolle Weiterentwicklung des Scorecard-Ansatzes ist in Anlehnung an Huselid[7] die Formulierung eines Bewertungs- und Steuerungssystems für die gesamte Belegschaft (siehe Abbildung 5). Die Verknüpfungen zu einem Steuerungssystem oder einer Scorecard auf der Gesamtunternehmensebene deutet auf die notwendigen Abstimmungs-/Alignment-Anforderungen hin. Die Verbindung zu einer HR-Scorecard verdeutlicht die resultierenden Anforderungen der Belegschaftsqualität an die Systeme und letztlich auch personellen Kompetenzen in der HR-Funktion. Der Wert einer Belegschaft ergibt sich demnach aus:

---

[6]   Vgl. Wickel-Kirsch et al., 2008.

[7]   Vgl. Huselid et al., 2005.

- den nachweisbaren betriebswirtschaftlichen finanziellen und nonfinanziellen Kennzahlen der Mitarbeiterstruktur oder ausgewählter Jobgruppen (etwa EBIT pro Mitarbeiter, Vertriebserfolge, Innovationsresultate),

- der Soll-Ist-Analyse einer gesamthaften oder jobgruppenspezifisch durchgeführten Bewertung auf organisatorisch wesentlichen Kompetenzen (etwa Markt- und Kundenorientierung, Strategiekompetenz, Prozesseffizienz etc.),

- durch Mitarbeiterbefragungen ermittelte Bewertung der Unternehmens- und Führungskultur,

- der Abschätzung, inwiefern das Unternehmen eine High Performance-Kultur lebt und wie vor diesem Hintergrund mit Hochleistern oder auch Schwachleistern verlässlich umgegangen wird,

- den Schwerpunktthemen der Personalarbeit mit strategischen Zielen und strategischen Initiativen/Projekten, die aus der Unternehmensstrategie und aus der aktuellen Workforce-Bewertung abgeleitet sind.

4   Schlüsselprozess strategische Personalplanung

Eine erweiterte Sicht zum Wert oder zur Kapitalbemessung einer Belegschaft liegt in der Identifikation personeller Treiber für Unternehmenserfolg. Natürlich werden bei derartigen Modellen wiederum Qualifikation und Kompetenz, Kultur und Motivation, Strategie und Instrumente, Qualität sowie Leistungsfähigkeit der Personalfunktion benannt. Es treten allerdings modifizierte Stellgrößen und Erfolgsfaktoren wie die Besetzungsqualität von Schlüsselpositionen, die Ausgestaltung von Personalkosten, die Flexibilität der Steuerung des Personalkörpers und die Wirksamkeit des Personalmarketing-Prozesses in den Vordergrund. Abbildung 6 zeigt ein beispielhaftes personalwirtschaftliches Hebelmodell mit ergänzenden Definitionen und somit Vorschlägen für konkrete Messkriterien. Alle dieser genannten Hebel und viele der beispielhaften Kennzahlen lassen sich in mittelständischen Unternehmensstrukturen zuverlässig erfassen und steuern. Dies gilt insbesondere für

- die Zusammensetzung der Gesamtbelegschaft oder der Führungsebenen mit Blick auf Diversity/Vielfalt an Anforderungen – Geschlecht, Altersstruktur, Internationalität, Migrationshintergrund und kulturelle Vielfalt,

- die Erfassung der Altersstruktur mit Durchschnittskennzahlen und Streuungen über alle Jobgruppen hinweg,

- die Kosten des Personalkörpers mit Blick auf Gehaltskosten, Personalzusatzkosten, Qualifizierungskosten und umgelegte Kosten der HR-Funktion,

- die Einschätzung der Nachfolgesituation für Schlüsselpositionen.

Merkmale der Verbesserung dürften für viele mittelständische Unternehmungen darin liegen,

- regelmäßig Engagement, Commitment und Zufriedenheit der MitarbeiterInnen zu erheben.

- ein Raster für personalwirtschaftliche Risiken zu entwickeln, systematisch zu erfassen und mit Blick auf Risikominimierung zu steuern.

- die demografischen Risiken in einer mittel- und langfristigen strategischen Personalplanung abzubilden.

- die Wirksamkeit von Personalmarketing- und Rekrutierungsprozessen zu erfassen und zu steigern.

Eine praktikable Gesamtbewertung der Belegschaft sollte somit ihre Qualität und Verfügbarkeit, Finanzierbarkeit und Akquirierbarkeit auf kritischen Arbeitsmärkten umfassen. Diesem Anspruch versuchen seit einigen Jahren strategische Personalplanungssysteme gerecht zu werden.[8] Ihre Zielsetzungen und wesentlichen Strukturmerkmale werden in Abbildung 7 dargestellt. Der Auftrag, und somit die Business-Mission für derartige Instrumente und letztlich den zugrundeliegenden HR-Prozess strategischer Personalplanung, liegt darin, die aktuelle Belegschaftsstruktur auf die Anforderungen der Geschäftsentwicklung in den nachfolgenden Jahren, unter Berücksichtigung der Veränderungen in der Mitarbeiterstruktur einerseits und der Veränderungen auf dem externen Arbeitsmarkt andererseits, auszurichten. Entscheidende detaillierte Herausforderungen sind dabei:

- Festlegung einer von den Erfassungs- und Steuerungssystemen her bewältigbaren Strukturdefinition der Workforce.

- Abbildung von Business-Szenarien im Spektrum kontinuierlicher Entwicklung, starker Wachstumsentwicklung oder Anpassung auf Krisenszenarien.

- Verpflichtung des Top-Management und des Managements der Geschäftsbereiche auf personalwirtschaftliche Erfolgsfaktoren und auf die intendierte / mögliche Entwicklung ihres Geschäftes in den Märkten und Wettbewerberstrukturen.

- Gemeinsam mit dem Management Entwicklung von Organisations- und Belegschaftsszenarien in der Weiterentwicklung des Geschäftsmodells und in zukünftigen Märkten – konkret Ausbaubedarfe und Wegfall bestimmter Jobgruppen sowie wesentliche Veränderungen in den fachlichen Skill-Sets.

Abbildung 8 beschreibt mögliche Ergebnisbilder in der strategischen Personalplanung. Die Sicherung der Personalstruktur und der Workforce macht demnach erforderlich,

- die Altersstruktur zu erfassen und zu steuern.

- die Bindung von Leistungsträgern zu maximieren.

- die durch Balance der Belegschaft, insbesondere der Führungsebene, mit Geschlechts- und Internationalitäts-Merkmalen zu verbessern,

- den richtigen Mix aus internen und externen Rekrutierungsanteilen für die wichtigen Jobgruppen und letztendlich A-Positionen zu finden und umzusetzen,

---

8   Vgl. Jochmann, W. und Girbig, R., 2007.

- Standortentscheidungen der Unternehmung in verantwortlichem Maße auf Basis der Verfügbarkeit von Kompetenzen angesichts der Kosten für Rekrutierung und der Kosten für MitarbeiterInnen in bestimmten Jobgruppen zu treffen,

- intensiver in strategisch notwendige fachliche und überfachliche Kompetenzen zu investieren und insgesamt die Kosten für Personalarbeit deutlich stärker als Investition zu betrachten sowie an den Benchmarks von großen Unternehmen auszurichten.

5   Steuerung einer wert- und werteorientierten Personalarbeit

Betriebswirtschaftliche Wertbegriffe orientieren sich an den Ebenen Umsatz-, Ergebnis- und Unternehmenswert-Entwicklung. Gerade im Bereich der Intangible Assets werden zuverlässige, vor allem standardisierte und in der Investoren- und Bankerwelt akzeptierte Bewertungsmodelle noch deutlich auf sich warten lassen. Für alle Jobgruppen lassen sich auch im Mittelstand Personalkosten auf der elementaren oder auf der erweiterten Ebene inklusive Qualifizierungs- und HR-Funktionskosten berechnen. Deutlich schwieriger wird es, den umsatz- und ergebnisorientierten Wertbeitrag für einzelne Jobgruppen zu ermitteln. Am ehesten lassen sich Vertriebs- oder Innovationsfunktionen abbilden, gerade für die Steuerungs- und Servicebereiche ist dieser Top-Line-Bewertungsansatz nicht umsetzbar. Realisierbar ist allerdings ein Bewertungsraster der Jobgruppen nach ihrem strategischen Wertbeitrag, nach der Verantwortung für Umsatzwachstum und Ergebnisbeitrag, nach Budgetverantwortung und Einsparungspotenzialen, nach Innovationsbeitrag und Branding / Marketingrelevanz. Die Nähe dieser Aussagen zu Gradingsystemen wird deutlich, wobei im mittelständischen Umfeld die Festlegung auf relativ einfache Rasterungen von Wertbeitrag einerseits und Jobgruppen andererseits anzuraten ist.

Eine explizit wertorientierte Personalarbeit kann sich somit an der Steigerung des Unternehmenswertes, der Steigerung des Wertes der Belegschaft anhand eines maßgeschneiderten Kennzahlenmodells orientieren. Sie wird sich des Weiteren an externen Benchmarks zu den eigenen Effektivitäts- und Effizienzkriterien messen lassen, konkret etwa Headcount-Ratios und den Kosten der Personalarbeit pro MitarbeiterIn.[9] Hierbei ist die Orientierung an der Top-Line und somit die Weiterentwicklung der Belegschaftsqualität allerdings klar höher anzusetzen als das Bottom-Line-Kriterium der eigenen Effizienz. Gerade in mittelständischen Strukturen lassen sich Konzernkennzahlen des relativen Umfangs der Personalabteilung nicht realisieren. Das Gewinnen und Vergüten hochkarätiger Personalfachleute, das Abbilden der wesentlichen Personalkompetenzen rund um Beratung und Betreuung, Personalentwicklung, Vergütung und Mitbestimmung, erfordert steigende Investitionen in die Personalfunktion. Hinzu kommt, dass angesichts der Größenstruktur und Anwendungs-

---

[9]   Vgl. Hollender-Matatko, H. und Brauweiler, J., 2005.

kennzahlen Leverage-Effekte gegenüber Großunternehmen nicht erzielbar sind und somit häufiger zu Outsourcing-Entscheidungen ausgewählter HR-Prozesse führen können.

Viele Business-Missions von Personalbereichen konzentrieren sich auf die strategische Ausgestaltung der Workforce einerseits, auf die Entwicklung des Unternehmens zu einer hoch attraktiven Arbeitgebermarke, überzeugender Management- und Führungsqualität sowie gelebtem Unternehmenswerten andererseits. Der Hebel der Unternehmenskultur als Förderer der Mitarbeitermotivation und eine attraktive Unternehmensmarke mit den Auswirkungen für das Arbeitgeberimage, für Kunden- und Investorenimage, wurden in diesem Artikel schon angerissen. Unternehmenswert und Unternehmenswerte sind aus unserer Sicht zwei Seiten einer Medaille. Eine nachhaltige Entwicklung von Unternehmensergebnissen, von Verzinsung des eingesetzten Kapitals und Steigerung des Unternehmenswertes für die Gesellschafter und Investoren, macht neben einem nachhaltig ausgelegten Geschäftsmodell mit Wachstums- und Innovationsstrategie die Ausbildung einer wertorientierten Unternehmensarchitektur erforderlich. Jedes Unternehmen hat sein Fundament in einer Unternehmensgeschichte, in gelebten und kommunizierten Unternehmenswerten und in der Vorbild- und Symbolwirkung der leitenden Führungskräfte. Mittelständische Unternehmen haben in ihrer häufigen Überschneidung von Gesellschafter und tätigem Top-Management, in der Unternehmenskontinuität und in der Ganzheitlichkeit der Unternehmensziele Vorteile gegenüber kapitalmarkt-orientierten Unternehmenskonglomeraten. Eine überzeugende Employer-Value Proposition sollte gegenüber nachgefragten Bewerbergruppen aufgebaut werden, um diese auf einem kompetitiven Arbeitsmarkt zu nutzen.

Auf der Ebene der Mitarbeiterbindung, insbesondere der Top-Leister, der Fachexperten und der Potenzialträger, können mittelständische Unternehmen schon heute punkten, wenn sie in den Laufbahn- und Vergütungsstrukturen ein bestimmtes Maß an Wettbewerbsfähigkeit erzielen können. Abbildung 9 zeigt ein ganzheitliches Modell zum Aufbau von Unternehmensleitbildern und ihre Gliederung in die Dimensionswelten von Strategie und Geschäftsmodell sowie Unternehmenszielen und ökonomischer Wertentwicklung einerseits, Unternehmensführungsgrundsätzen, zentralen Werten und Compliance-Anforderungen andererseits. Auch mittelständischen Unternehmungen ist die Entwicklung von Unternehmensgrundsätzen und zugrundeliegenden Unternehmenswerten zu empfehlen. Wenn MitarbeiterInnen in den erfolgskritischen Potenzialen mit ihren Kompetenzen und Motivationen entscheidend sind, geben Werte eine für alle verbindliche Orientierung und beschreiben die Relevanz von Verantwortung und Langfristigkeit. Eine werteorientierte Personalarbeit macht neben der Leistung auch die Identifikation und das Leben der Unternehmenswerte zu einem wesentlichen Einstellungs- und Beförderungskriterium für alle wichtigen Positionsträger. Sie fordert nicht zuletzt vom Top-Management ein vorbildliches Leben sowie Durchsetzungs- und Konfliktbereitschaft bei Versäumnissen für dieses gemeinsam erarbeitete, Orientierung gebende Unternehmensfundament.

6   Literatur

Hollender-Matatko, Hanspeter; Brauweiler, Jana: Wertorientiertes Personalmanagement in der Praxis – Voraussetzungen und Beispiele der Umsetzung. In: Peter M. Wald (Hrsg.): Neue Herausforderungen im Personalmanagement. 1. Aufl., Wiesbaden, 2005.

Huselid, Mark A., Becker, Brian E. und Beatty, Richard W.: The workforce scorecard: Managing human capital to execute strategy. Boston (MA) 2005.

Jochmann, Walter; Girbig, Robert: Personalcontrolling als Unterstützung eines strategischen HR-Managements. In: Controlling, 2007, H.4/5.

Jochmann, Walter: Scorecard der nächsten Generation. In: Personalmagazin, 07/2009, S. 28-29.

Jochmann, Walter: Überzeugende Modelle verzweifelt gesucht. In: Themenschwerpunkt Personalführung, 4/2010, S. 27-33.

Leitl, Michael: Was ist… Humankapital? In: Harvard Businessmanager, September 2007, S. 47.

Schmeisser, Wilhelm: Humankapital verstehen, definieren und erfassen. In: Themenschwerpunkt Personalführung, 4/2010, S. 16-25.

Scholz, Christian; Stein, Volker und Bechtel, Roman: Human Capital Management: Wege aus der Unverbindlichkeit. 2. Aufl. Neuwied 2006.

Wickel-Kirsch, Silke; de Vries, Louis; Dürr, Alexander: Wertvolles Gut im Mittelstand. In: Personal, 6/2008, S. 30-32.

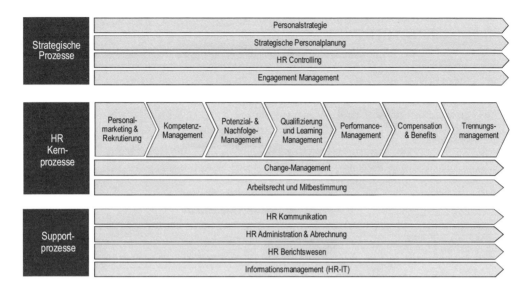

Abbildung 1: HR-Prozesslandkarte

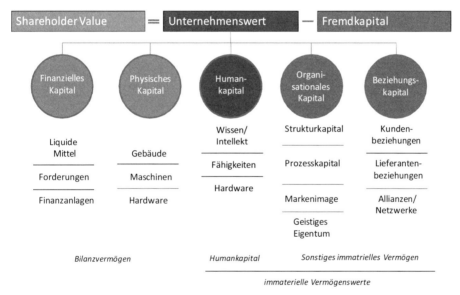

Quelle: Scholz et al. 2006, 24

Abbildung 2: Humankapital als Bestandteil des Unternehmenswertes

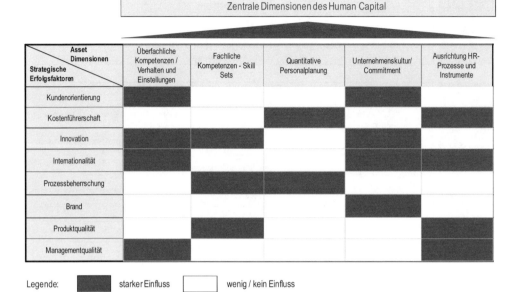

Abbildung 3: Human Capital als zentrale Größe der Intangible Assets mit entscheidender Bedeutung für den Geschäftserfolg

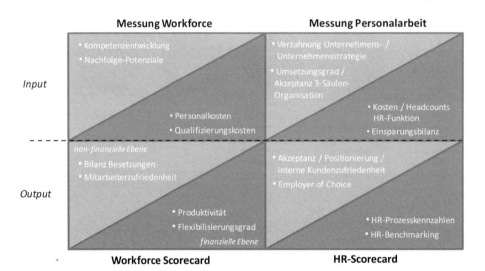

Abbildung 4: Grundstruktur und beispielhaft Kennzahlen HCM

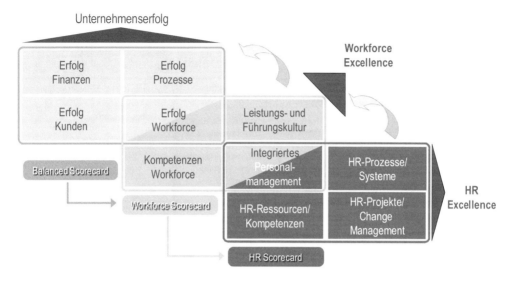

Abbildung 5: Workforce Scorecard Approach

Abbildung 6: Steuerung des Personalkörpers

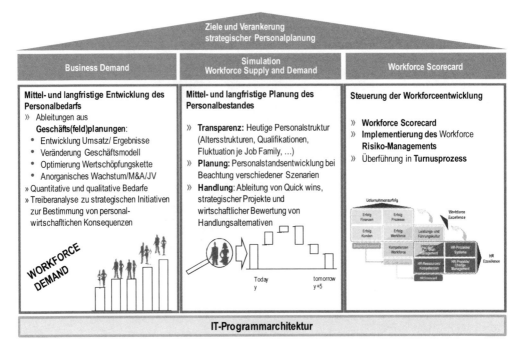

Abbildung 7: Ziele und Verankerung strategischer Personalplanung

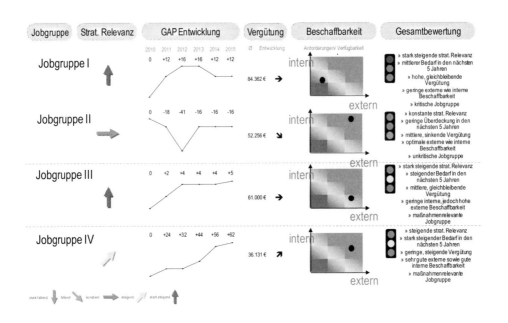

Abbildung 8: Strategische Personalplanung – Ergebnisse

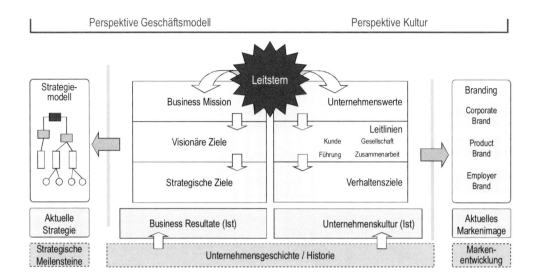

Abbildung 9: Modell zum Aufbau von Unternehmensleitbildern

Fair Value Accounting – Alternative oder Irrweg?

Prof. Dr. Karlheinz Küting, Dipl.-Kfm. Peter Lauer

1   Einleitung

Gegenstand dieses Beitrages soll eine Thematik sein, die die wissenschaftlichen Diskussionen im Rechnungs- und Prüfungswesen der letzten Jahre geprägt hat wie kaum eine andere – das Fair Value-Accounting. Der Begriff „Fair Value" wird vorwiegend mit „beizulegender Zeitwert" übersetzt und ist – kommt er auch im anglizistischen Kleid so modern daher – eigentlich ein alter Hut. Schon das erste Dokument Deutscher Handelsgesetzgebung, das Allgemeine Deutsche Handelsgesetzbuch von 1869, verlangte den Ansatz „sämtliche[r] Vermögensstücke und Forderungen nach dem Werthe [...], welcher Ihnen zur Zeit der Aufnahme beizulegen ist"[1]. Nichtsdestotrotz ist der Fair Value, bedingt durch den Siegeszug der International Financial Reporting Standards, kurz IFRS, heute in aller Munde.

Die hinter dem Begriff verborgene Bewertungsmethodik ist dem aktuellen deutschen Recht ebenfalls nicht fremd – sie war es auch vor dem Bilanzrechtsmodernisierungsgesetz nicht, das den Fair Value als Bewertungsmaßstab in das HGB integriert hat. So kennt etwa das Steuerrecht mit dem „Gemeinen Wert" und dem „Teilwert" Größen, die hinsichtlich ihrer Preisorientierung ähnlich zu charakterisieren sind. Darüber hinaus existiert im Handelsrecht der „beizulegende Wert", der dort mit dem Bilanzrichtliniengesetz verankert wurde[2]. Dass dieser Terminus der Übersetzung des Begriffs „Fair Value" als „beizulegender Zeitwert" sehr ähnelt, führt oftmals zu Verwirrung. Es ist – gerade wegen dieser Ähnlichkeit sowie aufgrund unterschiedlicher Übersetzungen und Verwendungen – von immenser Bedeutung, eine scharfe Trennlinie zwischen diesen beiden Bewertungsmaßstäben zu ziehen, da sie sich durch die Einbettung in das jeweilige Normenumfeld in erheblichem Maße unterscheiden.

Die folgenden Ausführungen sollen sich auf zwei Schwerpunkte hinsichtlich des Fair Value-Accounting konzentrieren – einerseits auf seine Funktion und Bedeutung als Informationsübermittler, andererseits auf seine Eignung für die handelsrechtlichen Bilanzzwecke. Auf dieser Grundlage soll im Sinne der Titel-Frage beantwortet werden, ob das Fair Value-Accounting in seiner angelsächsischen Ausprägung eine Alternative für das HGB darstellen kann.

---

[1]   § 31 Satz 1 ADHGB (1869).
[2]   Vgl. § 253 Abs. 2 Satz 3, Abs. 3 Satz 2 HGB i. d. F. nach BilRiLiG (1985).

2 Vorbemerkungen

Vor der Klärung der bereits aufgeworfenen Fragen, ist es notwendig, zunächst die Zielsetzungen, die mit den Rechnungslegungsnormen jeweils verfolgt werden, ins Gedächtnis zu rufen. Ein nach IFRS aufgestellter Jahresabschluss hat singulär das Ziel, entscheidungsnützliche Informationen über die Vermögens-, Finanz- und Ertragslage eines Unternehmens sowie über die Veränderung dieser Größen zu liefern. Adressiert wird ein umfangreicher Personenkreis, der jedoch mit der Begründung auf (potenzielle) Investoren verkleinert wird, die für Letztere entscheidungsnützlichen Informationen befriedigten gleichermaßen die Bedürfnisse der meisten anderen Adressaten[3]. Auf den ersten Blick ist also schon ein deutlicher Unterschied zur handelsrechtlichen Rechnungslegung zu erkennen, die zur Erfüllung eines komplexen Zweckkonglomerates verpflichtet ist. Hier treten neben das Ziel der Information – nach innen und außen – vor allem auch die Dokumentations- sowie die Ausschüttungs- respektive Zahlungsbemessungsfunktion[4]. Die folgenden Ausführungen, aber auch sämtliche Diskussionen, Vorschläge und Gesetzes- bzw. Normenänderungen sind vor diesem Hintergrund zu betrachten.

Der Fair Value bildet nach Ansicht des IASB einen zentralen Baustein für ein Normensystem, das einzig den Informationszweck fokussiert. Entsprechend verfolgte der Standardsetter die Vision eines umfassenden Fair Value-Accounting, was sich bspw. im Rahmen der Bilanzierung von Finanzinstrumenten wie folgt zeige: „Fair value seems to be the only measure that is appropriate for all types of financial instruments."[5] Mittlerweile sind seitens des IASB allerdings auch andere Töne zu vernehmen, so etwa in den Ausführungen zur Begründung des ED IFRS 9: „[…] the Board decided that measuring all financial assets and financial liabilities at fair value is not the most appropriate approach […]"[6]. Der Fair Value scheint als Allheilmittel ausgedient zu haben.[7] Man kann dies als implizites Eingeständnis auffassen, dass das Board jahrelang blind dem überhöhten Ideal eines „Full Fair Value-Accounting" gefolgt ist. Zu hoffen ist jedenfalls, dass es bei dieser Erkenntnis bleibt.

Absicht der Standardsetter war es, das Fair Value-Accounting – zumindest auf lange Sicht – keineswegs auf Finanzinstrumente zu beschränken. So äußerte sich *Robert Herz*, Chairman des FASB, zu den generellen Vorzüge des Fair Value-Accounting wie folgt: „I think it is hard to argue with the conceptual merits of fair value as the most relevant measurement attribute. Certainly, to those who say that accounting should better reflect true economic substance, fair value, rather than historical cost, would generally seem to be the better measure."[8]

---

[3] Vgl. zur Zielsetzung und zu den Adressaten Framework Par. 9 ff.

[4] Vgl. nur Baetge/Zülch (2006), Rn. 30 ff; Leffson (1987), S. 63, 91.

[5] IASB (2008), S. 4.

[6] IASB (2009), BC 13; dieser Sinneswandel ist wohl hauptsächlich auf die Stellungnahmen der Anwender zurückzuführen, die eine Fair Value-Bewertung als nicht geeignet erachteten, wenn „the instrument is not held for trading or not managed on fair value basis" (BC 11). Neben den Schwierigkeiten der Ermittlung wurde vor allem die entstehende Volatilität kritisiert (vgl. BC 11).

[7] Auch wenn die voranstehenden Zitate auf Finanzinstrumente beschränkt sind, kann deren Aussagewirkung generalisiert werden, da es gerade diese Kategorie ist, in der Befürworter die Stärken des Fair Value-Accounting sehen.

[8] Herz (2002), S. 10.

Angesichts dieses immer wieder von Vertretern des IASB bzw. FASB rezitierten Fair Value-Mantras unter gleichzeitiger Berufung auf Investoren und Analysten sollte man weiterhin auf der Hut sein. Darüber hinaus sollten die Vorzüge des Fair Value-Accounting für Zwecke der Unternehmensanalyse und -bewertung zumindest kritisch hinterfragt werden[9]. Häufig wird in Diskussionen unter Vertretern der technischen Rechnungslegung, d.h. Erstellern und Prüfern, schlicht übersehen, dass Rechnungslegung kein Selbstzweck und Entscheidungsnützlichkeit keine Phrase ist. Ein berechtigtes Schutz- und Informationsbedürfnis hat vielmehr, wer als Kapitalgeber bereit ist, unternehmerische Risiken auf sich zu nehmen. Paradigmenwechsel in der Rechnungslegung wie sie etwa durch ein Full Fair Value-Accounting eingeführt würden, sind daran zu messen, ob sie die Informationsqualität verbessern und die Entscheidungsnützlichkeit aus Sicht der Adressaten erhöhen.

Eine unbefangene Beurteilung des Fair Value-Accounting[10] verlangt zudem, sich zunächst der Erwartungslücke gewahr zu werden, die der Begriff „Fair Value" reißt. Dieser „geschickt gewählte Terminus"[11] legt die Vermutung nahe, fairer zu sein als andere Wertmaßstäbe. Diesem Anspruch kann er jedoch niemals gerecht werden, weil er selbst lediglich Ergebnis eines Auswahlprozesses ist, dem verschiedene Wertmaßstäbe zugrunde liegen. Man kann ihn auch mit den Worten *Biekers* als „bewertungstechnischen Oberbegriff"[12] bezeichnen. Diese terminologische Entzauberung des Fair Value ist keineswegs Auswuchs von Pedanterie, sondern notwendige Voraussetzung einer objektiven Analyse.

3 Der Fair Value als Informationsinstrument

3.1 Grundlagen

Die Schwächen des Fair Value-Accounting[13] sind zwar oftmals bekannt, werden aber angesichts der scheinbar überragenden Informationsvorteile billigend in Kauf genommen. Im Folgenden soll daher die Frage im Mittelpunkt stehen, ob der Fair Value diesem Anspruch tatsächlich gerecht wird.

Ungeachtet der Sonderinteressen der einzelnen Gruppen, seien es Aktionäre, Gläubiger oder die von den IFRS primär angesprochenen Investoren, werden die Adressaten des Jahresabschlusses nur glaubwürdigen und nachprüfbaren, also verlässlichen Informationen Nutzen

---

[9] So äußern sich auch die primären Adressaten der Rechnungslegung, die Investoren, kritisch gegenüber der Tendenz hin zu einer Bilanzierung, deren Ergebnis als Annäherung eines Unternehmenswertes verstanden werden soll (vgl. PwC (2007), S. 9).

[10] Vgl. zu den Grundzügen der Fair Value-Bewertung auch Coenenberg/Haller/Schultze (2009), S. 113, Küting (2009a), S. 829 ff., Ballwieser/Küting/Schildbach (2004), S. 529 ff.

[11] Ballwieser/Küting/Schildbach (2004), S. 530.

[12] Bieker (2007), S. 91.

[13] Vgl. hierzu Schildbach (2010), S. 296 ff.; Meyer/Braun (2010), S. 1783 ff.

beimessen. Verlässlichkeit ist vor dem Hintergrund der sogenannten Agency-Problematik und der menschlichen Komponente der Rechnungslegung eine nicht verhandelbare Forderung. Daneben haben vor allem Investoren ein ausgeprägtes Bedürfnis nach Vergleichbarkeit, sowohl in zeitlicher als auch zwischenbetrieblicher Hinsicht. Gemessen an diesen qualitativen Anforderungen ist ein Fair Value-Konzept mit Ausdehnung auf nicht-finanzielle Positionen grundsätzlich ungeeignet.

Ist der Fair Value nicht als Preis für jeden ersichtlich an einem Markt ablesbar, sondern mit Hilfe allgemein anerkannter Verfahren zu ermitteln, bieten sich enorme Ermessensspielräume. Unter diesen leidet die Verlässlichkeit[14]. Dabei können auch die von den IFRS geforderten umfangreichen Anhangangaben keine sinnvoll ausgleichende Funktion übernehmen. Trotz bzw. gerade wegen der immensen Informationsflut sind die angegebenen Sachverhalte oftmals nicht angemessen nachvollziehbar und die Werte schwerlich einzuordnen oder zu vergleichen. Obgleich die Testierung der Abschlüsse uneingeschränkt erfolgt, bleiben so Zweifel erhalten, ob sich die präsentierten Zahlen als nützlich für die Entscheidungen der Investoren oder eher als nützlich für das Management erweisen.

Hinsichtlich der geforderten Vergleichbarkeit von Jahresabschlüssen fällt neben der mangelnden Verlässlichkeit besonders die uneinheitliche Umsetzung des Fair Value-Prinzips negativ ins Gewicht. Die divergierenden Bewertungsregeln, die Schwierigkeiten bei der praktischen Umsetzung sowie die Ausnahmeregelungen führen unweigerlich zu einer Vermengung unterschiedlicher Vermögens- und Erfolgskonzepte. Des Weiteren erschwert insbesondere die (partielle) Durchbrechung des Kongruenzprinzips die Analyse gerade im Bereich der Rentabilitätsbeurteilung.

3.2   Problematik des Marktpreises

Der Informationsnutzen eines (Full) Fair Value-Accounting wäre auch bei perfektem Regelwerk generell kritisch zu hinterfragen. Zu Handelszwecken erworbene Finanzinstrumente werden gekauft, um später – unter Umständen nur wenige Wochen, Tage oder gar Stunden später – wieder verkauft zu werden. Sie stellen für das Unternehmen vorrangig unter dem Blickwinkel des Verkaufs einen Wert dar. Gleiches gilt etwa für fertige Erzeugnisse. Dagegen besitzen Vermögensgegenstände, die längerfristig dem Betrieb dienen sollen, einen Wert, der für jedes Unternehmen unterschiedlich sein kann und sich daher selten adäquat in einem Preis auf einem Markt manifestiert. Der Wert eines solchen Vermögensgegenstandes resultiert vielmehr aus den betriebsindividuellen Umständen und Plänen.

Gleichzeitig betrachten die Jahresabschlussadressaten das Unternehmen als Gesamtheit. Sie möchten wissen, welche Zahlungsströme zwischen Ihnen und dem Unternehmen fließen werden – Gläubiger bspw. erwarten aus diesen Zahlungsströmen die Rückzahlung ihrer Forderungen, Investoren hoffen dagegen auf die Auszahlung von Dividenden bzw. auf die Wertsteigerung der Anteile wegen zu vermutender zukünftiger Auszahlungen[15]. Natürlich möchten beide Gruppen wissen, ob die Vermögensgegenstände, die in der Bilanz aufgelistet sind, auch werthaltig sind, sodass im Insolvenz- respektive Liquidationsfall noch mit einer (Teil-)

---

[14]   Vgl. Lorson (2005), S. 31; zu Problemen bezüglich des Barwert-Kalküls Obermaier (2009), S. 554.
[15]   Vgl. hierzu Framework Par. 9.

Befriedigung Ihrer Ansprüche zu rechnen wäre. Der aus diesem Blickwinkel interessante Liquidationswert ist aber für den Normalfall völlig nebensächlich. Viel wichtiger für die Investitionsentscheidung ist der Wert innerhalb des gesamten Unternehmensgefüges, dem es sich anzunähern gilt.

Der Fair Value stellt als Marktpreis auf eine Liquidationssituation ab, wobei der Fall des Notverkaufs explizit ausgeschlossen wird. Verfügten alle Marktteilnehmer über identische Möglichkeiten und Kenntnisse und wäre der Markt tatsächlich vollkommen und vollständig, würde sich ein Preis bilden, der dem unternehmensindividuellen entspräche. Wären diese Voraussetzungen erfüllt, würde sich gleichwohl kein Markt in der uns bekannten Form entwickeln[16], da die Akteure gerade wegen der Intransparenz und Informationsasymmetrie am Markt Gewinne erzielen können. In der Realität entsprechen die Marktpreise nicht-finanzieller Vermögenswerte daher meist nicht dem entscheidungsrelevanten Nutzungswert.

In diesem Kontext soll nicht verschwiegen werden, dass jede Bilanzierung, die sich in einem gewissen Grade von der rein subjektiven Sichtweise des Unternehmers lösen und sich an objektivierbaren Größen wie den Anschaffungspreisen orientieren möchte, hier an die Grenzen der Informationsvermittlung stößt. Ein Unternehmer sollte nie den Geldbetrag für ein Gut zahlen, der dem unternehmensindividuellen Wert entspricht[17], sonst wäre der Gewinn gleich null. Entsprechend liegt der Nutzungswert in einem profitablen Unternehmen zumeist über dem Marktpreis – zumindest zum Zeitpunkt der Anschaffung.

Vor diesem Hintergrund ist festzuhalten, dass das deutsche Handelsrecht hinsichtlich des reinen Informationsangebots gegenüber den IFRS Nachteile hat. Es ist unter der Ägide dieser Normen möglich, Vermögensgegenstände mit einem Wert anzusetzen, der die Anschaffungs- oder Herstellungskosten übersteigt. So kann unter Umständen ein besserer Einblick in die Vermögenslage ermöglicht werden. Trotz dieses Vorteils muss auf Grund der immensen subjektiven Ermessensspielräume im Rahmen der Fair Value-Bewertung die Eignung einer solchen Bilanz (nicht nur) für andere als Informationszwecke in Zweifel gezogen werden.

Diese Zweifel werden durch weitere Probleme in der Praxis geschürt. So sollten uns die Ausschläge an den Börsen im Falle von VW im Jahr 2008 warnendes Beispiel sein, da zu diesem Zeitpunkt die Wertermittlung genauso ermessenbehaftet war wie die Beantwortung der Frage, zu welchem Zeitpunkt (noch bzw. wieder) ein aktiver Markt vorlag. Daneben ergab sich im Sommer 2008 die Problematik ungeeigneter Marktwerte auch hinsichtlich der Aktien der Continental AG, die von der Schaeffler-Gruppe übernommen werden sollte. Der Preis der Aktien der Continental AG stieg innerhalb von 2 Börsentagen um ca. 20 Euro, ein Anstieg von mehr als 36 %, der auf das Übernahmeangebot in Höhe von 75 Euro zurückzuführen war. Im Herbst fiel der Kurs der Aktien im Zuge des durch die Lehman-Pleite ausgelösten internationalen Kursverfalls auf zeitweise unter 27 Euro. In diesem Fall bot der Markt in kurzer Zeit drei Wertmaßstäbe – den Wert des einzelnen Unternehmensanteils als Konsensentscheidung des Marktes, den Kaufpreis des Gesamtpakets pro Aktie – inklusive Paketzuschlag, Kontrollprämie etc.[18] – und einen Mischwert, der die Wahrscheinlichkeit des Scheiterns der Übernahme berücksichtigte. Diese Werte repräsentieren eine bestimmte Marksituation und stellen den Preis dar, der im jeweiligen Moment hätte erzielt werden können.

---

[16]   Vgl. etwa Schildbach (2006), S. 10.

[17]   Unterstellt wird hierbei die Ausblendung sämtlicher nicht-finanzieller Motive bei der Preisbildung.

[18]   Vgl. hierzu weiterführend auch Wirth (2005), S. 31 ff.

Wie jedoch bei Halteabsicht zu bilanzieren ist, sagen diese Werte nicht aus. Hier stößt die Marktorientierung deutlich an ihre Grenzen.

3.3   Fair Value-Bewertung von Passiva

Ungeachtet der bestehenden Vorbehalte wird die Fair Value-Bewertung im Umlaufvermögen oftmals – zumindest theoretisch – als sinnvoll erachtet werden können. Einen Vermögensgegenstand mit dem Marktpreis anzusetzen, weil man ihn, wenn der Marktpreis höher ist als der Nutzungswert, unter ökonomischen Gesichtspunkten betrachtet, verkaufen sollte, erscheint plausibel. Gleichermaßen nachvollziehbar ist es, der Bewertung eines endfälligen Darlehens mit fixer Verzinsung und vorgegebener Laufzeit den Geldbetrag zugrunde zu legen, der am Ende der Vertragslaufzeit zurückgezahlt werden muss. Eine Abzinsung dieses Betrages vorzunehmen, um zukünftige Verdienstpotentiale zu berücksichtigen, ist aus traditioneller HGB-Sicht gewöhnungsbedürftig, aber durchaus verständlich. Die besagte Kreditaufnahme jedoch aus dem Blickwinkel des Marktes zu sehen, verursacht ein mehr als groteskes Bild.

Da im Regelfall für eigene Schulden kein Referenzwert an einem Markt verfügbar sein wird, muss der Bilanzierende sich eines Bewertungsverfahrens bedienen, das bei der Abzinsung neben anderen Parametern die Bonität des Schuldners berücksichtigt. Folglich führt eine Verschlechterung der wirtschaftlichen Lage des bilanzierenden Unternehmens zu einer Erhöhung des entsprechenden unternehmensindividuellen Zinssatzes und somit gleichzeitig zur Verringerung der Schuld. Setzt man den vom IASB angestoßenen Gedanken[19] bis zur Insolvenz fort, konvergiert der Wert der Schulden gegen null, während das Bilanzergebnis steigt. Wie *Schweitzer* formuliert ist eine solche Sichtweise „völlig wirklichkeitsfremd"[20].

Die Fair Value-Bewertung könnte aus Sicht eines Dritten sinnvoll sein, der den Kredit übernehmen möchte und dafür einen Risikoabschlag berechnen muss. Allerdings besitzt die vermittelte Information für die primären Abschlussadressaten keinerlei Mehrwert. Weder ein Investor – etwa in Vorbereitung eines Debt-Equity-Swaps – noch das Unternehmen selbst, das sich aus dem Kreditvertrag auskaufen möchte, wird den ermittelten Preis erzielen können. Vielmehr wird einerseits die Kaufabsicht zu einer Neueinschätzung der Bonität führen müssen, andererseits entfällt im Falle des Rückerwerbs jegliche Relevanz der Risikoprämie für den Kaufpreis. Die Bewertung von Schulden mit Hilfe des Fair Value-Modells mag im Falle von zu Handelszwecken erworbenen Verbindlichkeiten akzeptabel sein, im Rahmen der Bezifferung anderer Schulden, so z.B. eigener Kredite, werden in der Folgebewertung absurde Ergebnisse und enorme Schwankungen der Bilanzkennzahlen induziert[21].

---

[19] Vgl. dazu IASB (2010a); IASB (2010b).

[20] Schweitzer (2009), S. 145.

[21] Vgl. hierzu die Ausführungen und Auswertungen von Becker/Wiechens (2010), S. 236.

3.4   Beurteilung durch die Bilanzadressaten

Die von den IFRS propagierte Informationsvermittlung kann nur sinnvoller Bilanzzweck sein, wenn die Empfänger angemessenen Nutzen aus den Informationen ziehen können. Die Ergebnisse verschiedener Studien lassen daran zweifeln[22].

Zum einen ist der Stellenwert der Bilanzierung für die Adressaten, insbesondere für die privaten Anleger, deutlich geringer einzustufen, als sich das viele Normenvertreter als Begründung wünschten. Eine Umfrage der Universitäten Bochum und Berlin unter Anteilseignern der Deutsche Post AG ergab, dass die privaten Investoren der Informationsgewinnung über öffentliche Medien deutlich mehr Bedeutung beimessen[23]. Aber auch professionelle Analysten, die vergleichsweise die meiste Zeit in die Analyse von Jahresabschlüssen investieren, können sich notgedrungen deutlich weniger mit komplexen Rechnungslegungsfragen beschäftigen als gemeinhin angenommen. Der professionelle Investor mit hoch spezialisiertem Know-how und fundierten Rechnungslegungskenntnissen mag zwar dem Leitbild des IASB entsprechen, in der Lebenswirklichkeit ist er ein eher seltenes Exemplar.

Zum anderen wird die Fair Value-Bewertung selbst ebenfalls nicht in der erwarteten Weise von den Bilanzadressaten gewürdigt. Eine im Jahr 2008 durchgeführte Online-Umfrage hat ergeben, dass dem Fair Value als Bewertungsmaßstab meist nur dann der Vorzug gegeben wird, wenn er sich marktbasiert ermitteln lässt – was selten gelingt. Die Studie, die unter europäischen institutionellen Investoren und deren Beratern zum Entscheidungsnutzen von Fair Value durchgeführt wurde, führt als weiteres interessantes Resultat aus: „[…] most participants stated that most of their colleagues were neither very interested nor very experienced in different accounting measurement concepts"[24]. Dabei sollte gerade das Thema Fair Value-Accounting aus Investorensicht von herausragender Bedeutung sein.

Die Standardsetter dürfen sich dieser Realität nicht verschließen. Rechnungslegung muss den zeitlichen aber auch kognitiven Beschränkungen der Adressaten Rechnung tragen, will sie nicht Gefahr laufen, von einem überforderten Publikum negiert zu werden. Selbst Accounting Professionals kapitulieren vor der Komplexität und dem rasanten Veränderungstempo der Rechnungslegung und bestehen auf Moratorien bezüglich der Anwendung neuer Standards. Daher kann es nicht verwundern, dass die Informationsempfänger zunehmend gründliche Jahresabschlussanalyse durch komplexitätsreduzierende Heuristiken ersetzen und versuchen, zu schnellen, wenngleich suboptimalen Analyseergebnissen zu gelangen.

---

[22]   Vgl. generell zur Nützlichkeit von Informationen auf Basis von IFRS Ballwieser (2010), S. 143 ff.
[23]   Vgl. Ernst/Gassen/Pellens (2009), S. 29.
[24]   Gassen/Schwedler (2008), S. 5; zur marktbasierten Ermittlung Gassen/Schwedler (2008), S. 15.

4   Der Fair Value im handelsrechtlichen Zwecksystem

4.1   Fair Value und beizulegender Wert

Im Folgenden soll die Eignung des Fair Value für die handelsrechtliche Rechnungslegung am Beispiel der Zahlungsbemessung untersucht werden. Vorher muss jedoch dieser Bewertungsmaßstab von dem ähnlich klingenden „beizulegenden Wert" abgegrenzt werden[25]. Beide Werte unterscheiden sich sowohl hinsichtlich ihrer Ermittlung als auch bezüglich des konkreten Ansatzes in der Bilanz. Wirklich gemein ist beiden lediglich, dass es sich nicht um einheitlich ermittelte Werte handelt. Vielmehr ergeben sich für verschiedene Positionen und Umstände verschiedene Möglichkeiten der Ermittlung. Folgende wesentliche Unterschiede sind unter Berücksichtigung des jeweiligen Normensystems zu identifizieren[26]:

1)   Der Fair Value ist nicht als Vergleichsmaßstab konzipiert sondern unmittelbar anzusetzen.

2)   Der beizulegende Wert kann lediglich Korrekturwert sein, wenn er unter den AHK liegt, er dient nicht der Abbildung von Vermögensmehrungen.

3)   Die Dauerhaftigkeit einer Wertminderung ist nur im HGB von Bedeutung.

4)   Fair Value-Änderungen können auch erfolgsneutral abzubilden sein, das HGB dagegen folgt strikt dem Kongruenzprinzip.

5)   Der Fair Value kann auch Bewertungsmaßstab für Schulden sein.

6)   Der Fair Value ist grds. situationsunabhängig hierarchisch zu ermitteln.

7)   Der beizulegende Wert ist für den konkreten Vermögensgegenstand aus der Perspektive eines ordentlichen Kaufmannes zu bemessen.

8)   Bei der Fair Value-Ermittlung spielt die Fortführungsprämisse eine weniger bedeutende Rolle.

9)   Der Fair Value ist – auch durch den Rückgriff auf prognostizierte Größen – verstärkt zukunftsorientiert.

Angesichts der Vielzahl und der Bedeutung der aufgezählten Unterschiede erscheint es fragwürdig, von einer erkennbaren Analogie zwischen dem Fair Value nach IAS/IFRS und dem beizulegenden Wert nach HGB zu sprechen[27].

4.2   Fair Value zur Zahlungsbemessung

Wie bereits ausgeführt verfolgt die Internationale Rechnungslegung mit dem Jahresabschluss und somit – als wichtigste Bestandteile – mit der Bilanz und der Gewinn- und Verlustrech-

---

[25]   Vgl. zum beizulegenden Wert und zur Abgrenzung ausführlich Ranker (2006), S. 203.

[26]   Vgl. auch Küting/Trappmann/Ranker (2007), S. 1715.

[27]   So aber Böcking/Lopatta/Rausch (2005), S. 97.

nung nur ein Ziel: die Versorgung aktueller und potentieller Investoren mit entscheidungsnützlichen Informationen. Der handelsrechtliche Jahresabschluss muss dagegen einer ganzen
Reihe von Aufgaben nachkommen, wobei der wichtigste und folgenschwerste Unterschied in
der Zahlungsbemessungsfunktion liegen dürfte, die den IFRS völlig fremd ist. Die Steuerbemessung als Teil dieser Problematik verliert dabei wegen der fortschreitenden Abkoppelung
von Handels- und Steuerbilanz an Bedeutung. Hinsichtlich der weiteren Funktionskompo-
nente, der Ausschüttungsbemessung, steht die Frage im Zentrum, welcher Betrag an die Anteilseigner ausgeschüttet werden kann, „ohne die Substanz und damit die Haftungsmasse zu
gefährden"[28].

Im Hinblick auf die Ermittlung dieses entziehbaren Betrages lässt sich die Aussage ableiten,
dass der handelsrechtliche Jahresabschluss grundsätzlich stärker vergangenheitsorientiert ist.
Jedoch muss der Bilanzierende auch bei der Abschlussaufstellung nach HGB in die Zukunft
blicken. Er muss abschätzen, wie sich bspw. das Sachanlagevermögen durch das Zusammenwirken im betrieblichen Geschehen entwickeln wird und welche Nutzungsdauern entsprechend den einzelnen Vermögensgegenständen zuzuordnen sind. Weiterhin muss er innerhalb der Passiva etwa die Wahrscheinlichkeit der Inanspruchnahme des Unternehmens durch
Dritte abschätzen und gegebenenfalls die richtigen Rückstellungshöhen ermitteln. Das Ziel
der zukünftigen Aufrechterhaltung des jeweiligen Betriebes verlangt naturgemäß nach dieser
Perspektive.

Dennoch handelt es sich grundsätzlich um einen Abschluss des Geschäftsjahres, mithin um
eine Rückschau. Der richtige Gewinn, also der wahre Vermögenszuwachs, ließe sich erst
feststellen, wenn alle Geschäfte abgeschlossen, alle Vermögensgegenstände veräußert und
alle Verbindlichkeiten beglichen wären. Mit dieser Thematik des Totalgewinns und ihren
Auswirkungen auf die Bilanzierung haben sich die Betriebswirtschaftslehre und namentlich
Rieger bereits früh beschäftigt[29]. Anteilseigner sind jedoch weniger auf einen Totalgewinn
am Ende einer unbestimmt langen Periode, sondern vielmehr auf regelmäßige Zahlungen
aus. Entsprechend muss das Unternehmensgeschehen turnusgemäß angehalten und eine
Momentaufnahme dieses Geschehens abgebildet werden. Aus dieser Momentaufnahme muss
der Überschuss abgeleitet werden, der in der betrachteten Periode erwirtschaftet wurde und
der damit für die Anteilseigner als Entlohnung bereitsteht – als Entlohnung für ihre Bereitschaft, dem Unternehmen Risikokapital zur Verfügung zu stellen[30].

So bildet der Jahresabschluss eine turnusmäßige Schlussrechnung, deren Blick ob der möglichen Ausschüttung vorsichtig in die Zukunft schweift. In diesem Sinne schreibt *Leffson*:
„Der kaufmännische Jahresabschluß dient nicht der Ermittlung von Zukunftserfolgen, sondern der Kontrolle des realisierten betrieblichen Geschehens"[31]. Den potentiellen Investor,
der dem Unternehmen zukünftig Geld zur Verfügung stellen möchte, interessiert dagegen
vielmehr, welche Gewinne in den nächsten Perioden zu erwarten sind.

Weit wichtiger noch als die Vergangenheitsorientierung ist jedoch das Postulat der Vorsicht.
Erfüllt der Jahresabschluss lediglich eine Informationsfunktion, wird sich aus diesem in der
Regel nicht direkt ein Zahlungsmittelabfluss für das Unternehmen ergeben. Jahresüberschuss

---

[28]   Baetge/Zülch (2006), Rn. 36.
[29]   Vgl. Rieger (1964), S. 203 ff.
[30]   Vgl. hierzu auch Moxter (1995), S. 33 ff.
[31]   Leffson (1966), S. 390.

und Eigenkapital sowie deren Entwicklung sind grundsätzlich wichtige Größen zur Beurteilung der Unternehmenslage und beeinflussen dadurch in erheblichem Maße die Möglichkeiten der Eigen- und Fremdkapitalbeschaffung. Der festgestellte handelsrechtliche Jahresabschluss zieht jedoch darüber hinaus unmittelbar Rechtsfolgen nach sich. Im Moment des Ausweises steht ein wesentlicher Teil des Jahresüberschusses schon nicht mehr unter alleiniger Dispositionsgewalt der Unternehmensleitung; die Unternehmenseigner können als Souverän einen Liquiditätsabfluss bewirken.

Daher ist als einer der zentralen Grundsätze im Handelsrecht das Realisationsprinzip verankert. Dieses bestimmt, dass Gewinne nur dann auszuweisen sind, wenn sie realisiert sind, also in der Regel erst bei Absatz am Markt. Im Falle signifikanter Wert- beziehungsweise Preisschwankungen hätte eine vorherige Berücksichtigung der nicht realisierten Gewinne unter Umstände weitreichende Folgen. Werden in einem Unternehmen etwa steigende Kurse der Finanzanlagen über die AHK hinaus realisiert und die Buchgewinne ausgeschüttet, drohen bei einem kriseninduzierten Einbrechen der Kurse Überschuldung und Liquidationslücken, da der ausgeschüttete (Schein-)Gewinn nicht realisiert werden kann. Im Ernstfall führt der Liquiditätsabfluss dazu, dass die Aufrechterhaltung des Geschäftsbetriebs gefährdet wird oder nur mit sehr teuren Krediten gewährleistet werden kann. Wie die vergangene Finanz- und Wirtschaftskrise gezeigt hat, wird es gerade in solchen Krisensituationen, in denen ein Unternehmen mehr denn je auf Kredite angewiesen ist, sehr schwer, diese zu erhalten – zumindest zu ökonomisch sinnvollen Konditionen. Die Tatsache, dass gleichzeitig auch noch ein Verlust ausgewiesen werden muss, der operativ gar nicht entstanden ist, erschwert die Kapitalversorgung zusätzlich. Eine vorsichtige Bewertung kann zu einer Verhinderung unangemessener Ausschüttungen beitragen und somit Kapital und Substanz des Unternehmens erhalten[32].

Vergangenheitsorientierung und Vorsichtsdominanz sind allerdings eng verbunden, da ein Abschluss, der die Einbeziehung von Zukunftsprognosen auf ein Mindestmaß beschränkt, objektiviertere und vorsichtigere Ergebnisse liefert[33]. Diese Eigenschaften sind unterdies mit dem Fair Value-Accounting deutlich weniger vereinbar. So spielt unter der Ägide dieser Bewertungsmethodik die Zukunftsorientierung eine viel größere und die Vorsicht eine untergeordnete Rolle. Will man an der Ausschüttungsbemessungsfunktion des Jahresabschlusses festhalten, kann eine Fair Value-Bewertung nach internationalem Vorbild keine Alternative sein.

Interessant ist dieser Themenkomplex ferner vor dem Hintergrund der Prinzipal-Agent-Problematik, genauer gesagt der Management-Entlohnung. Zunächst sei erwähnt, dass die hinsichtlich der Wirkung auf die Liquiditätslage und den möglichen Substanzverlust bisher getroffenen Aussagen auch im Rahmen einer Entlohnung auf Grundlage von Zeitwerten gelten. Darüber hinaus orientiert sich der variable Vergütungsanteil häufig auch an der Entwicklung von Jahresabschlussgrößen. Der Ausweis von (unrealisierten) Buchgewinnen führt zu steigendem Jahresergebnis sowie Eigenkapital und folglich zu erhöhten Auszahlungen an die Verantwortlichen. Bei späteren Verlusten fehlen den betroffenen Unternehmen unter

---

[32]   Vgl. Moxter (1995), S. 32 ff.

[33]   Vgl. hierzu auch Kessler (2010), S. 34.

Umständen genau diese Beträge, wobei hier insbesondere Banken mit teilweise astronomisch hohen Bonus-Zahlungen[34] im Fokus stehen.

Entscheidend für die Entlohnung sind jedoch auch heute schon vielfach die Kennzahlen des Konzernabschlusses, der unter Umständen nach IFRS aufgestellt wird, sodass die Gefahren bereits offenbar werden. In diesem Zusammenhang sei zusätzlich erwähnt, dass diese Gefahr auch hinsichtlich der Ausschüttung droht. Diese wird zwar formal nur nach dem festgestellten Einzelabschluss bemessen, in der Realität aber hat der Konzernerfolg einen wesentlichen Einfluss auf das Ausschüttungsverhalten, das partiell durch Auflösung von Gewinnrücklagen gesteuert werden kann. Der Einfluss des Konzernergebnisses auf das Ausschüttungsverhalten wurde in der Vergangenheit in Studien belegt. So kommen *Pellens/Gassen/Richard* zu dem Schluss, dass „deutsche Gesellschaften ihre Ausschüttungshöhe [...] unter Beachtung der Dividendenkontinuität und des Konzernergebnisses fest[setzen]"[35]. Gemäß diesen Erkenntnissen muss gleichzeitig der Schluss gezogen werden, dass die Bedenken gegenüber einer Fair Value-Bewertung im Einzelabschluss gleichzeitig auch für den Konzernabschluss Bestand haben müssen.

Die aufgezeigte Problematik ist gleichwohl weniger auf Grund der Höhe der Auszahlungen als wegen ihres Zustandekommens besorgniserregend. Der Vorstand kann durch seine Entscheidungen das Bilanzbild beeinflussen, unter Umständen kann er sogar die anzuwendenden Standards für den Konzernabschluss bestimmen. Vor allem aber stehen den Verantwortlichen die Mittel der Sachverhaltsdarstellung und Sachverhaltsgestaltung zur Verfügung. Dem Vorstand ist dadurch die Möglichkeit gegeben – zumindest kurzfristig – die Höhe der Kennzahlen zu beeinflussen, die die Grundlage seiner Entlohnung bilden. Die Anreizwirkung hoher Boni ist naturgemäß enorm. Hierbei eröffnen die IFRS, die grundsätzlich zu einem früheren Gewinnausweis tendieren, deutlich mehr Möglichkeiten als das Handelsrecht, das im Bereich der Wahlrechte durch das BilMoG zusätzlich deutlich beschnitten wurde[36]. Speziell das Fair Value-Accounting bietet vor allem dann große Spielräume, wenn Marktpreise – wie in mehr als 95 % aller Fälle – nicht unmittelbar festgestellt werden können. Es ist also geradezu systemimmanent, dass die Fair Value-Bewertung als Instrument einer progressiven Bilanzpolitik eingesetzt wird.

Es ist nicht zu beanstanden, dass ein Vorstand bemüht ist, den Gewinn zu optimieren und diesen auch auszuweisen. Ist jedoch das Ziel nicht die langfristige und stabile respektive konstant wachsende Gewinnerzielung, sondern einzig der kurzfristige Ausweis hoher Gewinne, um an diesen partizipieren zu können – späteres Ausscheiden ist oftmals durch Abfindung gesichert –, kann dem Unternehmen dadurch großer Schaden entstehen. Die vom Management (aus)genutzten bilanzpolitischen Maßnahmen können nicht nur zu einem verzerrten Ausweis führen, sondern auch zu erhöhten Liquiditätsabflüssen und realen Verlusten.

Schildbach äußert hierzu, dass die Manager auf Grund dieser Anreizstrukturen „ganz persönlich ein vitales Interesse an frühen Gewinnen und großen Gewinnchancen [haben], ohne die Risiken wirklich zu fürchten, die mit einem solchen Gewinnstreben verbunden sind"[37]. Auf

---

[34] Vgl. hierzu bspw. die Bonus-Zahlungen von Goldman-Sachs (vgl. Spiegel.de (2010)).
[35] Pellens/Gassen/Richard (2003), S. 309.
[36] Vgl. bspw. Küting (2009b), S. 97.
[37] Schildbach/Grottke (2009), S. 110.

Nachhaltigkeit basierende Bonus-Systeme werden derzeit heftig diskutiert, setzen sich aber erst langsam durch.

4.3   Ergebnis

Es bleibt festzuhalten, dass trotz der Namensverwandtschaft zwischen beizulegendem Wert nach HGB und dem Fair Value große Unterschiede bestehen. Diese beruhen auch auf den des Weiteren herauszustellenden erheblichen Divergenzen hinsichtlich der Zielsetzung der handelsrechtlichen und der IFRS-Rechnungslegung. Die unterschiedlichen Bewertungsmethoden wirken sich nicht nur auf die vermittelten Informationen aus, sondern können auch materiell immense Bedeutung entfalten, etwa wenn sie den überhöhten und verfrühten Abfluss von Zahlungsmitteln verursachen. Darüber hinaus werden für den Vorstand durch kennzahlenbasierte Vergütungssysteme Anreize zu eigennütziger Bilanzpolitik geschaffen. Dass die Angst vor solchen bilanzpolitischen Übergriffen nicht unberechtigt ist, beweisen die alarmierenden Ergebnisse einer im Jahre 2006 vorgelegten Studie mit dem Titel „Value Destruction and Financial Reporting Decisions". Anonyme Interviews unter amerikanischen Finanzvorständen ergaben, dass 78 % der befragten CFOs grundsätzlich bereit wären, zugunsten geglätteter oder im Rahmen der Markterwartungen liegender Ergebniszahlen wertvernichtende Maßnahmen in Kauf zu nehmen. 55 % der Befragten würden sogar Projekte mit hohen Aussichten auf substanzielle Wertbeiträge (shareholder Value) nicht initiieren, wenn dadurch die anstehenden Quartalsergebnisse gefährdet würden[38]. Hingegen steht zu vermuten, dass 100 % der befragten CFOs sich in öffentlicher Rede zum Shareholder Value-Prinzip bekannt hätten.

Die verstärkte wechselseitige Beeinflussung von Management und Rechnungslegung durch das Fair Value-Accounting sieht auch *Lüdenbach* kritisch, er schreibt: „Die kapitalmarktorientierte [Rechnungslegung] kann sich [durch die Bewertung mit Hilfe von finanzmathematischen Modellen] in eine managementorientierte Rechnungslegung verwandeln. Diese verliert dann unter Umständen auch ihre dienende Funktion der Abbildung von Realitäten und schafft selbst Realitäten, indem das Management vermehrt in solche Werte investiert, deren Bilanzerfolg (kurz- und mittelfristig) manipulierbar ist"[39].

Natürlich ist auch das deutsche Bilanzrecht nicht frei von Schwächen. So wurde die Bildung stiller Reserven – wie sie als Folge des Anschaffungskostenprinzips häufig beobachtbar ist – lange Zeit sehr kritisch beurteilt. Wurde etwa in der Vergangenheit durch sehr konservative Bewertung ein dickes bilanzielles „Polster" erzeugt, wird eine herannahende Krise erst offenbar, wenn die (fortgeführten) Anschaffungs- oder Herstellungskosten unterschritten werden. Der Vorwurf an das Anschaffungskostenprinzip lautet also, „die Verschlechterung der Lage der Gesellschaft zu verschleiern"[40]. Dagegen wird den IFRS zu Gute gehalten, Krisen schonungslos offenzulegen, weil Wertverluste in ihrer vollen Höhe gezeigt würden[41]. Aus

---

[38]   Vgl. Graham/Harvey/Rajgopal (2006), S. 10.

[39]   Lüdenbach (2010), Rn. 112.

[40]   Begründung zum RegE des AktG 1965, Vorbemerkungen zu §§ 153–156 AktG (bzw. §§ 146–149 AktG in der Fassung des RegE), abgedruckt in Kropff (1965), S. 237.

[41]   Vgl. hierzu bspw. Ochsner (2009), S. 416.

dem Blickwinkel einer reinen Informationsorientierung mag diese Argumentation eher für ein Fair Value-Accounting sprechen. Sind aber Zahlungen auf der Grundlage der ausgewiesenen Buchgewinne erfolgt, gilt Gegenteiliges. Wenn letzten Endes die Liquidität fehlt, um das betroffene Unternehmen weiterzuführen, wird man sich im Nachhinein schwerlich darüber freuen können, etwas früher von der Krise erfahren zu haben.

5   Fazit

Wir müssen als Ergebnis festhalten, dass das Fair Value-Accounting nicht für den nach deutschem Handelsrecht aufgestellten Einzelabschluss geeignet ist – jedenfalls nicht, solange dieser Abschluss der derzeitigen Vielzahl von Aufgaben gerecht werden muss. Die IFRS können prinzipiell auf Grund ihrer Beschränkung auf den Informationszweck an einer Ausrichtung an prognostizierten Größen unter Zuhilfenahme ermessensbehafteter Schätzungen festhalten. „Die Übernahme gesellschaftsrechtlicher oder steuerrechtlicher Aufgaben wie die Ausschüttungs- und Steuerbemessung lassen sich mit dieser Konzeption nicht vereinbaren"[42].

Die Systematik der Fair Value-Ermittlung weist erhebliche Schwächen und Unsicherheiten auf, die eine Entobjektivierung der Bilanz verursachen – ein Resultat, das nur dann zu rechtfertigen wäre, wenn der Zuwachs an entscheidungsnützlichen Informationen entsprechend groß ausfiele. Dieses Argument kann dagegen für den deutschen Einzelabschluss nicht gelten, da es keineswegs primäre respektive alleinige Aufgabe dieses Abschlusses ist, Informationen für Investoren bereitzustellen.

Grundsätzlich kann Rechnungslegung nie allen Anforderungen vollends gerecht werden, weshalb jede Bewertung mit Rücksicht auf den jeweils verfolgten Bilanzzweck vorzunehmen ist[43]. Der einzig wahre, universell richtige Wertmaßstab muss daher eine utopische Vorstellung bleiben. Gleichermaßen gilt dies natürlich für den Gewinn – oder wie *Schmalenbach* formuliert: „Gewinn hat also das zu sein, was wir als Ziel unserer Rechnung haben müssen"[44].

Unter Berücksichtigung des komplexen Zweck- und Funktionssystems, das dem deutschen Bilanzrecht zugrunde liegt, kann das den IFRS immanente Fair Value-Accounting keine Alternative sein. Ob der Mehrwert der zusätzlichen Informationen durch eine derartige Bilanzierung wirklich so groß ist, wie es von den IFRS-Befürwortern immer wieder behauptet wird, kann hier nicht abschließend beurteilt werden – Zweifel sind jedoch durchaus angebracht. Ob dieser Mehrwert ausreicht, die aufgezeigten Probleme aufzuwiegen, sollte auch für die internationalen Rechnungslegungsnormen zumindest kritisch hinterfragt werden.

---

[42]   Kessler (2010), S. 34.

[43]   Vgl. Stützel (1967), S. 320.

[44]   Schmalenbach (1925), S. 61.

Gleichzeitig müssen wir auch die Frage stellen, ob die IFRS-Abschlüsse tatsächlich nur eine reine Informationsfunktion besitzen. Die Erfahrungen und Entwicklungen weisen in eine andere Richtung – sei es nun die Bankenregulierung[45] oder das Steuerrecht im Rahmen der Zinsschranke. Wenn nun aber in Zukunft verstärkt Managementvergütungen, regulatorische Vorschriften, Steuerzahlungen und Dividendenausschüttungen an das IFRS-Recht anknüpfen werden, müssen umfangreiche Änderungen diskutiert werden.

Bezüglich der Weiterentwicklung der handelsrechtlichen Rechnungslegung stellt *Moxter* die entscheidende Frage: „Warum also sollte man die Regeln zur Ermittlung des Jahresüberschusses an einer Aufgabe orientieren, der andere Instrumente weit besser entsprechen, sofern man den Jahresüberschuss dadurch für Zwecke, die ihm adäquat sind (Ausschüttungsbemessung), entwertet?"[46]

Abschließend gilt es, die Brücke zu den einleitenden Worten und zur Vergangenheit zu schlagen. Der Fair Value war – wie erwähnt – bereits zu Beginn Bestandteil unseres deutschen Handelsrechts, zwar in anderer begrifflicher Gestalt, aber vom Inhalt her weitgehend identisch. Das Allgemeine Deutsche Handelsgesetzbuch hatte ihn 1869 zum herausragenden Bewertungsmaßstab gekürt. Es sollte zu denken geben, dass schon die Aktienrechtsnovelle des Jahres 1884 – als Reaktion auf die katastrophalen Auswirkungen des Gründungsschwindels der Jahre 1870-73 – eine Bewertung mit den Anschaffungs- bzw. Herstellungskosten als Obergrenze einführte[47].

6   Literatur

ADHGB (1869): Allgemeines Deutsches Handelsgesetzbuch, in der Fassung vom 5. Juni 1869, Bundesgesetzblatt des Norddeutschen Bundes 1869, S. 404.

AktG (1884): Gesetz betreffend die Kommanditgesellschaften auf Aktien und die Aktiengesellschaften, RGBl. 1884, S. 123.

Baetge/Zülch (2006): Rechnungslegungsgrundsätze nach HGB und IFRS, in: von Wysocki et al. (Hrsg.): Handbuch des Jahresabschlusses, Köln 2007, Abt I/2.

Ballwieser (2010): Was hat die Umstellung auf IFRS ökonomisch bewirkt?, in Küting/Pfitzer/Weber (Hrsg.): IFRS und BilMoG – Herausforderungen für das Bilanz- und Prüfungswesen, Stuttgart 2010.

Ballwieser/Küting/Schildbach (2004): Fair value – erstrebenswerter Wertansatz im Rahmen einer Reform der handelsrechtlichen Rechnungslegung?, BFuP 2004, S. 529-548.

Becker/Wiechens (2010): Berücksichtigung des eigenen Kreditrisikos bei der Bewertung von Schulden – Analyse des IASB-Diskussionspapiers „Credit Risk in Liability Measurement", WPg 2010, S. 228-237.

---

[45]   Vgl. zum Einfluss der IFRS auf die Bankenaufsicht Sopp (2010), S. 2 ff., 241 ff.

[46]   Moxter (1995), S. 38.

[47]   Vgl. § 185a AktG i.d.F. des AktG (1884).

Bieker (2007): Ende des Bilanzierungschaos in Sicht? – Stellungnahme zum IASB-Diskussionspapier „Fair Value Measurement" (Teil I), PiR 2007, S. 91-97.

BiRiLiG (1985): Gesetz zur Durchführung der Vierten, Siebten und Achten Richtlinie des Rates der Europäischen Gemeinschaften zur Koordinierung des Gesellschaftsrechts (Bilanzrichtlinien-Gesetz) vom 19.12.1985, BGBl. 1985, S. 2355.

Böcking/Lopatta/Rausch (2005): Fair Value Bewertung versus Anschaffungskostenprinzip – ein Paradigmenwechsel in der Rechnungslegung?, in: Bieg/Heyd (Hrsg.): Fair Value – Bewertung in Rechnungswesen, Controlling und Finanzwirtschaft, München 2005.

Coenenberg/Haller/Schultze (2009): Jahresabschluss und Jahresabschlussanalyse, 21. Aufl., Stuttgart 2009.

Ernst/Gassen/Pellens (2009): Verhalten und Präferenzen deutscher Aktinäre – eine Befragung von privaten und institutionellen Anlegern zum Informationsverhalten, zur Dividendenpräferenz und zur Wahrnehmung von Stimmrechten, in: von Rosen (Hrsg.): Studien des Deutschen Aktieninstituts, Heft 42, Frankfurt 2009.

Gassen/Schwedler (2008): Attitudes towards Fair Value and Other Measurement Concepts: An Evaluation of their Decision-usefulness, ASCG/Humboldt Universität zu Berlin/EFFAS (Hrsg.), Berlin 2008.

Graham/Harvey/Rajgopal (2006): Value Destruction and Financial Reporting Decisions, abrufbar unter: http://ssrn.com/abstract=871215.

Herz (2002): Remarks – Financial Executives International Current Financial Reporting Issues Conference, New York, November 2002, abrufbar unter: http://www.iasplus.com/resource/herz0211.pdf.

IASB (2008): Discussion Paper – Reducing Complexity in Reporting Financial Instruments, März 2008, abrufbar unter: http://www.iasb.org/NR/rdonlyres/A2534626-8D62-4B42-BE12-E3D14C15AD29/0/DPReducingComplexity_ReportingFinancialInstruments.pdf.

IASB (2009): Exposure Draft Financial Instruments: Classification and Measurement, Basis for Conclusions, September 2009, abrufbar unter: http://www.ifrs.org/NR/rdonlyres/59DA239E-E3A0-4587-A141-9F15AC16DC7C/0/EDFinInstrBasis.pdf.

IASB (2010a): Fair Value Option for Financial Liabilities, Exposure Draft ED/2010/4, abrufbar unter: http://www.ifrs.org/NR/rdonlyres/B72D8EB9-64D0-4766-9EEE-3A27EE2A9617/0/EDFairValueOptionforFinancialLiabilities_WEBSITE.pdf.

IASB (2010b): Credit Risk in Liability Measurement – Staff paper accompanying Discussion Paper DP/2009/2, London 2010, abrufbar unter: http://www.iasb.org/NR/rdonlyres/F57B3E62-41F1-4817-B32D-531354E03D10/0/CreditRiskLiabilitStaff.pdf.

Kessler (2010): Abschlussanalyse nach IFRS und HGB, PiR 2010, S. 33-41.

Kropff (1965): Textausgabe des Aktiengesetzes vom 6. 9. 1965 und des Einführungsgesetzes zum Aktiengesetz vom 6. 9. 1965 mit Begründung des Regierungsentwurfs, Düsseldorf 1965.

Küting (2009a): Grundlagen der Fair Value-Bewertung – Zugleich: Aufstieg und Fall einer als überlegen propagierten Bewertungskonzeption, StuB 2009, S. 829-835.

Küting (2009b): Bilanzansatzwahlrechte, in: Küting/Pfitzer/Weber (Hrsg.): Das neue deutsche Bilanzrecht, 2. Aufl., Stuttgart 2009.

Küting/Trappmann/Ranker (2007): Gegenüberstellung der Bewertungskonzeption von beizulegendem Wert und Fair Value im Sachanlagevermögen, DB 2007, S. 1709-1716.

Leffson (1966): Wesen und Aussagefähigkeit des Jahresabschlusses, zfbf 1966, S. 375-390.

Leffson (1987): Die Grundsätze ordnungsmäßiger Buchführung, 7. Aufl., Düsseldorf 1987.

Lorson (2005): Der Fair Value im System der Wertbegriffe nach IAS/IFRS und US-GAAP, in: Bieg/Heyd (Hrsg.): Fair Value – Bewertung in Rechnungswesen, Controlling und Finanzwirtschaft, München 2005.

Lüdenbach (2010): § 28 Finanzinstrumente, in: Lüdenbach/Hoffmann (Hrsg.): Haufe IFRS-Kommentar, 8. Aufl., Freiburg u.a. 2010.

Moxter (1995): Standort Deutschland: Zur Überlegenheit des deutschen Rechnungslegungsrechts, in: Peemöller/Uecker (Hrsg.): Standort Deutschland, Festschrift für Anton Heigl, Berlin 1995.

Meyer/Braun (2010): Fair Value als Treiber der Komplexität von IFRS, BB 2010, S. 1779-1782.

Obermaier (2009): Fair Value-Bilanzierung nach IFRS auf Basis von Barwertkalkülen, KoR 2009, S. 545-554.

Ochsner (2009): Fair Value zu Recht in der Kritik?, IRZ 2009, S. 413-416.

Pellens/Gassen/Richard (2003): Ausschüttungspolitik börsennotierter Unternehmen in Deutschland, DBW 2003, S. 309-332.

PwC (2007): Measuring Assets and Liabilities – Investment Professionals` Views, Pricewaterhouse-Coopers (Hrsg.), Februar 2007.

Rieger (1964): Einführung in die Privatwirtschaftslehre, 3. Aufl., Erlangen 1964.

Ranker (2006): Immobilienbewertung nach HGB und IFRS – Auslegung, Konzeption und Einzelfragen der Bilanzierung des Anlagevermögens, Berlin 2006.

Schildbach (2006): Fair Value – Wunsch und Wirklichkeit, in Küting/Pfitzer/Weber (Hrsg.): Internationale Rechnungslegung: Standortbestimmung und Zukunftsperspektiven, Stuttgart 2006.

Schildbach (2010): Fair Value – Leitstern für Wege ins Abseits, in: Küting/Pfitzer/Weber (Hrsg.): IFRS und BilMoG – Herausforderungen für das Bilanz- und Prüfungswesen, Stuttgart 2010.

Schildbach/Grottke (2009): Lehren aus der Subprime-Krise für Rechnungslegung und Corporate Governance, in: Haesele/Hörmann (Hrsg.), Rechnungslegung und Unternehmensführung in turbulenten Zeiten: Festschrift für Gerhard Seicht zum 70. Geburtstag, Wien 2009.

Schmalenbach (1925): Grundlagen dynamischer Bilanzlehre, ZfhF 1919, S. 1-60/65-101.

Schweitzer (2009): Wirtschaftsunruhe und Rechnungsrisiken, in: Haesele/Hörmann (Hrsg.), Rechnungslegung und Unternehmensführung in turbulenten Zeiten: Festschrift für Gerhard Seicht zum 70. Geburtstag, Wien 2009.

Sopp (2010): IFRS im Bankenrecht – Einflüsse auf Eigenmittel, Risikopositionen und Konsilidierungsfragen, Hamburg 2010.

Spiegel.de (2010): Goldman-Sachs-Chef soll 100-Millionen-Bonus erhalten, 1. Febr. 2010, abrufbar unter: http://www.spiegel.de/wirtschaft/unternehmen/0,1518,675221,00.html.

Stützel (1967): Bemerkungen zur Bilanztheorie, zfb 1967, S. 314-340.

Wirth (2005): Firmenwertbilanzierung nach IFRS, Stuttgart 2005.

Der Ansatzzeitpunkt für selbsterstelltes immaterielles Anlagevermögen

Prof. Dr. Hans-Jürgen Kirsch, Dr. Lüder Kurz

1   Einleitung

Die Regelungen des HGB sind mit Änderung durch das BilMoG den IFRS deutlich angenähert worden. Damit sollte die Informationsfunktion des HGB-Abschlusses gestärkt werden.[1] Im Zuge dieser Rechtsanpassung wird es Unternehmen durch eine Änderung des § 248 Abs. 2 HGB erlaubt, bestimmte selbsterstellte immaterielle Vermögensgegenstände des Anlagevermögens zu aktivieren. Um gleichzeitig der Kapitalerhaltung Rechnung zu tragen, wurde dieses Wahlrecht um eine Ausschüttungssperre (§ 268 Abs. 8 HGB) ergänzt.

Wenngleich dieses neu eingeführte Wahlrecht grundsätzlich aufgrund der damit einhergehenden Stärkung der Informationsfunktion unter Wahrung der Kapitalerhaltung vielfach begrüßt wird, eröffnet es Freiheitsgerade, die den Bilanzierenden vor die Aufgabe stellen, Ermessensspielräume sachgerecht auszufüllen.[2] Von besonderer Bedeutung sind dabei die Fragen, ab wann überhaupt ein aktivierungsfähiger Vermögensgegenstand vorliegt und welche Ausgaben diesem als Herstellungskosten zugerechnet werden können. § 255 Abs. 2 i. V. m. Abs. 2a HGB schreibt in diesem Zusammenhang vor, dass lediglich Entwicklungskosten, nicht aber Forschungskosten zu den Herstellungskosten eines selbsterstellten immateriellen Vermögensgegenstandes des Anlagevermögens zählen. Dieses impliziert indes nicht, dass der Ansatzzeitpunkt des immateriellen Vermögensgegenstandes mit dem Beginn der Entwicklungsphase zusammenfallen muss. Der konkrete Aktivierungszeitpunkt ergibt sich als derjenige Zeitpunkt, an dem die beiden Bedingungen (Vermögensgegenstand liegt vor und Entwicklungskosten sind zurechenbar) erfüllt sind. Eine sequenzielle Abfolge von Forschung und Entwicklung vorausgesetzt, wird dieser Zeitpunkt in der Regel während der Entwicklungsphase, also sachverhaltsspezifisch in einem Zeitintervall zwischen dem Ende der Forschungsphase und dem Zeitpunkt der Fertigstellung liegen. Eine präzise Definition dieses Zeitpunktes enthält das HGB indes nicht.

Der Ansatz eines Vermögensgegenstandes, auch der eines selbsterstellten immateriellen Vermögensgegenstandes, kommt nur dann in Betracht, wenn die Ansatzkriterien des HGB erfüllt sind.[3] Das HGB selbst konkretisiert indes nicht, wann ein Projekt erstmalig diese Voraussetzungen erfüllt und wann ein Projekt von der Forschungs- in die Entwicklungsphase wechselt. Da sich die Änderung des HGB auf konkrete Regelungen der IFRS stützt, könnte es nahe liegen, sich zur Lösung dieser Fragen an den IFRS als Auslegungshilfe zu orientie-

---

[1]   Vgl. BR-Drucksache 344/08, S. 1 f.

[2]   Vgl. stellvertretend für viele Arbeitskreis „Immaterielle Werte im Rechnungswesen" der Schmalenbach-Gesellschaft für Betriebswirtschaft e. V., Leitlinien, S. 1813 und 1821.

[3]   Vgl. BT-Drucksache 16/12407, S. 85; Baetge, J./Kirsch, H.-J./Thiele, S., Bilanzen, S. 246; Baetge, J./Fey, D./Weber, C.-P. u. a., HGB § 248, in: Küting/Pfitzer/Weber (Hrsg.), Rz. 18. A. A. BR-Drucksache 344/08, S. 132; Coenenberg, A. G./Haller, A./Schultze, W., Jahresabschluss und Jahresabschlussanalyse, S. 177 f., die einen Ansatz bereits dann befürworten, wenn ein selbsterstellter immaterieller Vermögensgegenstand mit hinreichender Wahrscheinlichkeit entstehen wird.

ren, die zudem zu dieser Fragestellung nicht nur bereits eine umfassende Historie sondern auch präzisere Regelungen als das HGB vorweisen können.[4]

So knüpft IAS 38 den Ansatzzeitpunkt eines selbsterstellten immateriellen Vermögenswertes, der zwischen dem Ende der Forschungsphase und der Fertigstellung des Vermögenswertes liegt, daran, inwiefern die einschlägigen Ansatzvoraussetzungen erfüllt sind. So kann ein selbsterstellter immaterieller Vermögenswert gem. IAS 38.21 nur dann angesetzt werden, wenn sechs in IAS 38.57 normierte Voraussetzungen erfüllt sind und dieses durch das bilanzierende Unternehmen nachgewiesen wird.

Im Folgenden soll diskutiert werden, welche Parameter den Ansatzzeitpunkt eines selbsterstellten immateriellen Vermögensgegenstandes nach HGB bestimmen und inwieweit es sachgerecht ist, sich bei Ermittlung dieses Zeitpunktes an den Regelungen des IAS 38 zu orientieren.

2   Der Ansatz immateriellen Vermögens

2.1   Der Ansatz immateriellen Vermögens nach HGB in der durch das BilMoG geänderten Fassung

Im Wege der Änderung des HGB durch das BilMoG wird bilanzierenden Unternehmen durch § 248 Abs. 2 HGB das Wahlrecht eröffnet, selbsterstellte immaterielle Vermögensgegenstände des Anlagevermögens anzusetzen. Das HGB erlaubt in § 255 Abs. 2a HGB im Zuge der Definition der Herstellungskosten den Ansatz von Entwicklungskosten, verbietet in § 255 Abs. 2 Satz 4 indes die Aktivierung von Forschungskosten. Forschung wird hierbei in § 255 Abs. 2a HGB als „eigenständige und planmäßige Suche nach neuen wissenschaftlichen oder technischen Erkenntnissen oder Erfahrungen allgemeiner Art, über deren technische Verwertbarkeit und wirtschaftliche Erfolgsaussichten grundsätzlich keine Aussagen gemacht werden können" definiert. Entwicklung ist die hierauf annahmegemäß folgende „Anwendung von Forschungsergebnissen oder von anderem Wissen für die Neuentwicklung von Gütern oder Verfahren oder die Weiterentwicklung von Gütern oder Verfahren mittels wesentlicher Änderungen".

Das in § 255 Abs. 2 HGB kodifizierte Einbeziehungsverbot von Forschungsausgaben im Rahmen der Herstellungskostenermittlung legt fest, dass die Aktivierung eines selbsterstellten immateriellen Vermögensgegenstandes in der Forschungsphase nicht zulässig ist.[5] Grund

---

[4]   Vgl. von Eitzen, B/Moog, T./Pyschny, H., Forschungs- und Entwicklungskosten nach dem Bilanzrechtsmodernisierungsgesetz, S. 357; van Hall, G./Kessler, H., Kapitel 1, in: Kessler/Leinen/Strickmann (Hrsg.), S. 148; Hoffmann, N./Lüdenbach, W.-D., NWB-Kommentar Bilanzierung, § 255, Rz. 130; Kessler, H., Abschlussanalyse, S. 40.

[5]   Vgl. auch BR-Drucksache 344/08, S. 73.

für das Ansatzverbot von Forschungsausgaben ist ihre mangelnde Zuordnung zu einem konkreten Bilanzierungsobjekt.[6] Während der auf die Forschungsphase folgenden Entwicklungsphase scheitert eine solche Zuordnung indes nicht per se. Gemäß § 255 Abs. 2a i. V. m. Abs. 2 HGB sind Entwicklungsausgaben in die Herstellungskosten eines selbsterstellten immateriellen Vermögensgegenstandes einzubeziehen. Der Ansatz eines immateriellen Vermögensgegenstandes ist somit bereits während seiner Entwicklungsphase zulässig. Wie bereits oben erwähnt, kommt indes der Ansatz nur dann in Betracht, wenn die Ansatzkriterien des HGB vollständig erfüllt sind.[7] Insofern hat das bilanzierende Unternehmen zur Wahrnehmung des Ansatzwahlrechtes zu prüfen, inwiefern das in Entwicklung befindliche Vermögensgut diesen Kriterien entspricht.

Die handelsrechtliche Aktivierungskonzeption unterscheidet in die abstrakte und die konkrete Aktivierungsfähigkeit. Ansatzfähig sind nur solche Vermögensgegenstände, die sowohl abstrakt als auch konkret aktivierungsfähig sind.

Die abstrakte Aktivierungsfähigkeit ist im HGB nicht explizit normiert. Vielmehr ergibt sie sich aus der aus § 242 Abs. 1 Satz 1 HGB abgeleiteten Eigenschaft eines Vermögensgegenstandes, der Schuldendeckung des bilanzierenden Unternehmens dienen zu können. Diese Schuldendeckungsfähigkeit äußert sich darin, dass nur Vermögensgüter als abstrakt aktivierungsfähig angesehen werden können, die selbständig verwertbar sind.[8] Selbständig verwertbar sind Vermögensgüter dann, wenn sie durch Veräußerung, Einräumung von Nutzungsrechten oder durch bedingten Verzicht in Geld umgewandelt werden können.[9]

Die abstrakte Aktivierungsfähigkeit wird durch die konkrete Aktivierungsfähigkeit ergänzt. So können dem Ansatz abstrakt aktivierungsfähiger Vermögensgegenstände konkrete Aktivierungsverbote und Aktivierungswahlrechte entgegenstehen. Im Bereich selbsterstellter immaterieller Vermögensgegenstände besteht hier das Aktivierungsverbot des § 248 Abs. 2 HGB für selbst geschaffene Marken, Drucktitel, Verlagsrechte, Kundenlisten oder vergleichbare immaterielle Vermögensgegenstände des Anlagevermögens. Wenngleich diese Vermögensgüter die Voraussetzungen eines Vermögensgegenstandes erfüllen und damit abstrakt aktivierungsfähig sein können, steht dieses konkrete Aktivierungsverbot einem Ansatz entgegen.[10] Konkrete Aktivierungswahlrechte können ebenfalls der verpflichtenden Aktivierung eines abstrakt aktivierungsfähigen Vermögensgegenstandes entgegenstehen. Ein solches Wahlrecht betrifft gem. § 248 Abs. 2 HGB sämtliche selbsterstellten immateriellen Vermögensgegenstände, die nicht durch das Aktivierungsverbot vom Ansatz ausgeschlossen sind.[11]

Dieser Ansatzkonzeption folgend können selbsterstellte immaterielle Vermögensgegenstände in ihrer Entwicklungsphase dann angesetzt werden, wenn sie erstmalig selbständig verwertbar sind und nicht zu den unter das Aktivierungsverbot fallenden Vermögensgütern zählen.

---

[6]   Vgl. Baetge, J./Kirsch, H.-J./Thiele, S., Bilanzen, S. 245.

[7]   Vgl. BT-Drucksache 16/12407, S. 85; Baetge, J./Kirsch, H.-J./Thiele, S., Bilanzen, S. 246; Baetge, J./Fey, D./ Weber, C.-P. u. a., HGB § 248, in: Küting/Pfitzer/Weber (Hrsg.), Rz. 18. A. A. BR-Drucksache 344/08, S. 132; Coenenberg, A. G./Haller, A./Schultze, W., Jahresabschluss und Jahresabschlussanalyse, S. 177 f., die einen Ansatz bereits dann befürworten, wenn ein selbsterstellter immaterieller Vermögensgegenstand mit hinreichender Wahrscheinlichkeit entstehen wird.

[8]   Vgl. Baetge, J./Kirsch, H.-J./Thiele, S., Bilanzen, S. 158 und 162.

[9]   Vgl. Lamers, A., Aktivierungsfähigkeit und Aktivierungspflicht, S. 216.

[10]   Vgl. Baetge, J./Kirsch, H.-J./Thiele, S., Bilanzen, S. 163 f.

[11]   Vgl. Baetge, J./Kirsch, H.-J./Thiele, S., Bilanzen, S. 165.

Entscheidet sich das bilanzierende Unternehmen zu einem Ansatz, sind die Vermögensgegenstände gem. § 255 Abs. 2a i. V. m. Abs. 2 HGB zu Herstellungskosten anzusetzen. Die Ansatzentscheidung unterliegt dem Stetigkeitsgebot des § 246 Abs. 3 Satz 1 HGB.

Bei selbsterstellten immateriellen Vermögensgegenständen ist es indes problematisch, den Zeitpunkt zu bestimmen, in dem erstmalig die selbständige Verwertbarkeit des Projektes vorliegt. Das HGB bietet hierzu keine operativen Kriterien, an denen sich ein bilanzierendes Unternehmen orientieren könnte. In der ursprünglichen Begründung des Referentenentwurfs zum BilMoG wurde diese Problematik dadurch gelöst, dass die konkretisierenden Kriterien des IAS 38.57 als sachgerechter Hinweis darauf, dass das Entwicklungsprojekt selbständig verwertbar ist, angeführt wurden.[12] Wenngleich diese Ausführung nicht in die endgültige Gesetzesbegründung übernommen wurde, könnte diese Rechtshistorie den Schluss nahe legen, dass eine Orientierung an den Regelungen des IAS 38 für Zwecke der Analyse der selbständigen Verwertbarkeit sachgerecht sei.[13] Diese Frage soll im Folgenden näher beleuchtet werden.

2.2   Der Ansatz immateriellen Vermögens nach IAS 38

Der Ansatz von Vermögenswerten nach IFRS folgt allgemein der Konzeption der Abbildung eines Nutzenpotenzials.[14] Demnach können Güter nur dann auf der Aktivseite angesetzt werden, wenn sie das Potenzial in sich tragen, künftig zu wirtschaftlichem Nutzen, also einem Anstieg positiver Cashflows oder zu einer Senkung negativer Cashflows beitragen können. Neben diesem Potenzial direkten Nutzens ist auch ein Gut ansatzfähig, dass das Potenzial eines indirekten Nutzens in sich trägt. Indirekt ist der Nutzen dann, wenn der Vermögenswert intern zur Herstellung eines anderen Vermögenswertes eingesetzt wird, aus dessen Nutzung ein Anstieg positiver Cashflows oder eine Senkung negativer Cashflows zu erwarten ist.[15]

Auf diese allgemeine Definition nimmt auch IAS 38 für immaterielle Vermögenswerte Bezug und schreibt in IAS 38.8 vor, dass ein Vermögenswert aufgrund vergangener Ereignisse vom bilanzierenden Unternehmen beherrscht wird und dass aus ihm ein künftiger wirtschaftlicher Nutzenzufluss erwartet wird.[16] IAS 38.21 nennt ferner die allgemeinen Ansatzkriterien immaterieller Vermögenswerte. Immaterielle Vermögenswerte sind demnach nur dann anzusetzen, wenn der erwartete wirtschaftliche Nutzen wahrscheinlich zufließen wird und wenn die Anschaffungs- und Herstellungskosten verlässlich ermittelt werden können.

Selbsterstellte immaterielle Vermögenswerte sind ähnlich wie nach HGB bereits während ihrer Herstellung grundsätzlich aktivierbar. Sobald sich ein wahrscheinliches Nutzenpotenzi-

---

[12]   Vgl. BMJ, Referentenentwurf eines Gesetzes zur Modernisierung eines Bilanzrechts, abrufbar unter: http://www.iasplus.com/europe/0711germanlawproposal.pdf.

[13]   Vgl. van Hall, G./Kessler, H., Kapitel 1, in: Kessler/Leinen/Strickmann (Hrsg.), S. 148; Hoffmann, N./Lüdenbach, W.-D., NWB-Kommentar Bilanzierung, § 255, Rz. 130; Kessler, H., Abschlussanalyse, S. 40.

[14]   Vgl. Baetge, J./Kirsch, H.-J./Wollmert, P. u. a., Kapitel II, in: Baetge/Wollmert/Kirsch u. a. (Hrsg.), Tz. 71; Theile, C., III. Bilanzansatz, in: Heuser/Theile (Hrsg.), Tz. 304.

[15]   Vgl. von Keitz, I., Immaterielle Güter in der internationalen Rechnungslegung, S. 182.

[16]   Auf die ebenfalls in IAS 38.8 normierten Definitionskriterien der Identifizierbarkeit, der fehlenden Monetarität und der fehlenden physischen Substanz soll im Folgenden aufgrund ihrer geringen Relevanz für die Analyse nicht näher eingegangen werden.

al konkretisiert und eine Zurechnung der angefallenen Herstellungskosten möglich ist, ist demnach ein immaterieller Vermögenswert anzusetzen.[17] Da der Zeitpunkt, ab wann diese Kriterien bei selbsterstellten immateriellen Vermögenswerten in ihrer Herstellungsphase erfüllt sind, im Einzelfall oftmals schwer zu bestimmen ist, sehen IAS 38.52-67 konkretisierende Ansatzkriterien für selbsterstellte immaterielle Vermögenswerte vor.[18]

Gemäß IAS 38.57 hat das bilanzierende Unternehmen die beiden allgemeinen Ansatzkriterien durch sechs Nachweise zu dokumentieren, um einen selbsterstellten immateriellen Vermögenswert während seiner Entwicklungsphase ansetzen zu können. Nachgewiesen werden muss:

(a)   die technische Realisierbarkeit der Fertigstellung,
(b)   die Absicht zur Fertigstellung sowie zur Nutzung oder zur Veräußerung,
(c)   die Fähigkeit zur Nutzung oder zur Veräußerung,
(d)   die Art des erwarteten Zuflusses künftigen wirtschaftlichen Nutzens,
(e)   die Verfügbarkeit adäquater technischer, finanzieller und sonstiger Ressourcen zur Fertigstellung sowie zur Nutzung oder zur Veräußerung und
(f)   die Fähigkeit zur verlässlichen Bewertung der zurechenbaren Ausgaben.

Die Kriterien (a) bis (e) konkretisieren das allgemeine Ansatzkriterium der Wahrscheinlichkeit des erwarteten Zuflusses künftigen wirtschaftlichen Nutzens, während das Kriterium (f) die Voraussetzung der verlässlichen Ermittlung der Anschaffungs- und Herstellungskosten konkretisiert.[19]

2.3   Konzeptionelle Unterschiede der Ansatzkonzeption nach HGB und IAS 38

Die Konzeptionen von Vermögensgegenstand und Vermögenswert unterscheiden sich in einigen wesentlichen Punkten voneinander.[20] Die Vermögensgegenstandskonzeption des HGB verlangt die selbständige Verwertbarkeit des Vermögensgutes. Dieses aus der Schuldendeckungsfähigkeit des Vermögensgegenstandes abgeleitete Merkmal zielt auf eine aktuelle externe Möglichkeit zur Verwertung des Vermögensgegenstandes ab. Diese Verwertung kann entweder durch eine konkrete selbständige Verkehrsfähigkeit im Sinne einer Einzelveräußerbarkeit oder aber durch eine abstrakte Verkehrsfähigkeit im Sinne einer Nutzungsüberlassung ausgedrückt werden.[21] Der Tatbestand, dass sich eine selbständige Verwertbarkeit eines Vermögensgutes mit hinreichender Wahrscheinlichkeit in Zukunft ergeben wird, reicht hingegen nicht aus, um ein Vermögensgut als abstrakt aktivierungsfähig zu betrachten.[22]

Die Vermögenswertskonzeption des IAS 38 definiert einen Vermögenswert dagegen als eine Ressource, über die das Unternehmen gegenwärtig aufgrund von Ereignissen der Vergangen-

---

[17]   Die Erfüllung der Kriterien des IAS 38.8 wird hierbei vorausgesetzt.

[18]   Vgl. Baetge, J./von Keitz, I., in: Baetge/Wollmert/Kirsch u. a. (Hrsg.), IAS 38, Tz. 54.

[19]   Vgl. Heyd, R./Lutz-Ingold, M., Immaterielle Vermögenswerte und Goodwill nach IFRS, S. 41.

[20]   Vgl. Baetge, J./Kirsch, H.-J./Wollmert, P. u. a., Kapitel II, in: Baetge/Wollmert/Kirsch u. a. (Hrsg.), Tz. 74.

[21]   Vgl. Kußmaul, H., Kap. 6, in Küting/Pfitzer/Weber (Hrsg.), Rz. 11.

[22]   Vgl. Baetge, J./Kirsch, H.-J./Thiele, S., Bilanzen, S. 246; Baetge, J./Fey, D./Weber, C.-P. u. a., HGB § 248, in Küting/Pfitzer/Weber (Hrsg.), Rz. 18.

heit verfügt und aus dessen Nutzung ein Zufluss wirtschaftlichen Nutzens an das bilanzierende Unternehmen erwartet wird. Angesetzt werden darf ein Vermögenswert, wenn der erwartete Zufluss künftigen wirtschaftlichen Nutzens wahrscheinlich ist und die Ermittlung der Anschaffungs- und Herstellungskosten verlässlich gelingt. Der künftige Zufluss wirtschaftlichen Nutzens kann hierbei sowohl durch eine externe Verwertung, bspw. im Rahmen einer Veräußerung, als auch durch interne Nutzung erzielt werden.[23]

Im Vergleich der beiden Konzeptionen wird deutlich, dass diese nicht als deckungsgleich angesehen werden können.[24] Die Vermögensgegenstandskonzeption des HGB zielt auf die Abbildung von Schuldendeckungspotenzial ab. Durch ihre Konzentration auf aktuell extern verwertbare Vermögensgüter wird sie sowohl dem Rechnungslegungszweck, in besonderem Maße aber auch dem Kapitalerhaltungszweck des HGB gerecht. Sie ist daher deutlich als Ausprägung eines gläubigerschutzorientierten Rechnungslegungssystems zu werten.

Die Vermögenswertdefinition des IAS 38 zielt dagegen auf gegenwärtige Potenziale ab, die künftig zu jedweder Art wirtschaftlichen Nutzens führen können. Somit wird nur in einem ersten Schritt auf aktuelle Merkmale des Vermögenswertes abgestellt.[25] Zentral für den Ansatz von Vermögenswerten sind indes die künftigen Eigenschaften des Vermögenswertes, die mit hinreichender Wahrscheinlichkeit eintreffen werden.[26] Diese Konzeption dient der Einschätzung künftiger Cashflows. In ihr wird der Zweck der IFRS, die Vermittlung entscheidungsnützlicher Informationen, deutlich.

Unterschiede bestehen daher insbesondere in zwei Aspekten. Zeitlich stellt der Vermögensgegenstandsbegriff auf die aktuelle selbständige Verwertbarkeit ab, IAS 38 betrachtet dagegen künftig zu erschließende Nutzenpotenziale, für die eine hinreichende Wahrscheinlichkeit besteht.

Zudem unterscheiden sich die Konzeptionen hinsichtlich der Art der Verwertung. Die selbständige Verwertbarkeit stellt ausschließlich auf die externe Verwertung ab. Ausschließlich interne Verwertungsmöglichkeiten reichen indes nicht dazu aus, den Ansatz eines Vermögensgegenstandes nach HGB zu begründen. Nach IAS 38 kann der Ansatz eines Vermögenswertes dagegen durch jegliche Art der künftigen Nutzung, die zu einem direkten oder zu einem indirekten Zufluss von wirtschaftlichem Nutzen führt, gerechtfertigt werden.

---

[23] Vgl. Baetge, J./Kirsch, H.-J./Wollmert, P. u. a., Kapitel II, in: Baetge/Wollmert/Kirsch u. a. (Hrsg.), Tz. 70.

[24] Vgl. Goebel, A./Fuchs, M., Die Anwendung der International Accounting Standards, S. 1524; Baetge, J./Kirsch, H.-J./Wollmert, P. u. a., Kapitel II, in: Baetge/Wollmert/Kirsch u. a. (Hrsg.), Tz. 70.

[25] Dies ist insb. die Verfügungsmacht über den Vermögenswert aufgrund von Ereignissen der Vergangenheit.

[26] Vgl. Baetge, J./Kirsch, H.-J./Wollmert, P. u. a., Kapitel II, in: Baetge/Wollmert/Kirsch u. a. (Hrsg.), Tz. 71. Dies ist insb. die Eigenschaft, künftig wirtschaftlichen Nutzen für das bilanzierende Unternehmen zu generieren.

3 IAS 38 als Auslegungshilfe für § 248 Abs. 2 HGB

Wie beschrieben, bieten das HGB und die Gesetzesmaterialien wenig Hilfestellung bei der Beantwortung der Frage, wann ein selbsterstellter immaterieller Vermögensgegenstand während der Entwicklungsphase anzusetzen ist. Untersucht werden soll hier eine mögliche Orientierung an den detaillierteren internationalen Vorschriften des IAS 38.57.

Bei einem solchen Bezug auf die internationalen Normen ist indes im Detail auf deren konzeptionellen Hintergrund zu achten. Wie beschrieben konkretisieren die Regelungen des IAS 38.57 die internationalen Ansatzvoraussetzungen der Wahrscheinlichkeit des Zuflusses des erwarteten wirtschaftlichen Nutzens sowie der verlässlichen Ermittlung der Anschaffungs- und Herstellungskosten. Insbesondere die Kriterien des IAS 38.57 (a) bis (e) stellen auf einen wahrscheinlich künftig eintretenden Zustand des Vermögenswertes ab und verdeutlichen so das Konzept des Vermögenswertes als Nutzenpotenzial. Dieses Potenzial, so wird durch die Regelungen des IAS 38.57 (b) bis (e) deutlich, kann sowohl durch interne als auch durch externe Nutzung erschlossen werden, um den Ansatz eines Vermögenswertes zu begründen. Die Kriterien des IAS 38.57 sind somit weitestgehend, in Übereinstimmung zum Konzept des Vermögenswertes, auf einen künftigen Zustand gerichtet. Zu beachten ist zudem, dass die konkretisierenden Kriterien des IAS 38.57 nur Ausprägungen der allgemeinen Ansatzkriterien, nicht aber der Definitionskriterien des IAS 38.8 darstellen.

Hinsichtlich der Bestimmung des Ansatzzeitpunktes eines selbsterstellten immateriellen Vermögensgegenstandes in seiner Entwicklungsphase nach HGB hat das bilanzierende Unternehmen einzuschätzen, ob das betrachtete Entwicklungsprojekt gegenwärtig selbständig verwertbar ist. Eine wahrscheinliche künftige Verwertung wie nach IAS 38.57 reicht nicht für den Ansatz eines immateriellen Vermögensgegenstandes aus.[27] So ist durchaus vorstellbar, dass die konkretisierenden Voraussetzungen erfüllt werden können, da das bilanzierende Unternehmen eine künftige Erschließung des Nutzenpotenzials durch eine spätere Veräußerung der Projektergebnisse als wahrscheinlich einstuft, dennoch aber das Projekt noch in einem Stadium ist, in dem eine gegenwärtige Veräußerung und somit eine selbständige Verwertbarkeit nicht möglich ist. Während dieses Projekt nach IFRS schon aktivierbar sein könnte, fehlt die abstrakte Aktivierungsfähigkeit nach HGB. Eine ausschließliche Orientierung an den Regelungen des IAS 38.57 würde in diesem Fall zu einem zu frühen Ansatz eines selbsterstellten immateriellen Vermögensgegenstandes in einem HGB-Abschluss führen.

Des Weiteren ist im Sinne der Schuldendeckungsfähigkeit ausschließlich auf externe Verwertungsmöglichkeiten abzustellen, um den Ansatz eines immateriellen Vermögensgegenstandes nach HGB zu begründen. Diese Tatbestandsmerkmale werden indes nicht explizit von den Kriterien des IAS 38.57 berücksichtigt. Diese können sowohl durch den Nachweis externer als auch interner Verwertungsmöglichkeiten erfüllt werden. Kommt indes für das Projekt,

---

[27] Vgl. zum Sachverhalt Arbeitskreis „Immaterielle Werte im Rechnungswesen" der Schmalenbach-Gesellschaft für Betriebswirtschaft e. V., Leitlinien, S. 1815 sowie BT-Drucksache 16/12407, S. 85; Baetge, J./Kirsch, H.-J./Thiele, S., Bilanzen, S. 246; Baetge, J./Fey, D./Weber, C.-P. u. a., HGB § 248, in: Küting/Pfitzer/Weber (Hrsg.), Rz. 18.

beispielsweise aufgrund seiner hohen Spezifität, ausschließlich eine interne Nutzung in Betracht, so würde wiederum die Orientierung an den Regelungen des IAS 38.57 zu einem unsachgemäßen Ansatz eines Vermögensgegenstandes in einem HGB-Abschluss führen.

Als letzter Punkt, der indes nicht unmittelbar an den unterschiedlichen Ansatzkonzeptionen anknüpft, ist zu berücksichtigen, dass die Kriterien des IAS 38.57 ausschließlich die allgemeinen Ansatzkriterien konkretisieren. Die nach IAS 38 ebenso bedeutsamen Definitionskriterien, wie beispielsweise die Verfügungsmacht über den Vermögenswert aufgrund von Ereignissen der Vergangenheit, berücksichtigen diese zu erbringenden Nachweise nicht. Hierdurch wäre es durchaus denkbar, dass ein Forschungsprojekt bereits die Kriterien des IAS 38.57 erfüllen kann, über das das bilanzierende Unternehmen noch nicht die rechtliche oder wirtschaftliche Verfügungsmacht erlangt hat. Der Ansatz eines Vermögensgegenstandes nach HGB müsste indes in diesem Fall aufgrund der mangelnden selbständigen Verwertbarkeit als Ausprägung der Schuldendeckungsfähigkeit des Vermögensgegenstandes abgelehnt werden.

Die Regelungen des IAS 38.57 können die Anforderung der selbständigen Verwertbarkeit des Vermögensgegenstandes somit nur bedingt erfüllen. Zwar sprechen beispielsweise wirtschaftliche Gesichtspunkte oder die Erfahrung des Projektcontrollings mit den internationalen Normen für eine Orientierung an den Regelungen des IAS 38.57. Bei einer unkritischen Übernahme in eine handelsrechtliche Bilanzierung besteht indes sowohl die Gefahr einer zu frühen Aktivierung als auch die Gefahr einer nicht sachgerechten Aktivierung von Entwicklungsausgaben. Es erscheint vielmehr sinnvoll, die Orientierung an den Regelungen des IAS 38.57 hinsichtlich des Aktivierungszeitpunktes immaterieller Vermögensgegenstände stets sachverhaltsindividuell zu prüfen. Nur Entwicklungsprojekte, die sich aktuell selbständig verwerten lassen, dürfen zum Ansatz eines immateriellen Vermögensgegenstandes führen.[28] Es wäre daher im Sinne einer ausführlichen Dokumentation sinnvoll, das Entwicklungsprojekt durch das Projektmanagement, begleitend zur Analyse der Nachweispflichten des IAS 38.57, dahingehend beobachten zu lassen, ab wann eine solche selbständige Verwertbarkeit gegeben ist. Die Regelungen des IAS 38.57 können hierfür wertvolle Hinweise liefern – als konzeptionell korrekte und ausschließliche Begründung eines Ansatzes nach HGB sind sie indes nur wenig geeignet.

4   Ergebnis

Das Wahlrecht zum Ansatz selbsterstellter immaterieller Vermögensgegenstände nach § 248 Abs. 2 HGB stellt Unternehmen vor die Herausforderung, den sachgerechten Ansatzzeitpunkt während der Entwicklungsphase zu ermitteln. Da das HGB hierzu keine detaillierten Vorschriften enthält, liegt es nahe, sich bei dieser Problematik an den Vorschriften des

---

[28]   Vgl. Arbeitskreis „Immaterielle Werte im Rechnungswesen" der Schmalenbach-Gesellschaft für Betriebswirtschaft e. V., Leitlinien, S. 1815.

IAS 38 zu orientieren. Hier zeigen sich allerdings Unterschiede in den Ansatzkonzeptionen nach HGB und IFRS.

Nach HGB ist ein Vermögensgegenstand dann erstmalig anzusetzen, wenn er selbständig verwertbar ist. Die Aktivierungskonzeption des IAS 38 knüpft dagegen an die Definition des Vermögenswertes als Nutzenpotenzial an. Durch die Ansatzkriterien des IAS 38.21 bzw. deren Konkretisierungen des IAS 38.57 wird sichergestellt, dass Vermögenswerte Potenziale darstellen, die künftig wahrscheinlich zu einem erwarteten wirtschaftlichen Nutzenzufluss führen werden. Die Art des Nutzenzuflusses wird durch diese Kriterien nicht eingeschränkt.

Somit unterscheiden sich die Konzeptionen des Vermögensgegenstandes nach HGB und des Vermögenswertes nach IFRS. Während der Vermögensgegenstand aktuelles, extern verwertbares Schuldendeckungspotenzial darstellen soll, ist der Vermögenswert ein Nutzenpotenzial das künftig wahrscheinlich intern oder extern erschlossen werden kann. Die Konzeptionen sind damit sowohl in zeitlicher Hinsicht der Verwertung als auch in der möglichen Art der Verwertung different.

Aufgrund dieser konzeptionellen Unterschiede wird immaterielles Vermögen in einem HGB-Abschluss tendenziell deutlich später (oder bei ausschließlich interner Nutzung gar nicht) aktivierbar sein als nach IFRS. Im Zusammenhang mit der aufgeworfenen Frage des Aktivierungszeitpunktes werden Entwicklungsprojekte nach IFRS häufig schon in einer frühen Phase der Entwicklung aktivierbar sein. Da das HGB höhere Anforderungen an die Verwertbarkeit stellt, wird die Aktivierung erst zu einem späteren Zeitpunkt, häufig erst gegen Ende der Entwicklungsphase in Frage kommen.

Allgemein und im speziellen Fall des immateriellen Vermögens muss eine Orientierung an den Vorschriften der IFRS zu Auslegung des HGB konzeptionelle Unterschiede stets berücksichtigen. Wenngleich hier IAS 38.57 wertvolle Hinweise auf eine selbständige Verwertbarkeit des Entwicklungsprojektes liefern kann, ist stets sachverhaltsindividuell z.B. durch das Projektcontrolling zu prüfen, inwiefern diese tatsächlich vorliegt. Nur Entwicklungsprojekte, die aktuell selbständig verwertbar sind, können den Ansatz eines selbsterstellten immateriellen Vermögensgegenstandes in einem HGB-Abschluss begründen.

5 Literatur

Arbeitskreis „Immaterielle Werte im Rechnungswesen" der Schmalenbach-Gesellschaft für Betriebswirtschaft e. V., Leitlinien zur Bilanzierung selbstgeschaffener immaterieller Vermögensgegenstände des Anlagevermögens nach dem Regierungsentwurf des BilMoG, in: Der Betrieb, 2008, S. 1813-1821.

Baetge, Jörg und Isabel von Keitz, IAS 38 Immaterielle Vermögenswerte (Intangible Assets), in: Baetge, Jörg, Peter Wollmert, Hans-Jürgen Kirsch, Peter Oser und Stefan Bischof (Hrsg.), Rechnungslegung nach IFRS, Kommentar auf Grundlage des deutschen Bilanzrechts, 2., Aufl., Stuttgart 2010.

Baetge, Jörg, Dirk Fey, Claus-Peter Weber und Dominic Sommerhoff, § 248 HGB Bilanzierungsverbote und -wahlrechte, in: Küting, Karlheinz, Norbert Pfitzer und Claus-Peter Weber (Hrsg.), Handbuch der Rechnungslegung Einzelabschluss, Kommentar zur Bilanzierung und Prüfung, 5., aktualisierte und erweiterte Aufl., Stuttgart 2010.

Baetge, Jörg, Hans-Jürgen Kirsch und Stefan Thiele, Bilanzen, 10., vollständig aktualisierte Aufl., Düsseldorf 2009.

Baetge, Jörg, Hans-Jürgen Kirsch, Peter Wollmert und Peter Brüggemann, Kapitel II: Grundlagen der IFRS-Rechnungslegung, in: Baetge, Jörg, Peter Wollmert, Hans-Jürgen Kirsch, Peter Oser und Stefan Bischof (Hrsg.), Rechnungslegung nach IFRS, Kommentar auf Grundlage des deutschen Bilanzrechts, 2., Aufl., Stuttgart 2010.

BR-Drucksache 344/08 vom 23.05.2008: Gesetzesentwurf der Bundesregierung – Entwurf eines Gesetzes zur Modernisierung des Bilanzrechts (Bilanzrechtsmodernisierungsgesetz – BilMoG).

BT-Drucksache 16/12407 vom 24.03.2009: Beschlussempfehlung und Bericht des Rechtsausschusses (6. Ausschuss) zu dem Gesetzesentwurf der Bundesregierung – Drucksache 16/10067– Entwurf eines Gesetzes zur Modernisierung des Bilanzrechts (Bilanzrechtsmodernisierungsgesetz – BilMoG).

Coenenberg, Adolf G., Axel Haller und Wolfgang Schultze, Jahresabschluss und Jahresabschlussanalyse, 21., überarbeitete Auflage, Stuttgart 2009.

Eitzen von, Bernd, Tim Moog und Hermann Pyschny, Forschungs- und Entwicklungskosten nach dem Bilanzrechtsmodernisierungsgesetz (BilMoG) unter Berücksichtigung des IAS 38, in: Internationale und kapitalmarktorientierte Rechnungslegung, 2010, S. 357.

Goebel, Andrea und Markus Fuchs, Die Anwendung der International Accounting Standards in den Konzernabschlüssen deutscher Kapitalgesellschaften, Ergebnisse einer empirischen Untersuchung, in: Der Betrieb, 1995, S. 1521-1527.

Hall van, Georg und Harald Kessler, Kapitel 1: Einzelgesellschaftliche Rechnungslegung, in: Kessler, Harald, Markus Leinen und Michael Strickmann (Hrsg.), Handbuch Bilanzrechtsmodernisierungsgesetz, Die Reform der Handelsbilanz, Freiburg, Berlin, München 2009.

Heyd, Reinhard und Martin Lutz-Ingold, Immaterielle Vermögenswerte und Goodwill nach IFRS, Bewertung, Bilanzierung und Berichterstattung, München 2005.

Hoffmann, Wolf-Dieter und Norbert Lüdenbach, NWB Kommentar Bilanzierung Handels- und Steuerrecht, Herne 2009.

Keitz von, Isabel, Immaterielle Güter in der internationalen Rechnungslegung, – Grundsätze für den Ansatz von immateriellen Gütern in Deutschland im Vergleich zu den Grundsätzen in den USA und nach IASC –, Düsseldorf 1997.

Kessler, Harald, Abschlussanalyse nach IFRS und HGB, Grundlagen und immaterielles Vermögen, in: Praxis internationale Rechnungslegung, 2010, S. 33-41.

Kussmaul, Heinz, Kapitel 6 Ausgewählte Bilanzierungsprobleme, in: Küting, Karlheinz, Norbert Pfitzer und Claus-Peter Weber (Hrsg.), Handbuch der Rechnungslegung Einzelabschluss, Kommentar zur Bilanzierung und Prüfung, 5., aktualisierte und erweiterte Aufl., Stuttgart 2010.

Lamers, Alfons, Aktivierungsfähigkeit und Aktivierungspflicht immaterieller Werte, München 1981.

Theile, Carsten, B. Rahmenkonzept und Rechnungslegungsmethoden für den IFRS-Abschluss, III. Bilanzansatz (Rahmenkonzept), in: Heuser, Paul J. und Carsten Theile (Hrsg.), IFRS Handbuch, Einzel- und Konzernabschluss, 4., neu bearbeitete Aufl., Köln 2009.

Sukzessive Unternehmenszusammenschlüsse und Aufstockung einer Mehrheitsbeteiligung nach IFRS und HGB

WP/StB Prof. Dr. Peter Wollmert, WP/StB Prof. Dr. Peter Oser

1   Einleitung

Die Rechnungslegung im Konzern war in den letzten Jahren international wie national in einem bemerkenswerten Flusse. So hat zum einen der IASB im Zuge seines Business Combinations Projects die Bilanzierung von Unternehmenszusammenschlüssen grundlegend geändert. Namentlich hat er im März 2004 mit IFRS 3 (2004) – zwecks Konvergenz mit der US-amerikanischen Rechnungslegung (SFAS 141 und 142) – die Interessenzusammenführungsmethode (pooling-of-interests) eliminiert und für den Geschäfts- oder Firmenwert den sog. Impairment-Only-Approach eingeführt. In der anschließenden Phase II des Projekts zur Bilanzierung von Unternehmenszusammenschlüssen haben IASB und FASB sodann gemeinsam relevante Anwendungsfragen der Erwerbsmethode (acquisition method) adressiert. Dies mündete im Januar 2008 mit IFRS 3 (2008) – neben der Einführung des Wahlrechts zur sog. Full Goodwill Method (IFRS 3.19) – zu einer Änderung der Bilanzierung sukzessiver Unternehmenszusammenschlüsse und mit IAS 27 (2008) zu einer erstmaligen Regelung der Bilanzierung einer Auf- oder Abstockung einer Mehrheitsbeteiligung ohne Kontrollerwerb/-verlust.

Zum anderen hat der deutsche Gesetzgeber mit dem Bilanzrechtsmodernisierungsgesetz (BilMoG) vom 25. Mai 2009[1] die umfassendste Reform der handelsrechtlichen Rechnungslegung seit dem Bilanzrichtlinien-Gesetz vom 19. Dezember 1985 vollzogen. Dies gilt insbesondere für die Änderungen in der Konzernrechnungslegung, die nunmehr auf Augenhöhe mit den IFRS steht[2]. Anders als die IFRS bleibt das modernisierte HGB dem vertrauten prinzipienorientierten Ansatz der Normierung in der Rechnungslegung treu. Vor diesem Hintergrund überrascht es kaum, dass einzelne Regelungsbereiche der Kapitalkonsolidierung mit dem BilMoG – anders als in den IFRS (IFRS 3 und IAS 27) – nicht ausdrücklich geregelt sind. Namentlich betrifft dies etwa die Abbildung eines sukzessiven Unternehmenszusammenschlusses oder die Auf- oder Abstockung einer Mehrheitsbeteiligung ohne Kontrollerwerb/-verlust. Der in der Literatur teils zu beobachtenden Tendenz, zur Ausfüllung von „Regelungslücken" die Regelungen der internationalen Rechnungslegung – unbesehen (unter schlichtem Hinweis auf das Ziel des Gesetzgebers des BilMoG, das deutsche Bilanzrecht an die internationale Rechnungslegung annähern zu wollen – in das HGB zu übernehmen, sollte indes mit Zurückhaltung begegnet werden[3].

Die Neuregelungen zur Konzernrechnungslegung nach IFRS 3 (2008) sind zwingend erstmals auf Unternehmenszusammenschlüsse anzuwenden, die in Geschäftsjahren erfolgen, die nach dem 01. Juli 2009 beginnen (IFRS 3.64). Nach Art. 66 Abs. 3 EGHGB sind die Neure-

---

[1]   BGBl. I, 1102. Zum BilMoG siehe ausführlich Küting/Pfitzer/Weber: Das neue deutsche Bilanzrecht, 2. Aufl., Stuttgart 2010.

[2]   Vgl. Oser, Peter: Konzernrechnungslegung nach dem HGB idF des BilMoG – auf Augenhöhe mit den IFRS!. Der Konzern 2008, S. 106 ff.

[3]   Vgl. Oser, Peter: Auf- und Abstockung von Mehrheitsbeteiligungen im Konzernabschluss nach BilMoG – Grenzen der Annäherung des HGB an die IFRS, DB 2010, S. 65 ff.

gelungen zur Bilanzierung von Unternehmenszusammenschlüssen nach BilMoG zwingend erstmals auf Geschäftsjahre, die nach dem 31. Dezember 2009 beginnen, anzuwenden. Die Neuregelungen sind nach IFRS 3 und § 301 HGB jeweils prospektiv anzuwenden; ausnahmsweise sind latente Steuern nach HGB auch für historische Unternehmenszusammenschlüsse vor BilMoG zwingend zu berücksichtigen (insoweit retrospektive Anwendung).

Gegenstand dieses Beitrags soll die bilanzielle Abbildung sukzessiver Unternehmenszusammenschlüsse und die Aufstockung einer Mehrheitsbeteiligung sein. Zur Veranschaulichung dient eine Fallstudie, mit der die Gemeinsamkeiten und Unterschiede nach IFRS und HGB illustriert werden sollen und die durch Buchungssätze flankiert wird.

2   Einzelfragen der Kapitalkonsolidierung

2.1   Sukzessiver Unternehmenszusammenschluss

Ein sukzessiver Unternehmenszusammenschluss ist ein Unternehmenszusammenschluss (= Erwerb der Kontrolle über das Reinvermögen eines Tochterunternehmens), der in mehreren Erwerbsschritten erfolgt (z. B. Erwerb von 20 % der Anteile in t_1 und von weiteren 40 % der Anteile in t_2)[4]. Dabei erfolgt die Zugangsbewertung des erworbenen Reinvermögens des Tochterunternehmens auf den Zeitpunkt des Kontrollerwerbs (IFRS 3.8).

Konzeptionell liegt der Bilanzierung eines sukzessiven Unternehmenszusammenschlusses nach IFRS 3 die Abbildung eines Tauschvorgangs zugrunde (Tausch der Anteile am Tochterunternehmen gegen das (anteilige) Reinvermögen des Tochterunternehmens), aus dem ein Erfolg (Gewinn oder Verlust) resultieren kann[5]. Dieser Erfolg entsteht durch die Bewertung der für den Erwerb des Reinvermögens am Tochterunternehmen hingetauschten Anteilstranchen, die das Mutterunternehmen bereits vor dem Zeitpunkt des Kontrollerwerbs innehatte, mit ihrem jeweiligen beizulegenden Zeitwert (Fair Value) im Zeitpunkt des Kontrollerwerbs.

Auch nach § 301 Abs. 2 HGB ist bei einem sukzessiven Unternehmenszusammenschluss die „Verrechnung nach Absatz 1 [...] auf Grundlage der Wertansätze zu dem Zeitpunkt durchzuführen, zu dem das Unternehmen Tochterunternehmen geworden ist." Der Kapitalaufrechnung ist demnach zum einen der (aus den einzelnen Anteilserwerben kumulierte, historische) Beteiligungsbuchwert des Mutterunternehmens (der – anders als nach IFRS 3.53 – auch Anschaffungsnebenkosten umfasst) und zum anderen das neu bewertete Eigenkapital des Tochterunternehmens zum Zeitpunkt des Kontrollerwerbs zugrunde zu legen. Eine dem IFRS

---

[4]   Zum sukzessiven Unternehmenszusammenschluss vgl. statt vieler: Roos, Benjamin: Sukzessive Unternehmenserwerbe nach IFRS 3, BB 2008, S. 2393 ff.

[5]   Der Erfolg wurde nach IFRS 3.59 (2004) zunächst erfolgsneutral in einer Neubewertungsrücklage erfasst und bei Ausscheiden des Tochterunternehmens auf dem Konsolidierungskreis dann erfolgsneutral in die Gewinnrücklagen (retained earnings) umgegliedert und mithin nicht über die GuV verrechnet.

3.42 entsprechende Fair Value-Bewertung der Altanteile scheidet nach dem BilMoG dagegen aus[6]. Durch die Erstkonsolidierung auf den Zeitpunkt, zu dem das Unternehmen Tochterunternehmen geworden ist, und mangels einer Fair Value-Anpassung der Buchwerte der Altanteile, resultiert unter dem Regime des BilMoG im Zuge der Kapitalkonsolidierung nicht selten der Ausweis eines negativen Unterschiedsbetrags (der realiter dem Gewinn, der nach IFRS 3 auszuweisen ist, entspricht).[7] Dies gilt namentlich, wenn sich zwischen den einzelnen Erwerbsschritten der Anteile das Reinvermögen des Tochterunternehmens erhöht hat, das in den zu historischen Anschaffungskosten[8] bewerteten Buchwerten der Altanteile indes nicht reflektiert ist. Folge hiervon ist, dass das neu bewertete Eigenkapital den Betrag der kumulierten (historischen) Anschaffungskosten der Anteile übersteigt und ein negativer Unterschiedsbetrag entsteht. Dieser sollte unmittelbar in die Gewinnrücklagen des Konzerns umgegliedert werden, sollte aber im Zuge des Ausscheidens des Tochterunternehmens aus dem Konsolidierungskreis zwecks Wahrung des Kongruenzprinzips in die Ermittlung des Entkonsolidierungserfolgs einbezogen werden.

2.2 Auf- oder Abstockung von Mehrheitsbeteiligungen

Ein Unternehmenszusammenschluss ist der Erwerb der Kontrolle über das Reinvermögen eines Tochterunternehmens (in der Regel durch Erwerb einer die Kontrolle vermittelnden Mehrheitsbeteiligung). Unter Auf- oder Abstockung einer Mehrheitsbeteiligung versteht man dagegen den Erwerb/die Veräußerung[9] von zusätzlichen Anteilen ohne Kontrollerwerb/Kontrollverlust; damit qualifiziert die Auf-/Abstockung einer Mehrheitsbeteiligung nicht als (sukzessiver) Unternehmenszusammenschluss.

Eine Aufstockung[10] einer Mehrheitsbeteiligung bedeutet, dass nach einem Kontrollerwerb zusätzliche Anteile erworben werden, sodass der Anteil der Minderheiten sinkt. Im Erwerbspreis der zusätzlichen Anteile muss der Erwerber regelmäßig anteilige – seit dem Kontrollerwerb neu entstandene – stille Reserven/stille Lasten und/oder einen Geschäfts- oder Firmenwert vergüten. Fraglich ist, ob im Zuge der bilanziellen Abbildung der Aufstockung einer Mehrheitsbeteiligung diese Unterschiedsbeträge im Reinvermögen des Tochterunternehmens aufzudecken oder – wie nach IAS 27.31 – erfolgsneutral mit Rücklagen verrechnet werden dürfen[11].

---

[6] So zutreffend Küting/Wirth, KoR 2010, S. 364 f.

[7] Siehe hierzu Klaholz, E./Stibi, B., KoR 2009, S. 297.

[8] Entsprechendes gilt bei der Übergangskonsolidierung von der Equity-Methode zur Vollkonsolidierung, bei der der Kapitalaufrechnung nach § 301 HGB für die Anteile vor Kontrollerwerb deren fortgeschriebener Equity-Buchwert zugrunde zu legen ist.

[9] Änderungen der Beteiligungsquote müssen nicht notwendigerweise Folge eines Erwerbs/einer Veräußerung von Anteilen sein (z.B. Kapitalerhöhung beim Tochterunternehmen, an dem das Mutterunternehmen nicht beteiligungsproportional teilnimmt).

[10] Eine Abstockung liegt vor, wenn Anteile veräußert werden, ohne dass ein Kontrollverlust resultiert. Im Veräußerungserlös der Anteile werden regelmäßig stille Reserven/Lasten und/oder ein Geschäfts- oder Firmenwert beim Tochterunternehmen vergütet. Fraglich ist, ob der Unterschied zwischen Veräußerungserlös der Anteile und dem anteiligen Abgangswert des Tochterunternehmens aus Konzernsicht zu einem Veräußerungserfolg führt oder – wie nach IAS 27.31 – erfolgsneutral mit den Rücklagen zu verrechnen ist.

[11] Vgl. hierzu Oser, Peter: Auf- und Abstockung von Mehrheitsbeteiligungen im Konzernabschluss nach BilMoG – Grenzen der Annäherung des HGB an die IFRS, DB 2010, S. 65 ff.

Im Kern geht es dabei um die Frage, ob die Aufstockung von Mehrheitsbeteiligungen als ein Erwerbsvorgang (mit der Folge der Aufdeckung anteiliger, im Kaufpreis der Anteile bezahlter Unterschiedsbeträge) oder als ein erfolgsneutraler, im Eigenkapital zu erfassender Kapitalvorgang zwischen den beiden Gesellschaftergruppen (Mutterunternehmen und nicht-beherrschende Gesellschafter) abzubilden ist. In der deutschen Konsolidierungspraxis dominiert bislang die Abbildung als Erwerbsvorgang[12,] obschon bereits zum Zeitpunkt des Erwerbs der Mehrheit der Anteile am Tochterunternehmen die Kontrolle über das gesamte Reinvermögen des Tochterunternehmens erworben wurde und deshalb im Zuge der Aufstockung der Mehrheitsbeteiligung kein zusätzliches Vermögen angeschafft wird[13]. Auch DRS 4.26[14] qualifiziert Aufstockungen von Mehrheitsbeteiligungen durch Zukäufe von Anteilen an einem Tochterunternehmen als einen Erwerbsvorgang. Demgegenüber hat sich der IASB mit IAS 27 (2008) für eine Abbildung von Auf- und Abstockungen von Mehrheitsbeteiligungen durch Zu-/Verkäufe von Anteilen an einem Tochterunternehmen ohne Kontrollerwerb-/ verlust als eine erfolgsneutrale, im Eigenkapital abzubildende Transaktion zwischen den beiden Gesellschaftergruppen, die jeweils Eigenkapitalgeber des Konzern sind, entschieden.

3 Bilanzierung eines sukzessiven Unternehmenszusammenschlusses nach IFRS

3.1 Fallstudie – Sachverhalt

MU erwirbt am 01.10.01 10 % der Anteile an TU zu einem Kaufpreis von 2.000 €; dabei entstehen Anschaffungsnebenkosten für externe Berater von 50 €. MU designiert die Anteile nach IFRS als finanziellen Vermögenswert, der zur Veräußerung gehalten wird (Available for Sale, AfS). Das bilanzielle Reinvermögen von TU zum 01.10.01 beträgt 15.000 €; in den Gebäuden sind stille Reserven von 1.000 € enthalten. Die Abschreibung der Gebäude erfolgt linear über die Restnutzungsdauer von 6 Jahren. Am 31.12.01 beträgt der beizulegende Zeitwert der Anteile 2.125 €; bei einer Veräußerung der Anteile würden Transaktionskosten von 25 € entstehen.

---

[12]   Soweit ersichtlich, haben erstmals Weber/Zündorf, in: Küting/Weber: Handbuch der Konzernrechnungslegung, 2. Aufl., Stuttgart 1998, § 301 HGB Rn. 196, und zwar bereits auf dem Boden des BiRiLiG 1985, erwogen, die Auf- und Abstockung von Mehrheitsbeteiligungen als erfolgsneutralen Kapitalvorgang abbilden zu können.

[13]   Siehe Hayn, Benita: Konsolidierungstechnik bei Erwerb und Veräußerung von Anteilen, Herne/Berlin 2009, S. 141 mit zahlreichen Nachweisen.

[14]   DRÄS 4 enthält insoweit keine Änderung.

Am 01.10.02 erwirbt MU weitere 60 % der Anteile an TU zu einem Kaufpreis von 17.200 €; dabei entstehen neuerlich Anschaffungsnebenkosten für eine umfangreiche Due Diligence von 500 €. Für den Erwerb der Kontrolle über TU hat MU im Kaufpreis der 60 % der Anteile annahmegemäß eine Kontrollprämie von 400 € bezahlt. Das bilanzielle Reinvermögen von TU zum 01.10.02 beträgt 18.000 €; in den Gebäuden sind am 01.10.02 stille Reserven von 1.500 € enthalten.

Am 01.04.03 erwirbt MU die restlichen 30 % der Anteile an TU zu einem Kaufpreis von 8.000 €; dabei fallen ebenfalls Anschaffungsnebenkosten von 200 € an.

Latente Steuern sollen mit einem Ertragsteuersatz von 25 % beim MU und 30 % beim TU berücksichtigt werden[15]. Der jährlich durchzuführende Wertminderungstest für den Geschäfts- oder Firmenwert (IAS 36) bestätige jeweils dessen Buchwert.

3.2 Bilanzierung am 01.10.01 (Erwerb von 10 %)

Die Anteile (10 %) sind ein finanzieller Vermögenswert, der zur Veräußerung gehalten wird (AfS). Die Zugangsbewertung von AfS-Anteilen erfolgt mit deren beizulegendem Zeitwert (= Anschaffungskosten, inkl. Anschaffungsnebenkosten, IAS 39.43 i. V. m. .AG 67), also in Höhe von 2.050 €.

Da die Anteile in der Steuerbilanz von MU ebenfalls mit ihren Anschaffungskosten von 2.050 € bewertet werden, besteht im Rahmen der Zugangsbewertung der Anteile bei MU keine outside basis difference.

(1) Zugangsbewertung der Anteile (AfS) auf den 01.10.01 zu 2.050 €

Anteile (AfS)	2.050	/	Bank	2.050

3.3 Bilanzierung am 31.12.01 (Bilanzstichtag)

Auch die Folgebewertung der Anteile (10 %) zum Bilanzstichtag erfolgt zum beizulegenden Zeitwert (ohne Veräußerungskosten, IAS 39.46) am 31.12.02 (hier: 2.125 €). Die Änderung des beizulegenden Zeitwerts (hier: dessen Erhöhung) ist zunächst erfolgsneutral in eine AfS-Rücklage (Other Comprehensive Income, OCI) innerhalb des Eigenkapitals zu dotieren (IAS 39.55b).

Da die Anteile in der Steuerbilanz von MU infolge des Anschaffungskostenprinzips unverändert mit ihren Anschaffungskosten von 2.050 € bewertet werden, entsteht im Rahmen der Folgebewertung der Anteile bei MU eine outside basis difference, die zu latenzieren ist (beachte: die Ausnahme des IAS 12.39 ist nicht anwendbar). Dabei ist der Ertragsteuersatz von MU (25 %) relevant; überdies ist – falls TU eine inländische Kapitalgesellschaft ist – § 8b

---

[15] Zu latenten Steuern im Rahmen der Kapitalkonsolidierung siehe Oser, Peter: Latente Steuern bei der Kapitalkonsolidierung nach BilMoG – Ansatz und Bewertung von inside und outside basis differences, BC 2010, S. 207 ff.

KStG zu beachten, so dass nur 5 % der Bilanzdifferenz aufwandswirksam zu latenzieren ist (hier: 0,9375 €).

(2) Folgebewertung der Anteile (AfS) zum 31.12.01 mit ihrem beizulegenden Zeitwert von 2.125 €, so dass der Buchwert der Anteile (AfS) um 75 € zu erhöhen ist; die Gegenbuchung erfolgt in der AfS-Rücklage innerhalb des Eigenkapitals (OCI)

Anteile (AfS)	75	/	AfS-Rücklage (OCI)	75

AfS-Rücklage (OCI)	0,9375	/	Passive latente Steuer	0,9375

3.4   Bilanzierung am 01.10.02 (Erwerb von 60 %)

Der Erwerb der zusätzlichen 60 % der Anteile qualifiziert nach IFRS 3 als ein Unternehmenszusammenschluss. Da der Kontrollerwerb in mehreren Erwerbsschritten erfolgt, liegt ein sukzessiver Unternehmenszusammenschluss vor, der auf den Zeitpunkt des Kontrollerwerbs (hier: 01.10.02) eine vollständige Neubewertung des Reinvermögens – ohne Beachtung einer Anschaffungskostenrestriktion für aufzudeckende stille Reserven/Lasten – in einer Neubewertungsbilanz des TU erfordert (hier: 19.050 €). Die Anschaffungsnebenkosten sind nach IFRS 3.53 – anders als nach HGB – sofort als Aufwand zu erfassen.

	Reinvermögen von TU zu Buchwerten zum 01.10.02	18.000
+	Stille Reserven des TU	1.500
-	Passive latente Steuern auf stille Reserven (1.500 X 0,3)	- 450
=	**Neubewertetes Reinvermögen von TU zum 01.10.02**	**19.050**

Für Unternehmenszusammenschlüsse, die in Geschäftsjahren, die nach dem 01. Juli 2009 erfolgen, besteht nach IFRS 3.19 ein Wahlrecht, entweder den gesamten (auf MU und die nicht-beherrschenden Gesellschafter entfallenden) oder nur den anteiligen, auf MU entfallenden Geschäfts- oder Firmenwert anzusetzen.

a) Full Goodwill Method

Zur Ermittlung des full goodwill ist dem Fair der Gegenleistung, den das Mutterunternehmen aufwendet, um die Kontrolle über das Reinvermögen des Tochterunternehmens zu erlangen, der Fair Value des Anteils der nicht-beherrschenden Gesellschafter hinzuzurechnen, um den gesamten Fair Value des Tochterunternehmens zu bestimmen. Unter Abzug des neubewerteten Reinvermögens des Tochterunternehmens ergibt sich dann der full goodwill.

	Fair Value der Gegenleistung des MU für den Kontrollerwerb	
	• Beizulegender Zeitwert der 1. Tranche (10 %): (17.200 € – 400 €) / 6	2.800
	• Kaufpreis der 2. Tranche (60 %)	17.200
	Summe I	20.000
+	Fair Value der Anteile nicht-beherrschender Gesellschafter (3 X 2.800)	8.400
=	Summe II	28.400
-	Neubewertetes Reinvermögen von T zum 01.10.02	- 19.050
=	**Full Goodwill**	**9.350**

Bei der Fair-Value-Bewertung der ersten Anteilstranche ist zu beachten, dass im Kaufpreis der zweiten Anteilstranche (hier: 17.200 €) eine Kontrollprämie (hier: 400 €) bezahlt wurde. Eine – in Ermangelung einer Unternehmensbewertung für TU erfolgende – lineare Hochrechnung des Kaufpreises der zweiten Anteilstranche zum beizulegenden Zeitwert von TU am 01.10.02 (hier: 28.667 €[16], statt 28.400 €) würde unzulässigerweise[17] unterstellen, dass nicht nur für die erste Anteilstranche des MU (10 %) eine Kontrollprämie bezahlt worden wäre (hier: 66,7 €[18]), sondern dass auch die nicht-beherrschenden Gesellschafter für ihre Anteile (30 %) eine (anteilige) Kontrollprämie leisten würden (hier: 200 €[19]). Deshalb ist bei der Ermittlung des Fair Value der ersten Anteilstranche (10 %), die Bestandteil der Gegenleistung des MU für den Kontrollerwerb ist, aus dem Kaufpreis der zweiten Anteilstranche die geleistete Kontrollprämie auszuscheiden (hier: 16.800 € = 17.200 € – 400 €); erst dieser um die Kontrollprämie bereinigte Kaufpreis kann dann linear hochgerechnet werden (hier: 16.800 € / 0,6 X 0,1).

	Full Goodwill	9.350 €
	• davon entfällt auf MU (= 20.000 € – 0,7 X 19.050 €)	6.665 €
	• davon entfällt auf die nicht-beherrschenden Gesellschafter (= 9.350 € – 6.665 €)[20]	2.685 €

Von dem full goodwill (hier: 9.350 €) entfällt auf MU 6.665 € und auf die nicht-beherrschenden Gesellschafter 2.685 €.

Die Buchungssätze zur Erstkonsolidierung lauten:

(3) Folgebewertung der Anteile (AfS) zum 01.10.02 mit ihrem beizulegenden Zeitwert von 2.800 €, so dass der Buchwert der Anteile (AfS) um 675 € zu erhöhen ist; die Gegenbuchung erfolgt in der AfS-Rücklage innerhalb des Eigenkapitals (OCI). Da die Anteile in der Steuer-

---

[16]   17.200 € / 0,6.

[17]   Siehe hierzu Haaker, Andreas PiR 2008, S. 191.

[18]   Das entspricht einem Sechstel der Kontrollprämie, die das MU für 60 % der Anteile bezahlt hat (400 € / 6).

[19]   Das entspricht der Hälfte der Kontrollprämie, die das MU für 60 % der Anteile bezahlt hat (400 € / 2).

[20]   Alternativ kann der Anteil der nicht-beherrschenden Gesellschafter am Goodwill auch ermittelt werden: 2.685 € = 8.400 € – 0,3 X 19.050 €).

bilanz unverändert mit ihren Anschaffungskosten von 2.050 € bewertet werden, erhöht sich bei MU die outside basis difference (hier: 8,4375 €).

Anteile (AfS)	675	/	AfS-Rücklage (OCI)	675

AfS-Rücklage (OCI)	8,4375	/	Passive latente Steuer	8,4375

(4) Erwerb der 60 % der Anteile am 01.10.02

Anteile an verbundenen Untern.	17.200	/	Bank	17.200

(5) Erfolgswirksame Auflösung („recycling") der gesamten AfS-Rücklage (IFRS 3.42 iVm. IAS 39.55b), da im Zuge des sukzessiven Unternehmenszusammenschlusses unterstellt wird, dass MU seine beiden Anteilstranchen gegen das (anteilige) Reinvermögen von TU tauscht.

AfS-Rücklage (OCI)	750	/	Ertrag	750

Im Zeitpunkt des Unternehmenszusammenschlusses ist die im Eigenkapital (OCI) erfasste AfS-Rücklage erfolgswirksam zu verrechnen, so dass infolge der Umkehr der outside basis difference die bei MU erfassten passiven latenten Steuern erfolgswirksam aufzulösen sind.

Passive latente Steuer	9,375	/	AfS-Rücklage (OCI)	9,375

(6) Kapitalkonsolidierung für MU

Anteiliges, neubewertetes EK_T	13.335			
Goodwill (MU)	6.665	/	Anteile an verbundenen Unt.	17.200
			Anteile (AfS)	2.800

(7) Dotierung des Ausgleichspostens für Anteile anderer Gesellschafter

Anteiliges, neubewertetes EK_T	5.715			
Goodwill (Minderheiten)	2.685	/	AfAaG	8.400

Zum Zeitpunkt der Erstkonsolidierung von TU besteht zwischen dem im Konzernabschluss von MU ausgewiesenen anteiligen Vermögen (hier: 0,7 x 28.400 €[21]) und dem in der Steuerbilanz von MU ausgewiesenen Buchwert der Anteile an TU (hier: 19.750 €[22]) eine Bilanzdifferenz, die aber – im Regelfall – nach IAS 12.39 nicht zu latenzieren ist.

b) Proportionate Goodwill

Die Ermittlung des beteiligungsproportionalen, anteiligen Goodwills unterscheidet sich von der des full goodwill lediglich in der Bewertung des Anteils der nicht-beherrschenden Gesellschafter, der in diesem Falle dem anteiligen, neubewerteten Reinvermögen (das den anteiligen, auf die nicht-beherrschenden Gesellschafter entfallenden Goodwill nicht umfasst) entspricht.

	Fair Value der Gegenleistung des MU für den Kontrollerwerb	
	• Beizulegender Zeitwert 1. Tranche (10 %)	2.800
	• Kaufpreis 2. Tranche (60 %)	17.200
	Summe I	20.000
+	Anteil der nicht-beherrschenden Gesellschafter am neubewerteten Reinvermögen von T (0,3 X 19.050)	5.715
=	Summe II	25.715
-	Neubewertetes Reinvermögen von T zum 01.10.02	- 19.050
=	**Anteiliger Goodwill von M**	**6.665**

Zum Zeitpunkt der Erstkonsolidierung von TU besteht zwischen dem im Konzernabschluss von MU ausgewiesenen Vermögen (hier: 25.715 €[23]) und dem in der Steuerbilanz von MU ausgewiesenen Buchwert der Anteile an TU (hier: 19.750 €) eine Bilanzdifferenz, die aber – im Regelfall – nach IAS 12.39 nicht zu latenzieren ist.

3.5   Bilanzierung am 01.04.03 (Erwerb der restlichen 30 %)

Der Erwerb der zusätzlichen 30 % der Anteile qualifiziert nach IFRS 3 nicht als Unternehmenszusammenschluss (da die Kontrolle über das Reinvermögen des Tochterunternehmens bereits erfolgte), sondern als eine Aufstockung einer Mehrheitsbeteiligung (ohne Kontrollerwerb). Nach IAS 27.30 (2008) ist die Aufstockung einer Mehrheitsbeteiligung (ohne Kontrollerwerb) als ein erfolgsneutraler Kapitalvorgang zwischen den beiden Gesellschaftergruppen abzubilden. Eine Aufdeckung von im Kaufpreis der Anteile vergüteten Unterschiedsbeträgen (seit dem Kontrollerwerb neu entstandene stille Reserven/Lasten und/oder eines neu entstandenen Geschäfts- oder Firmenwerts) ist nicht zulässig.

Der passivische Unterschiedsbetrag (hier: 368,5 €) zwischen dem Kaufpreis der Anteile (hier: 8.000 €[24]) und dem Ausgleichsposten für Anteile anderer Gesellschafter (AfAaG) am 01.04.03 (hier: 8.368,5 €) ist mit den Rücklagen des Konzerns zu verrechnen. Reichen die Rücklagen zur Verrechnung nicht aus, resultieren insoweit negative Rücklagen.

---

[21]   28.400 € = 19.050 € (Reinvermögen von TU) + 9.350 € (Full Goodwill).

[22]   19.750 € = 2.050 € (Kaufpreis der 1. Tranche, 10 %) + 17.700 € (Kaufpreis der 2. Tranche, 60 %).

[23]   25.715 € = 19.050 € (Reinvermögen von TU) + 6.665 € (Beteiligungsproportionaler Goodwill).

[24]   Beachte: ohne die Anschaffungsnebenkosten von 200 €, die mit den Rücklagen verrechnet werden.

Da IAS 27 (2008) keine ausdrückliche Anweisung enthält, wie die Anschaffungsnebenkosten für den Erwerb der 30 % der Anteile zu behandeln sind, ist die Auslegungsregel des IAS 8.11a zu bemühen. Inzwischen hat das IFRIC unter Hinweis auf IAS 1.106 d (iii) und IAS 1.109 entschieden, dass Anschaffungsnebenkosten mit dem Eigenkapital zu verrechnen sind[25]. Im vorliegenden Fall sind deshalb die Anschaffungsnebenkosten mit dem Eigenkapital zu verrechnen.

Ermittlung des AfAaG am 01.04.03 (bei Anwendung der Full Goodwill Method)

	Ausgleichsposten für Anteile anderer Gesellschafter am 01.10.02	8.400,0
-	anteilige Abschreibung der stillen Reserven in den Gebäuden (1.500 / 5^{26} X $0,5^{27}$ X 0,3)	45,0
+	anteiliger Verbrauch der passiven latenten Steuern (45 X 0,3)	13,5
=	**Ausgleichsposten für Anteile anderer Gesellschafter am 01.04.03[28]**	**8.368,5**

AfAaG	8.368,5	/	Bank	8.000,0
			Rücklagen	368,5

Rücklagen	200,0	/	Bank	200,0

Ermittlung des AfAaG am 01.04.03 (bei Anwendung des Proportionate Goodwill)

	Ausgleichsposten für Anteile anderer Gesellschafter am 01.10.02	5.715,0
-	anteilige Abschreibung der stillen Reserven in den Gebäuden	- 45,0
+	anteiliger Verbrauch der passiven latenten Steuern	13,5
=	**Ausgleichsposten für Anteile anderer Gesellschafter am 01.04.03**	**5.683,5**

AfAaG	5.683,5	/		
	2.316,5		Bank	8.000,0

Rücklagen	200,0	/	Bank	200,0

---

[25]   IFRIC Update Juli 2009, S. 3 unter Hinweis auf IAS 1.106 (d) (iii) und IAS 1.109.

[26]   Am 01.10.02 beträgt die Restnutzungsdauer des Gebäudes 5 Jahre.

[27]   Es ist eine halbe Jahresabschreibung zu berücksichtigen (01.10.02–01.04.03).

[28]   Das Beispiel unterstellt, dass es bei TU im Zeitraum (01.10.02–01.04.03) keine sonstigen Änderungen des Eigenkapitals gibt.

4 Bilanzierung eines sukzessiven Unternehmenszusammenschlusses nach HGB idF BilMoG

4.1 Bilanzierung zum 01.10.01 (Erwerb von 10 %)

Die Anteile (10 %), die nicht als Beteiligung (§ 271 Abs.1 HGB) qualifizieren, sind mit ihren Anschaffungskosten (inkl. Anschaffungsnebenkosten, § 255 Abs. 1 Satz 2 HGB), also in Höhe von 2.050 € zu bewerten.

4.2 Bilanzierung zum 31.12.01 (Bilanzstichtag)

Auch die Folgebewertung der Anteile (10 %) zum Bilanzstichtag erfolgt zu ihren Anschaffungskosten (ohne Veräußerungskosten) am 31.12.02 (hier: 2.050 €). Da sich der beizulegende Zeitwert der Anteile erhöht hat, ist keine Wertminderung zu erfassen (§§ 255 Abs. 1, 253 Abs. 3 Sätze 3 und 4 HGB iVm. IDW RS HFA 10).

4.3 Bilanzierung zum 01.10.02 (Erwerb von 60 %)

Durch den Erwerb der zusätzlichen 60 % der Anteile qualifizieren diese (und die erste Anteilstranche) als Anteile an verbundenen Unternehmen (§ 271 Abs. 2 HGB), die mit ihren kumulierten, historischen Anschaffungskosten (inkl. Anschaffungsnebenkosten) zu bewerten sind (hier: 19.750 € = 2.050 € + 17.700 €).

Aus Konzernsicht qualifiziert der Erwerb der zusätzlichen 60 % der Anteile als ein sukzessiver Unternehmenszusammenschluss (§ 301 HGB), der auf den Zeitpunkt des Kontrollerwerbs (§ 301 Abs. 2 HGB) eine vollständige Neubewertung des Reinvermögens von TU (hier: 19.050 €) erfordert. Anders als IFRS 3 hat der Gesetzgeber des BilMoG indes sowohl dem Impairment-Only-Approach als auch der Full Goodwill Method eine Absage erteilt.

Die Ermittlung des Goodwills nach § 301 HGB entspricht der nach IFRS 3 für den Fall des anteiligen Goodwills mit der Ausnahme, dass in die Anschaffungskosten des Unternehmenszusammenschlusses auch die Anschaffungsnebenkosten der beiden Anteilserwerbe münden.

	Anschaffungskosten des (sukzessiven) Unternehmenszusammen-schlusses	
	• Anschaffungskosten 1. Tranche (10 %)	2.050
	• Anschaffungskosten 2. Tranche (60 %)	17.700
	Summe I	19.750
+	Anteil der nicht-beherrschenden Gesellschafter am neubewerteten Reinvermögen von TU (0,3 X 19.050)	5.715
=	Summe II	25.465
-	Neubewertetes Reinvermögen von TU zum 01.10.02	- 19.050
=	**Anteiliger Goodwill von MU**	**6.415**

4.4   Bilanzierung zum 01.04.03 (Erwerb der restlichen 30 %)

Der Erwerb der zusätzlichen 30 % der Anteile ist gesetzlich nicht geregelt. Unseres Erachtens scheidet eine erfolgsneutrale Verrechnung des entstehenden passivischen Unterschieds-betrags (hier: 2.516,5 €) zwischen Kaufpreis der restlichen 30 % der Anteile (hier: 8.200 €[29]) und dem Ausgleichsposten für Anteile anderer Gesellschafter zum 01.04.03 (hier: 5.683,5 €) mit den Rücklagen des Konzerns aus. Vielmehr sind insoweit die im Kaufpreis der dritten Anteilstranche vergüteten stillen Reserven/Lasten und/oder ein Geschäfts- oder Firmenwert zu aktivieren.

Ermittlung des AfAaG am 01.04.03

	Ausgleichsposten für Anteile anderer Gesellschafter am 01.10.02	5.715,0
-	anteilige Abschreibung der stillen Reserven in den Gebäuden (1.500 / 5 X 0,5 X 0,3)	45,0
+	anteiliger Verbrauch der passiven latenten Steuern (45 X 0,3)	13,5
=	**Ausgleichsposten für Anteile anderer Gesellschafter am 01.04.03**	**5.683,5**

5   Gemeinsamkeiten und Unterschiede

In der folgenden Tabelle sind die relevanten Bilanzposten bei Anwendung der unterschiedlichen Rechnungslegungssysteme zusammengefasst.

	IFRS 3 – Full Goodwill	IFRS 3 – Anteiliger Goodwill	§ 301 HGB
GoFw	9.350 €	6.665 €	6.415 €
Reinvermögen des TU	19.050 €	19.050 €	19.050 €
AfAaG	8.400 €	5.715 €	5.715 €

---

[29] Beachte: inkl. der Anschaffungsnebenkosten von 200 €.

5.1   Gemeinsamkeiten

Der Abbildung von Unternehmenszusammenschlüssen nach IFRS und HGB liegt einheitlich die Erwerbsmethode zugrunde. So ist denn auch die Bewertung des vom Tochterunternehmen erworbenen Reinvermögens nach IFRS und HGB identisch (hier: 19.050 €). Ferner hat bei einem (sukzessiven) Unternehmenszusammenschluss die Erstkonsolidierung auf den Zeitpunkt des Kontrollerwerbs zu erfolgen, die bei wesentlichen unterjährigen Unternehmenszusammenschlüssen die Aufstellung eines Zwischenabschlusses auf den Erwerbszeitpunkt erforderlich macht. Bei der auf den Erwerbszeitpunkt erfolgenden Kaufpreisallokation gibt es zwar teilweise Unterschiede (z. B. beim Ansatz immaterieller Vermögenswerte oder Eventualschulden); indes sind nach IFRS und HGB auf die im Zuge der Erstkonsolidierung aufgedeckten stillen Reserven und Lasten (nicht auf den Geschäfts- oder Firmenwert) latente Steuern für inside basis differences zu berücksichtigten (IAS 12, § 306 HGB, DRS 18 „Latente Steuern"), die die Residualgröße und – bei Existenz von Minderheiten – den Ausgleichsposten für Anteile anderer Gesellschafter beeinflussen.

5.2   Unterschiede

Unterschiede zwischen IFRS und HGB bestehen – wenn auch nicht notwendigerweise – beim Ansatz und der Bewertung eines Geschäfts- oder Firmenwerts. So eröffnet IFRS 3.19 das Wahlrecht, den gesamten Geschäfts- oder Firmenwert des erworbenen Tochterunternehmens anzusetzen mit der Folge, dass sich in Höhe des auf die nicht-beherrschenden Gesellschafter entfallenden Geschäfts- oder Firmenwerts der Ausgleichsposten für Anteile anderer Gesellschafter erhöht. Des Weiteren ist bei Ausübung des Wahlrechts zugunsten des beteiligungsproportionalen Goodwills die Höhe des Geschäfts- oder Firmenwerts zwischen IFRS und HGB unterschiedlich. Die Differenz von 250 € (= 6.665 € – 6.415 €) resultiert zum einen aus der unterschiedlichen Behandlung der Anschaffungsnebenkosten eines (sukzessiven) Unternehmenszusammenschlusses (Aufwand nach IFRS 3.53, Anschaffungskosten nach §§ 301, 255 Abs. 1, 298 Abs. 1 HGB) und zum anderen aus der Fair-Value Bewertung der Anteile, die das Mutterunternehmen vor dem Zeitpunkt des Kontrollerwerbs innehat (hier: 10 %, die Anschaffungskosten in Höhe von 2.050 € hatten und im Zuge der Abbildung des sukzessiven Unternehmenszusammenschlusses mit ihrem beizulegenden Zeitwert in Höhe von 2.800 € bemessen wurden). Keine Unterschiede resultieren im Übrigen aus der für die zweite Anteilstranche geleisteten Kontrollprämie, die sowohl nach IFRS als auch nach HGB in die Anschaffungskosten des (sukzessiven) Unternehmenszusammenschlusses münden; sie sind – in Ermangelung einer Unternehmensbewertung des erworbenen Tochterunternehmens – nach IFRS lediglich bei der Bestimmung des beizulegenden Zeitwerts des Tochterunternehmens bewertungsrelevant.

Ganz unterschiedliche Wege gehen IFRS und HGB bei der bilanziellen Abbildung einer Aufstockung einer Mehrheitsbeteiligung. Während nach IAS 27 allfällige Unterschiedsbeträge mit den Rücklagen verrechnet werden (und mithin künftige Erfolge des Konzerns unberührt lassen), sind sie u. E. als im Kaufpreis vergütete stille Reserven/Lasten und oder als Geschäfts- oder Firmenwert zu aktivieren. Es wäre wünschenswert, wenn das DRSC mit der durch das BilMoG veranlassten und vom DRSC angekündigten Modernisierung des DRS 4 „Bilanzierung von Unternehmenszusammenschlüssen" ein klärendes Wort zur (Un-) Zulässigkeit der von der internationalen Rechnungslegung entwickelten Bilanzierungsanweisung (hier: Rücklagenverrechnung) sprechen würde.

6   Zusammenfassung und Schlussbetrachtung

In dem Beitrag sollte die bilanzielle Abbildung sukzessiver Unternehmenszusammenschlüsse und die Aufstockung einer Mehrheitsbeteiligung nach IFRS einerseits und dem HGB idF des modernisierten deutschen Bilanzrechts andererseits dargestellt werden. Zu resümieren ist, dass beide Regelwerke in zentralen Fragen mit übereinstimmenden Antworten aufwarten. Dies darf freilich nicht darüber hinwegtäuschen, dass im Detail Unterschiede verbleiben.

Es ließe sich trefflich streiten, welche der beiden Bilanzierungswelten zu präferieren ist. Indes ließe sich diese Frage nur sinnvoll unter Berücksichtigung der (nicht homogenen) Interessen der einzelnen Adressaten der Rechnungslegung beantworten. Unseres Erachtens ist jedenfalls die Einführung des Wahlrechts zur Full Goodwill Method nach IFRS 3 (nach SFAS 141 besteht gar eine Pflicht zur Full Goodwill Method) kaum überlegen: Zwar hat die Full Goodwill Method konzeptionell reichlich Charme. Dennoch überwiegen bei nüchterner Betrachtung ihre Nachteile, namentlich die erheblichen Schwierigkeiten einer intersubjektiv nachprüfbaren Bestimmung des Full Goodwill (im Rahmen der Erstkonsolidierung) und dessen künftige Fortschreibung im Zuge des Impairment-Only-Approachs (im Rahmen der Folgekonsolidierungen, die sich mit Recht dem Vorwurf ausgesetzt sieht, einen Konsum derivativen Goodwills durch Investition in den originären Goodwills zu kompensieren), die nicht nur bei der Abschlussprüfung, sondern auch beim Enforcement der Rechnungslegung durch die DPR/BaFin zu erheblichen Herausforderungen führt. Insoweit konfliziert IFRS 3 auch mit den im Preface to IFRSs verlautbarten Zielsetzungen (insbes. 6a „The objectives of the IASB are to develop … enforceable global accounting standards …) und dem Rahmenkonzept (Framework) unter 1b „The purpose of the Framework is to … assist auditors in forming an opinon as to whether financial statements conform with International Accounting Standards …". Für die deutsche Konsolidierungspraxis kapitalmarktorientierter Mutterunternehmen (§§ 315a, 264d HGB) steht im Übrigen nicht zu erwarten, dass diese das Wahlrecht zur Full Goodwill Method nach IFRS 3.19 nennenswert in Anspruch nehmen werden. Auch im IFRS for SMEs ist dieses Wahlrecht nicht berücksichtigt worden. Ferner erscheint uns die erfolgswirksame Erfassung der Anschaffungsnebenkosten, für die in den IFRS kein allgemein erkennbares Bilanzierungsprinzip auszumachen ist, nicht überlegen, da sie mit einem Grundpfeiler der Bilanzierung, der Erfolgsneutralität von Anschaffungsvorgängen (nicht anderes ist die Abbildung eines Unternehmenszusammenschlusses), konfligiert.

Angesichts der spürbaren Verbesserung der Aussagekraft und Entscheidungsrelevanz handelsrechtlicher Abschlüsse besteht auch für deutsche nicht-kapitalmarktorientierte Mutterunternehmen (die nach § 315a Abs. 3 HGB die IFRS freiwillig anwenden dürfen) kein akuter Handlungsbedarf für eine Übernahme des IFRS for SMEs in europäisches Recht. Vielmehr könnte die Modernisierung des deutschen Bilanzrechts als Vorbild für die Modernisierung der EU-Bilanzrichtlinien dienen und damit eine europäische Antwort auf die IFRS und den IFRS for SMEs geben.

7 Literatur

Haaker, Andreas, Das Wahlrecht zur Anwendung der Full Goodwill method nach IFRS 3 (2008), PiR 2008, S. 188–194.

Hayn, Benita: Konsolidierungstechnik bei Erwerb und Veräußerung von Anteilen, Herne/Berlin 1999.

IFRIC Update Juli 2009.

Klaholz, Eva und Stibi, Bernd: Sukzessiver Anteilserwerb nach altem und neuem Handelsrecht, in KoR 2009, Heft 05, S. 297–301.

Küting/Pfitzer/Weber: Das neue deutsche Bilanzrecht, 2. Aufl., Stuttgart 2010.

Küting, Karlheinz und Wirth, Johannes: Controlerlangung über Tochterunternehmen mittels sukzessiver Anteilserwerbe, in KoR 2010, Heft 07-08, S. 362-371.

Küting/Weber: Handbuch der Konzernrechnungslegung, 2. Aufl., Stuttgart 1998.

Oser, Peter: Konzernrechnungslegung nach dem HGB idF des BilMoG – auf Augenhöhe mit den IFRS! Der Konzern 2008, S. 106–115.

Oser, Peter: Auf- und Abstockung von Mehrheitsbeteiligungen im Konzernabschluss nach BilMoG – Grenzen der Annäherung des HGB an die IFRS, DB 2010, S. 65–68.

Oser, Peter: Latente Steuern bei der Kapitalkonsolidierung nach BilMoG – Ansatz und Bewertung von inside und outside basis differences, BC 2010, S. 207–212.

Roos, Benjamin: Sukzessive Unternehmenserwerbe nach IFRS 3, BB 2008, S. 2393–2397.

Checkliste für mittelständische Unternehmen zur Aufstellung und Offenlegung des Anhangs nach dem Bilanzrechtsmodernisierungsgesetz (BilMoG)

WP/StB Dipl.-Kfm. Peter Schüttrich

Das Bilanzrechtsmodernisierungsgesetz hat zu einer Vielzahl von Neuerungen im Bereich des Anhangs geführt. Die Zielsetzung des Gesetzgebers, das HGB zu einer vollwertigen, aber im Vergleich zu internationalen Rechnungslegungsstandards kostengünstigeren und einfacheren Alternative zu entwickeln führt insbesondere für größere mittelständische Unternehmen zu erweiterten Angabepflichten im Anhang und zu einer größeren Transparenz des Jahresabschlusses für externe Bilanzleser.

Die folgende Checkliste soll insbesondere die Anforderungen an die Anhangangaben mittelständischer Unternehmen, die häufig in den Rechtsformen GmbH & Co. KG und GmbH organisiert sind, abdecken. Es wird auf die gesetzlichen Regelungen abgestellt, die für alle Geschäftsjahre die nach dem 31. Dezember 2009 beginnen, gelten. Die durch das Bilanzrechtsmodernisierungsgesetz eingeführten Neuregelungen sind als „neu" gekennzeichnet.

			Rechts-grundlage	Erleichterungen			
				kleine Gesellschaften		mittelgroße Gesellschaften	
				Aufstel-lung	Offenle-gung	Aufstel-lung	Offenle-gung
I.		**Allgemeine Angaben zu Inhalt und Gliede-rung des Jahresabschlusses**					
	1.	Angabe und Begründung der Abwei-chungen von der Darstellungsstetigkeit (Gliederung Bilanz, GuV)	265 I 2 HGB				
neu	2.	Hinweis auf Durchbrechung der Darstellungs- und Bewertungsstetigkeit aufgrund erstmaliger Anwendung BilMoG	Art. 67 VIII 1 EGHGB				
	3.	bei Nichtvergleichbarkeit und Anpas-sung der Vorjahresbeträge ist dies anzugeben und zu erläutern	265 II 2, 3 HGB				
neu	4.	Hinweis, dass Vorjahresbeträge bei erstmaliger Anwendung BilMoG nicht angepasst wurden	Art. 67 VIII 2 EGHGB				
	5.	Hinweis auf ergänzte Gliederung bei mehreren Geschäftszweigen	265 IV 2 HGB				
	6.	Postenaufgliederung, falls aus Gründen der Klarheit in Bilanz/GuV zusammen-gefasst	265 VII Nr. 2 275 II HGB		GuV (§ 326 2 HGB)		
	7.	zusätzliche Angaben zur Erfüllung der Generalnorm	264 II 2 HGB				
neu	8.	Angabe, falls die gesamten Vorschriften zum BilMoG vorzeitig angewendet werden	Art. 66 III 6 EGHGB				
II.		**Bilanzierungs- und Bewertungsmethoden**					
	1.	Angabe der angewandten Bilanzierungs- und Bewertungsmethoden für Bilanz- und GuV-Posten	284 II Nr. 1 HGB		GuV (§ 326 2 HGB)		
	2.	Grundlagen der Fremdwährungsum-rechnung	284 II Nr. 2 HGB				
	3.	Angabe und Begründung der Abwei-chungen von Bilanzierungs- und Bewertungsmethoden und Darstellung deren Einfluss auf die VFE-Lage	284 II Nr. 3 HGB				
	4.	bei Anwendung von Bewertungsverein-fachungen nach §§ 240 IV und 256 1 HGB Ausweis der Unterschiedsbeträge, wenn letzter beizulegender Wert erheblich von diesem abweicht	284 II Nr. 4 HGB	entfällt (§ 288 1 HGB)			
	5.	Einbeziehung von Fremdkapitalzinsen in die Herstellungskosten	284 II Nr. 5 HGB				
III.		**Erläuterungen zur Bilanz**					
		Allgemeines					
	1.	Mitzugehörigkeitsvermerk zu anderen Bilanzposten *(alternativ in Bilanz)*	265 III HGB				
		Anlagevermögen					
	2.	Anlagespiegel / Anlagengitter	268 II HGB	entfällt (§ 274a Nr. 1 HGB)			

			Rechts-grundlage	Erleichterungen			
				kleine Gesellschaften		mittelgroße Gesellschaften	
				Aufstel-lung	Offenle-gung	Aufstel-lung	Offenle-gung
	3.	Erläuterung der aktivierten Aufwendungen für die Ingangsetzung und Erweiterung des Geschäftsbetriebs *(Bei Fortführung von Posten vor BilMoG)*	269 1 a.F. i.V.m. Art. 67 V 1 EGHGB	entfällt (§ 274a Nr. 1 HGB)			
neu	4.	Gründe, welche die Annahme einer betrieblichen Nutzungsdauer eines entgeltlich erworbenen Geschäfts- und Firmenwerts von mehr als fünf Jahren rechtfertigen	285 Nr. 13 HGB				
neu	5.	Gesamtbetrag der Forschungs- und Entwicklungskosten des Geschäftsjahres sowie der davon auf selbst geschaffene immaterielle Vermögensgegenstände des Anlagevermögens entfallende Betrag	285 Nr. 22 HGB	entfällt (§ 288 I HGB)			
neu	6.	ausschüttungsgesperrte Beträge (§ 268 VIII) aus der Aktivierung selbst erstellter immaterieller Vermögensgegenstände des Anlagevermögens	285 Nr. 28 HGB				
		Finanzanlagen und Finanzinstrumente					
	7.	Angabe der Ausleihungen an Gesellschafter *(alternativ in Bilanz)*	264c I 1 HGB 42 III GmbHG				
neu	8.	Angabe zu Finanzinstrumenten, die über ihrem beizulegender Zeitwert ausgewiesen werden, da eine außerplanmäßige Abschreibung nach § 253 III 4 HGB unterblieben ist: • Buchwert • Zeitwert • Gründe für das Unterlassen der Abschreibung • Anhaltspunkte für vorübergehende Wertminderung	285 Nr. 18 HGB				
neu	9.	ausschüttungsgesperrte Beträge (§ 268 VIII) aus der Aktivierung von Vermögensgegenständen zum beizulegenden Zeitwert	285 Nr. 28 HGB				
neu	10.	Angaben zu Anteilen oder Anlageaktien an bestimmten Investmentvermögen (mehr als 10 %) aufgegliedert nach Anlagezielen: • Wert i. S. d. § 36 InvG • Differenz zum Buchwert • für das Geschäftsjahr erfolgte Ausschüttung • Beschränkungen in der Möglichkeit der täglichen Rückgabe • Gründe weshalb eine außerplanmäßige Abschreibung bei voraussichtlich nicht dauernder Wertminderung unterblieben ist • Anhaltspunkte für vorübergehende Wertminderung	285 Nr. 26 HGB				

			Erleichterungen			
		Rechts-grundlage	kleine Gesellschaften		mittelgroße Gesellschaften	
			Aufstel-lung	Offenle-gung	Aufstel-lung	Offenle-gung
	Forderungen und sonstige Vermögensge-genstände					
	11. Betrag der Forderungen mit einer Restlaufzeit von mehr als einem Jahr	268 IV 1 HGB				
	12. Angabe der Forderungen gegen Gesell-schafter *(alternativ in Bilanz)*	264c I 1 42 III GmbHG				
	13. Erläuterung antizipativer Aktiva mit größerem Umfang	268 IV 2 HGB	entfällt (§ 274a Nr. 2 HGB)			
	Rechnungsabgrenzungsposten					
	14. Disagio gem. § 255 III HGB, das in aktiven Rechnungsabgrenzungsposten einbezogen wird *(alternativ in Bilanz)*	268 VI HGB	entfällt (274a Nr. 4 HGB)			
	Latente Steuern					
neu	15. Angabe, auf welchen Differenzen oder steuerlichen Verlustvorträgen die latenten Steuern beruhen und mit welchen Steuersätzen die Bewertung der latenten Steuern erfolgt ist	285 Nr. 29 HGB	entfällt (§ 288 I HGB)		entfällt (§ 288 II 2 HGB)	
neu	16. ausschüttungsgesperrte Beträge (§ 268 VIII HGB) aus der Aktivierung von latenten Steuern	285 Nr. 28 HGB				
	Eigenkapital					
	17. Angabe des gezeichneten Kapitals in DM, wenn die Umstellung des gezeich-neten Kapitals auf EUR noch nicht erfolgt ist *(alternativ in Vorspalte Bilanz)*	Art. 42 III 3 EGHGB				
	18. Angabe des Gewinn-/Verlustvortrags bei teilweiser Ergebnisverwendung *(alternativ in Bilanz)*	268 I 2 HGB				
	19. Eigenkapitalanteil aus Wertaufholungen (gilt für GmbH) *(alternativ in Bilanz)*	29 IV 2 GmbHG				
neu	20. Angabe des Betrags der ausstehenden Einlage (§ 172 I HGB)	264c II 9 HGB				
	21. Angabe der an einen Kommanditisten zurückgezahlten Einlagen gem. § 172 IV HGB	264c II 9 HGB				
	22. Angabe der Vorschriften, nach denen ein Sonderposten mit Rücklagenanteil bzw. eine Wertberichtigung gebildet wurde *(Bei Fortführung von Posten vor BilMoG)*	273 2, 281 I 2 a.F. i.V.m. Art. 67 IV 1 EGHGB				
	Rückstellungen					
	23. aus Altzusagen resultierender Fehlbe-trag bei Rückstellungen für laufende Pensionen	Art. 48 VI 28 II EGHGB				

				Erleichterungen			
			Rechts-grundlage	kleine Gesellschaften		mittelgroße Gesellschaften	
				Aufstellung	Offenlegung	Aufstellung	Offenlegung
neu	24.	Angaben zu den Pensionsrückstellungen: • angewandtes versicherungsmathematisches Berechnungsverfahren • grundlegende Annahmen der Berechnung (z. B. Zinssatz, erwartete Lohn- und Gehaltsentwicklung, zugrunde gelegte Sterbetafeln)	285 Nr. 24 HGB				
neu	25.	Angabe des Unterdeckungsbetrags, wenn eine Pensionsrückstellung nach BilMoG nicht ausgewiesen wird	Art. 67 II EGHGB				
neu	26.	Angabe des Überdeckungsbetrags, wenn Rückstellungen nach BilMoG beibehalten werden, weil andernfalls bis zum 31.12.2024 wieder Zuführungen erforderlich wären	Art. 67 I 4 EGBHGB				
neu	27.	bei Verrechnung von Planvermögen (§ 246 II 2 HGB): • Anschaffungskosten der verrechneten Vermögensgegenstände • beizulegender Zeitwert der verrechneten Vermögensgegenstände • Erfüllungsbetrag der verrechneten Schulden • verrechnete Aufwendungen und Erträge	285 Nr. 25 HGB		GuV (§ 326 2 HGB)		
	28.	Erläuterung der „sonstigen Rückstellungen", wenn sie einen erheblichen Umfang haben	285 Nr. 12 HGB	entfällt (§ 288 I HGB)			entfällt (§ 327 Nr. 2 HGB)
	Verbindlichkeiten						
	29.	Betrag der Verbindlichkeiten mit einer Restlaufzeit < 1 Jahre	268 V 1 HGB				
	30.	Gesamtbetrag der Verbindlichkeiten mit einer Restlaufzeit > 5 Jahre	285 Nr. 1 a HGB				
	31.	Gesamtbetrag der Verbindlichkeiten, die durch Pfandrechte/ähnliche Rechte gesichert sind sowie Art und Form der Sicherheiten	285 Nr. 1 b HGB				
neu	32.	für jeden Verbindlichkeitenposten Betrag mit Restlaufzeit > 5 Jahre und Sicherung *(Angabe nur noch im Anhang, nicht mehr in der Bilanz)*	285 Nr. 2 HGB	entfällt (§ 288 I HGB)			entfällt (§ 327 Nr. 2 HGB)
	33.	Angabe der Verbindlichkeiten gegenüber Gesellschaftern *(alternativ in Bilanz)*	264c I 1 42 III GmbHG				
	34.	Erläuterung antizipativer Passiva mit größerem Umfang	268 V 3 HGB	entfällt (§ 274a Nr. 3 HGB)			
	Haftungsverhältnisse						
	35.	Angabe der Haftungsverhältnisse nach § 251 HGB unter Angabe der gewährten Pfandrechte und sonstigen Sicherheiten *(alternativ unter der Bilanz)*	268 VII 1. HS HGB				
	36.	gesonderte Angabe der Verpflichtungen gegenüber verbundenen Unternehmen *(alternativ unter der Bilanz)*	268 VII 2. HS HGB				

			Rechts-grundlage	Erleichterungen			
				kleine Gesellschaften		mittelgroße Gesellschaften	
				Aufstel-lung	Offenle-gung	Aufstel-lung	Offenle-gung
neu	37.	Angabe der Gründe für die Risikoein-schätzung aus der Inanspruchnahme	285 Nr. 27 HGB				
		Sonstige finanzielle Verpflichtungen					
neu	36.	Art, Zweck sowie Risiken und Vorteile von nicht in der Bilanz enthaltenen Geschäften, soweit dies für die Beurteilung der Finanzlage notwendig ist	285 Nr. 3 HGB	entfällt (§ 288 I HGB)		ohne Risiken und Vorteile (§ 288 II 1 HGB)	
	37.	Gesamtbetrag der sonstigen finanziellen Verpflichtungen, soweit nicht in der Bilanz enthalten und nicht nach § 251 HGB oder § 285 Nr. 3 HGB anzugeben und für die Beurteilung der Finanzlage von Bedeutung	285 Nr. 3a HGB	entfällt (§ 288 I HGB)			
	38.	gesonderte Angabe der Verpflichtungen gegenüber verbundenen Unternehmen	285 Nr. 3a HGB	entfällt (§ 288 I HGB)			
IV.		**Erläuterungen zur GuV**					
	1.	Angabe der Erträge aus der Auflösung des Sonderposten mit Rücklageanteil innerhalb der „Sonstigen betrieblichen Erträge" *(Bei Fortführung von Posten vor BilMoG)*	281 II 2 a.F. i.V.m. Art 67 IV 1 EGHGB		entfällt (§ 326 2 HGB)		
	2.	Aufgliederung der Umsatzerlöse nach Tätigkeitsbereichen und geographisch bestimmten Märkten (ggf. Schutzklau-sel nach § 286 II HGB)	285 Nr. 4 HGB	entfällt (§ 288 I HGB)		entfällt (§ 288 II 2 HGB)	
	3.	bei Anwendung Umsatzkostenverfah-ren: Angabe Materialaufwand wie im Gesamtkostenverfahren gegliedert (§ 275 II Nr. 5 HGB)	285 Nr. 8 a HGB	entfällt (§ 288 I HGB)			entfällt (§ 327 Nr. 2 HGB)
	4.	bei Umsatzkostenverfahren: Angabe Personalaufwand wie im Gesamtkos-tenverfahren gegliedert (§ 275 II Nr. 6 HGB)	285 Nr. 8 b HGB		entfällt (§ 326 2 HGB)		
	5.	gesonderter Ausweis der außerplanmä-ßigen Abschreibungen nach § 253 III 3 HGB wegen dauernder Wertminderung im Anlagevermögen *(alternativ in GuV)*	277 III 1 HGB		entfällt (§ 326 2 HGB)		
	6.	gesonderter Ausweis der außerplanmä-ßigen Abschreibungen nach § 253 III 4 HGB wegen vorübergehende Wertmin-derung im Finanzanlagevermögen *(alternativ in GuV)*	277 III 1 HGB		entfällt (§ 326 2 HGB)		
	7.	Erläuterung von außerordentlichen Erträgen und Aufwendungen hinsicht-lich Betrag und Art, soweit für Ertrags-lage von Bedeutung	277 IV 2 HGB	entfällt (§ 276 2 HGB)			
	8.	Erläuterung von periodenfremden Erträgen und Aufwendungen hinsicht-lich Betrag und Art, soweit für Ertrags-lage von Bedeutung	277 IV 3 HGB	entfällt (§ 276 2 HGB)			
	9.	Angabe, in welchem Umfang die Ertragsteuern das Ergebnis der gewöhn-lichen Geschäftstätigkeit und das außerordentliche Ergebnis belasten	285 Nr. 6 HGB	entfällt (§ 288 I HGB)			

| | | | Rechts-grundlage | Erleichterungen | | | |
| | | | | kleine Gesellschaften | | mittelgroße Gesellschaften | |
				Aufstel-lung	Offenle-gung	Aufstel-lung	Offenle-gung
V.		**Sonstige Pflichtangaben**					
		Anzahl der Arbeitnehmer					
	1.	durchschnittliche Zahl (§ 267 V HGB) der während des Geschäftsjahres beschäftigten Arbeitnehmer getrennt nach Gruppen	285 Nr. 7 HGB	entfällt (§ 288 I HGB)			
		Gesellschaftsorgane					
	2.	Angabe • im Geschäftsjahr oder später ausge-schiedene Geschäftsführer mit Fami-liennamen, mindestens einem Vorna-men, Beruf • Vorsitzender der Geschäftsführung • im Geschäftsjahr oder später ausge-schiedene Aufsichtsräte / Beiräte mit Familiennamen, einem Vornamen, Beruf • Vorsitzender und Stellvertreter des Aufsichtsrats / Beirats	285 Nr. 10 HGB				
	3.	Angabe der Gesamtbezüge für jede Gruppe der • Mitglieder der Geschäftsführung • früheren Mitglieder der Geschäftsfüh-rung, Hinterbliebene • Mitglieder des Aufsichtsrats, • früheren Mitglieder des Aufsichtsrats, Hinterbliebene • Mitglieder des Beirats • früheren Mitglieder des Beirats Einzurechnen sind Bezüge, die nicht ausgezahlt sondern in Ansprüche anderer Art umgewandelt werden. Anzugeben sind Bezüge, die im Ge-schäftsjahr gewährt, bisher aber in keinem Jahresabschluss angegeben worden sind.	285 Nr. 9a, b HGB	entfällt (§ 288 I HGB)		Schutzklausel nach § 286 IV HGB	
	4.	Angabe der Anzahl und des beizulegen-den Zeitwerts von aktienbasierten Vergütungen an aktive Organmitglieder zum Zeitpunkt ihrer Gewährung	285 Nr. 9a, b HGB	entfällt (§ 288 I HGB)		Schutzklausel nach § 286 IV HGB	
	5.	Angabe der gebildeten und nicht gebildeten (Fehlbetrag) Pensionsrück-stellungen für frühere Organmitglieder	285 Nr. 9 b HGB	entfällt (§ 288 I HGB)			
	6.	Angabe der gewährten Vorschüsse und Kredite an Organmitglieder (Zinssätze, wesentliche Bedingungen, Rückzah-lung, eingegangene Haftungsverhältnis-se)	285 Nr. 9 c HGB				
	7.	bei Anteilsbesitz von mind. 20 %: • Name, Sitz des Unternehmens • Beteiligungsquote, • Eigenkapital, • Ergebnis des letzten Geschäftsjahres gesonderte Aufstellung des Anteilsbe-sitzes ist nicht mehr möglich (ggf. Schutzklausel nach § 286 III HGB, ggf. Angabepflicht bei Anwendung der Schutzklausel)	285 Nr. 11 HGB				

		Rechts-grundlage	Erleichterungen			
			kleine Gesellschaften		mittelgroße Gesellschaften	
			Aufstel-lung	Offenle-gung	Aufstel-lung	Offenle-gung
	8.	Name, Sitz und Rechtsform der Unternehmen, deren unbeschränkt haftender Gesellschafter die GmbH / Personenhandelsgesellschaft i. S. d. § 264a HGB ist (ggf. Schutzklausel nach § 286 III HGB, ggf. Angabepflicht bei Anwendung der Schutzklausel)	285 Nr. 11a HGB				
	9.	bei Personenhandelsgesellschaften i. S. d. § 264a HGB Name, Sitz und gezeichnetes Kapital der Komplementärgesellschaft	285 Nr. 15 HGB				
	10.	bei Konzernzugehörigkeit: • Angabe Name, Sitz des Mutterunternehmens für größten Konsolidierungskreis • Angabe Name, Sitz des Mutterunternehmens für kleinsten Konsolidierungskreis • Ort der Einsichtnahme des offengelegten Konzernabschlusses	285 Nr. 14 HGB				
	11.	bei befreiendem Konzernabschluss: • Name, Sitz des Mutterunternehmens, das den befreienden Konzernabschluss / Konzernlagebericht aufstellt • Hinweis auf die Befreiung von der Verpflichtung, einen Konzernabschluss / Konzernlagebericht aufzustellen • Erläuterung der im befreienden Konzernabschluss vom dt. Recht abweichend angewandten Bilanzierungs-, Bewertungs- und Konsolidierungsmethoden	291 II Nr. 3 HGB				
		Geschäfte mit nahestehenden Unternehmen und Personen					
neu	12.	bei wesentlichen, nicht zu marktüblichen Bedingungen zustande gekommenen Geschäften mit nahe stehenden Unternehmen und Personen: • Art der Beziehung • Wert der Geschäfte sowie • weiterer Angaben, die für die Beurteilung der Finanzlage notwendig sind sofern kein (un-)mittelbarer 100 %iger Anteilsbesitz für ein in einem Konzernabschluss einbezogenes Unternehmen. Zusammenfassung der Geschäfte möglich, wenn dies für die Beurteilung der Finanzlage ausreichend ist.	285 Nr. 21 HGB	entfällt (§ 288 I HGB)		entfällt für GmbH (§ 288 II 4 HGB)	
		Honorar des Abschlussprüfers					
neu	13.	berechnetes Gesamt-Honorar des Abschlussprüfers, getrennt nach: • Abschlussprüfung • andere Bestätigungsleistungen • Steuerberatungsleistungen • sonstige Leistungen sofern keine Angabe im Konzernabschluss	285 Nr. 17 HGB	entfällt (§ 288 I HGB)		entfällt, jedoch auf Verlangen der WPK mitzuteilen (§ 288 II 3 HGB)	

				Erleichterungen			
			Rechts-grundlage	kleine Gesellschaften		mittelgroße Gesellschaften	
				Aufstellung	Offenlegung	Aufstellung	Offenlegung
		Bewertungseinheiten					
neu	14.	bei Bewertungseinheiten gem. § 254 HGB: • mit welchem Betrag jeweils Vermögensgegenstände, Schulden, schwebende Geschäfte und mit hoher Wahrscheinlichkeit vorgesehene Transaktionen • zur Absicherung welcher Risiken • in welche Arten von Bewertungseinheiten einbezogen sind sowie • die Höhe der mit Bewertungseinheiten abgesicherten Risiken sofern keine Angabe im Lagebericht	285 Nr. 23a HGB				
neu	15.	für die jeweils mit Bewertungseinheiten abgesicherten Risiken : • warum • in welchem Umfang und • für welchen Zeitraum sich die gegenläufigen Wertänderungen oder Zahlungsströme künftig voraussichtlich ausgleichen unter Angabe der Ermittlungsmethode, sofern keine Angabe im Lagebericht	285 Nr. 23b HGB				
neu	16.	Erläuterung der mit hoher Wahrscheinlichkeit erwarteten Transaktionen, die in Bewertungseinheiten einbezogen wurden, sofern keine Angabe im Lagebericht	285 Nr. 23c HGB				
		Ergebnisverwendung					
	17.	Vorschlag über die Ergebnisverwendung (ggf. keine Angabepflicht gem. § 325 I 4 HGB) *(alternativ gesonderte Einreichung beim Betreiber des elektronischen Bundesanzeigers)*	325 I 3 HGB		entfällt (§ 326 1 HGB)		

Literatur

Ellrott, Helmut: zu §§ 284-288 HGB. In: Beck'scher Bilanzkommentar – Handelsbilanz Steuerbilanz – Hrsg. Helmut Ellrott, Gerhardt Förschle, Michael Koziloswski, Norbert Winkeljohann, 7. Auflage, München 2010.

Farr, Wolf-Michael: Checkliste für die Aufstellung, Prüfung und Offenlegung des Anhangs – unter Berücksichtigung der neuen Pflichtangaben nach dem Bilanzrechtsmodernisierungsgesetz, soweit sie bereits für Geschäftsjahre nach dem 31.12.2008 gelten. 5. Auflage, Düsseldorf 2010.

Farr, Wolf-Michael: Checkliste für die Aufstellung, Prüfung und Offenlegung des Konzernanhangs – unter Berücksichtigung der neuen Pflichtangaben nach dem Bilanzrechtsmodernisierungsgesetz, soweit sie bereits für Geschäftsjahre nach dem 31.12.2008 gelten, ohne Berücksichtigung der DRS. 6. Auflage, Düsseldorf 2010.

Farr, Wolf-Michael: Checkliste für die Aufstellung, Prüfung und Offenlegung des Anhangs der GmbH – unter Berücksichtigung der neuen Pflichtangaben nach dem Bilanzrechtsmodernisierungsgesetz. 4. Auflage, Düsseldorf 2010.

Gelhausen, Hans Friedrich, Fey, Gerd und Kämpfer, Georg: Rechnungslegung und Prüfung nach dem Bilanzrechtsmodernisierungsgesetz, Düsseldorf 2009, S. 351-425.

Heyd, Reinhard und Kieher, Markus: BilMoG – Das Bilanzrechtsmodernisierungsgesetz. München 2010, S. 159-171.

Hoffmann, Wolf-Dieter: Der Anhang vor und nach dem BilMoG. In: Zeitschrift für Bilanzierung und Rechnungswesen (BRZ) 2009, S. 259-264.

Pöller, Ralf: Checkliste zum Übergang der HGB-Rechnungslegung im Jahresabschluss auf das BilMoG Teil 2: Anhang. In: Zeitschrift für Bilanzierung und Rechnungswesen (BRZ) 2009, S. 295.

Strickmann, Michael: Anhangsberichterstattung. In: Handbuch Bilanzrechtsmodernisierungsgesetz – Die Reform der Handelsbilanz. Hrsg. Harald Kessler, Markus Leinen, Michael Strickmann. Feiburg 2009, S. 515-540.

Zwirner, Christian: Herausforderungen und Risiken der neuen Anhangberichterstattung nach BilMoG: In: Betriebsberater 2009, S. 2302-2306.

The Role of the Audit Committee
for Establising Effective Risk Management
and Internal Control

Prof. T. Flemming Ruud, PhD, WP (N), Prof. Dr. Michèle F. Rüdisser,
Dr. oec. Shqiponja Isufi

1   Introduction

Members of the audit committee are said to have „a part-time job with full-time responsibilities".[1] The role of the audit committee has experienced significant change, in particular, since the enactment of the Sarbanes-Oxley Act in 2002. Therein sections 205 and 301 highlight three key roles for audit committees: Firstly, the audit committee has to oversee the accounting and financial reporting processes as well as the audits of the financial statements of the issuer. Secondly, the audit committee is responsible for the appointment, compensation, and oversight of the work of any registered public accounting firm employed by that issuer. Thirdly, the audit committee must establish procedures for the receipt, retention, and treatment of complaints received by the issuer regarding accounting, internal accounting controls, or auditing matters.

Audit committee members generally face increased regulation, imposed practices, and liability risks higher than other board committees combined.[2] With the modernised 8th Company Law Directive, the European Union (EU) additionally tightened the role of the audit committee. The basic intention was to assist the statutory auditors to stay at arm's length from management by an „appropriate degree of independence". In the process, special emphasis was placed on the quality of a company's internal control system including the internal audit function. Article 41 of the Directive states that audit committees must in addition monitor the company's risk management system, the financial reporting process, the statutory audit of the annual and consolidated accounts, as well as review and monitor the independence of the statutory auditor or audit firm.

The objective of this chapter is to provide insights into the demanding role of audit committees, particularly with regard to effective risk management and internal control. It is structured into five parts; following this introduction, the role of the audit committee is presented, subsequent to relating roles and responsibilities. Advantages of the cooperation and relationship with the internal audit are then outlined. Finally, a summary concludes on essential roles of the audit committee.

---

[1]   Gazzaway (2008), p. 22.

[2]   Cf. Ward (2009), p. 29.

2   The Audit Committee in a Swiss Perspective

Laws and governance codes worldwide reflect diverse board definitions and varying board organizations. Depending on the particular approach taken, two major board models can be identified: On the one hand, the *unitary board*, being the most common structure combining both non-executive and executive members. On the other hand, the *two-tier system*, in which the outside supervisory members and the top executives serve on two separate boards, i.e., the supervisory and the executive board. The two-tier system applies to fewer countries, including Germany and the Netherlands.[3] Figure 1 illustrates the differences between the two board models.

Swiss law is flexible as to the design of the company's organizational structure. The same applies with regard to the constitution of the board. This diversity and flexibility towards board systems somehow reflect the Swiss culture as well as its ownership history. More than 90 per cent of Swiss corporations are small and medium-sized companies traditionally connecting ownership and management. According to the Swiss Code of Obligation (CO), the board is principally considered a unitary board. Therefore, board context in Switzerland appears more similar to Anglo-Saxon law than to the two-tier system represented by the German law. With this flexible scope for the board design, different types of members could exist within one board; i.a., non-executive, executive, independent, non-independent members, or a combination thereof.

Accordingly, Swiss corporations may choose among one of three different organizational systems: First, a version of the Anglo-Saxon unitary board system is applied if the general management is delegated to inside board members (full-time) while outside board members (part-time) mainly fulfill a supervisory function. Second, a version of the German two-tier system, involving a strict separation of management and supervision, is considered to be preexistent if delegation to a non-board member executive prevails. Finally, a version of the French system, as with the Président Directeur Général, is assumed if most of the power and authority rests with one delegate of the board who is also assigned to the chairperson position.

---

[3]   Tricker (2009), p. 5.

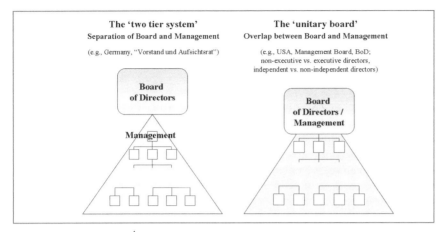

Figure 1: Two board models[4]

The Swiss Code of Best Practice for Corporate Governance (Swiss Code) specifically addresses the organizational context in Switzerland, with its characteristic mixture of large, medium, and small corporations. It provides voluntary guidance on the basis of 30 recommendations, referring to shareholders, board of directors, management, auditing, and disclosure. Of particular interest for audit committees are section f (internal control system dealing with risk and compliance) and section g (committees of the boards of directors). The Swiss Code recommends the board to set up an audit committee, which should consist of non-executive, preferably independent members of the board of directors that are financially literate. Moreover, the audit committee is advised to independently judge the quality of the external auditors, the internal control system and the annual financial statements. In particular, the audit committee should form a view on the effectiveness of the external audit, and the internal audit along with their mutual cooperation. Thereby, direct reporting lines for the internal audit to the board should be ascertained.

As early as in 1992, the Cadbury Committee argued that the appointment of a properly constituted audit committee is an important step in raising the standards of corporate governance (particularly within unitary boards). But although there is a degree of convergence both for unitary and two-tier governance systems towards the Anglo-Saxon concept of an audit committee, a consistent and recommended structure on its role towards effective risk management and internal control is still indeterminable. The next chapter deals with these issues by focusing on the audit committee's particular role and responsibilities.

---

[4]   Ruud et al. (2001).

3 Focus on Risk Management and Internal Control

Over the years various corporate governance codes have increasingly expanded the roles and responsibilities of the audit committee. Based on a study analyzing corporate governance codes in Europe[5], the oversight of the external and internal audit and financial reporting quality, is generally agreed as primary functions of an audit committee. Oversight of risk management and internal control are only recommended in two-thirds of the respective corporate governance codes.

This status somewhat undermines the audit committees potential for active influence in the running of an organization's risk management and internal control systems. Not least, since the audit committee perceives to be more absorbed with the oversight of functions, i.a., the external and internal audit, than with the underlying processes and activities, i.e., risk management and internal control systems. Many regulatory and best practices guidance additionally often fail to clearly define audit committee duties regarding risk and control issues. To that effect, there is room for improvement seeing that that an „audit committee's demand for better internal controls" and risk management potentially leads to a greater focus on the respective systems by the internal audit function.[6]

Audit committees are not only considered to help managing financial, operational and compliance risks by means of enhancing the quality of financial reporting, but viewed as essential assurance providers that play an important role in the governance of a company. However, a consistent and recommended structure as to the role of the audit committee towards effective internal control[7] and risk management is still not yet clearly defined.

Enterprise risk management (ERM) in business includes the methods and processes used by organizations to manage risks and seize opportunities related to the achievement of their objectives.[8] The ERM – Integrated Framework by COSO expands on internal control, providing a more robust and extensive focus on the broader subject of ERM providing a framework for risk management, which typically involves identifying particular events or circumstances relevant to the organization's objectives, assessing them in terms of likelihood and magnitude of impact, determining a response strategy, and monitoring progress. By identifying and proactively addressing risks and opportunities, business enterprises protect and create value for their stakeholders, including owners, employees, customers, regulators, and society overall. Being a key part of the governance structure of an organization, ERM helps preserve value and augments decision-making by setting acceptable levels of risk appetite as

---

[5] Cf. Collier et al. (2005), p. 753–768.

[6] Abbott et al. (2010), p. 22. For additional information on how the audit committee might benefit from the internal audit please refer to chapter four.

[7] In this chapter, internal control is defined as „a process, effected by an entity's board of directors, management and other personnel, designed to provide reasonable assurance regarding the achievement of objectives in the following categories: effectiveness and efficiency of operations, reliability of financial reporting, and compliance with applicable laws and regulations". The Committee of Sponsoring Organizations of the Treadway Commission (COSO) (1992), p. 13.

[8] Cf. COSO (2004), p. 2.

well as embedding risk management in businesses planning and management processes. When embedded, it should become part of the organization's culture.

COSO identifies the concept of internal control as an implicit part of everyone's job description.[9] Owing to the responsibility attached to their position when accepting their mandate, members of the audit committee should particularly be concerned about internal control. But since internal control is defined as a process, it is pointless to determine its effectiveness in the sense of a vested state or condition. Not only is the determination of whether an internal control system is effective or not subject to individual judgment, but there is also a constant uncertainty about the effective functioning of diverse operations at different points in time. Nevertheless, COSO identified three objective categories that must be implemented in order that the audit committee obtains reasonable assurance whether internal control operates effectively:[10]

- Comprehensive understandings of how the entity's operating objectives are achieved.

- Reliability is a primary maxim when it comes to the publication of financial statements.

- Compliance meets high standards, most notably, with regard to applicable laws, regulations, and internal instructions.

Particularly relevant to the work of audit committees, is to judge whether the objective categories are factored in the organization's processes. In doing so, the audit committee should primarily focus on;[11] a *systematic review* of the financial statements, including notes; a *profound quality assessment* of the people involved in the oversight functions, i.a., internal and external auditors, risk managers, compliance officers, in reference to their responsiveness, plain dealing, and cooperation over the year; and, a *thorough questioning* of material coherences.

In the context of effective risk management and internal control, attendant questions could be:

- What controls are in place to mitigate the risks that are most critical to the organizational process, and how does management and related assurance functions know those controls are working appropriately?

- How does management and related assurance functions identify and prioritize opportunities and obstacles related to risk management and internal control and how often do they update this analysis?

- Do those procedures seem reasonable in the context of the organization's operations and structure and are changes over time adequately considered?

Furthermore, board members must be able to allocate sufficient time to the company to discharge their responsibilities effectively. This is in line with the United Kingdom (UK) Corporate Governance Code.[12] Audit committees of quoted Swiss companies, for example, meet around six times a year and spend on average four hours per meeting, not counting the attended time in full board meetings and the time taken for individual preparation and follow-

---

[9]   This section almost exclusively draws on information from COSO (1992). In order to keep the text readable, citations are only made when referring to other sources or when citing directly.

[10]   Cf. COSO (1992), p. 20.

[11]   Böckli (2003), p. 562.

[12]   UK Corporate Governance Code (2010), p. 6.

up work.[13] Additional requirements relating to audit committee effectiveness involve:[14] A formal, rigorous and transparent procedure for the appointment of new audit committee members, re-election of present audit committee members at regular intervals subject to continued satisfactory performance, and the availability of independent quality information in a timely manner.

Attention is also paid to the financial literacy of audit committee members. Financial literacy is commonly defined as the ability to understand, interpret, and analyze financial statements, accounting policies, estimates and judgments when these are explained by management or other assurance providers, i.a., the internal and external audit, along with a continuative understanding of the organization's risk and control environment, related strategies and underlying processes. Audit committees are hence in charge to maintain a strong internal control environment. In a survey from KPMG's Audit Committee Institute (2009), „maintaining a strong internal control environment" was mentioned as a top priority for audit committees in the year 2010.

Zhang et al., for instance, provided evidence of the correlation between audit committee quality and the disclosure of internal control weaknesses. It could be shown that organizations are more likely to be identified with an internal control weakness, if their audit committees have less financial expertise, respectively less accounting financial expertise.[15] Accordingly, the audit committee must collectively posses the knowledge and skills and thus not only advise its members to regularly update and refresh their skills and knowledge in the respective areas, but also to bring along a solid financial background.

4   Internal Audit as a Risk-Control Assurer

Internal audit is an integrated element in good corporate governance. Due to the growing legal and regulatory initiatives, internal audit has gained increasing importance in the last few years. The Institute of Internal Auditors (IIA) defines internal audit as „an independent, objective assurance and consulting activity designed to add value and improve an organization's operations. It helps an organization accomplish its objectives by bringing a systematic, disciplined approach to evaluate and improve the effectiveness of risk management, control and governance processes". Due to the growing legal and regulatory initiatives, internal audit has gained increasing importance in the last few years. This definition particularly highlights the great potential of the internal audit and the changing of the audit's function.[16] Consequently, internal audit should significantly contribute to effective risk management and internal control ideally supporting an independent and professional opinion.

---

[13]   For additional information on the time taken for board work in Swiss quoted companies, please refer to Rüdisser (2009), p. 122 ff.

[14]   UK Corporate Governance Code (2010), p. 6.

[15]   Zhang et al. (2007), p. 300.

[16]   The Institute of Internal Auditors (2009), p. 2.

As a risk-control assurer[17], the internal audit offers assurance in various ways. First and foremost, the internal audit might assist the board in the monitoring of the person entrusted with the management of the company, particularly regarding compliance with the law, the articles of incorporation, regulations, and directives. In addition, the internal audit fulfills several other duties through meaningful consulting services. With its *International Standards for the Professional Practice of Internal Auditing (Standards)* the IIA provides for a world-wide common understanding of the internal audit profession. The Standards include essential requirements of meeting the responsibilities of internal auditors and the internal audit activity. The Standards are principles-based, mandatory requirements consisting of: Statements of basic requirements for the professional practice of internal auditing and for evaluating the effectiveness of performance, which are internationally applicable at organizational, and individual levels, as well as interpretations, which clarify terms or concepts within the statements. In addition, the internal audit plays an intermediary role as knowledge enabler due to its profound business-process understanding along with expert knowledge about the organization's business environment. This leads to added value creation, improvement in business operations, as well as encouragement regarding the achievement of business objectives.[18]

What makes the internal audit providing comfort to the audit committee? Above all, its involvement in improving the effectiveness of internal control processes throughout the entire organization. A key task of the internal audit relating to internal control is to be supportive to the audit committee by assessing the appropriateness and effectiveness of internal control processes together with a recommendation of potential advancements and proper reporting. An investigation based upon four Belgian case studies[19] revealed that the unique knowledge of internal auditors about internal control, combined with appropriate inter-personal and behavioral skills, is a major source of comfort to the audit committee. Key factors are the internal auditors' familiarity with the company and their position close to people across the company. Important to note is that the audit committee should not only ensure that the internal audit plan is met, but that the internal audit findings are constantly questioned and challenged during meetings.[20] In order to benefit from the internal auditor's knowledge, direct access and reporting to the board must be assured.[21]

---

[17] Ruud et al. (2010), p. 152 ff.

[18] Ruud et al. (2008), p. 33.

[19] Sarens et al. (2009), p. 90 f.

[20] Rüdisser (2010), p. 22.

[21] The Institute of Internal Auditors (2009), Standard 1111 demands that the chief audit executive communicates and interacts directly with the board. Direct access is inter alia of prime importance for reason of independence.

5   Essential Roles of Audit Committees

The audit committee plays a decisive role in reducing the complexity of board duties. Special knowledge and focused experience of audit committee members additionally contribute to the efficiency as well as legitimacy of the work performed by the board.

The board and with it the audit committee, is in charge to take appropriate measures on different organizational levels. Organizational processes need to be structured and operated in a way that the business objectives and goals are being met. Risk and control measures therefore must be embedded in a way that functions are operating as planed *(first line of defense)*. Different control activities within the organization support and consult the audit committee in the identification, assessment, and the management of risks. Since complexity of tasks often results from interconnection and change, control activities need to deal with an infinite number of influencing factors while simultaneously being dependent on altering processes. Areas such as risk management, quality management, or compliance, for example, may therefore support a monitoring of key risks *(second line of defense)*. In contrast, assurance activities are process-independent. An important assurance provider is the internal audit. For instance, a key task for the internal audit in risk management is to support the board of directors and the management by assessing the appropriateness and effectiveness of control and risk management processes together with a recommendation of potential advancements and proper reporting (*third line of defense*).

The objective of this book chapter was to provide insights into the demanding role of audit committees, particularly with regard to effective risk management and internal control. In doing so, the audit committees was not only perceived to help minimising financial, operational and compliance risks by means of enhancing the quality of financial reporting, but viewed as an *essential assurance provider* in the governance of a company. The audit committee should assess the quality of the internal control system, including risk management and should have an appreciation of the state of compliance with norms within the company. However, the final responsibility to provide for systems for risk management and internal control suitable for the company remains within the entire board. The latter relates to article 716a of the Swiss Code of Obligations (CO), which provides the board with specifically listed nontransferable and inalienable duties. Since corporate responsibility for board members is purely personal, no liability release exists for individual board members regarding their nontransferable duties, even if the audit committee exclusively undertakes certain duties. As mentioned in the introduction, the 8th EU Company Law Directive is even more specific as to the audit committee's role relating to effective monitoring of the company's risk management and internal control systems.

The Federation of European Risk Management Associations (FERMA) and the European Confederation of Institutes of Internal Auditors (ECIIA) recently published a ‚*Guidance on the 8th EU Company Law Directive*' for boards and audit committees.[22] The objective of this Guidance is to assist board members, particularly members of the audit committee, with the implementation of the accordant article. While the Directives' statement seems to be rather simple, „what to monitor" and „how to monitor" are considerably more complex.

---

[22]   Dennery et al. (2010).

The audit committees' potential for active influence in the running of an organization's risk management and internal control system is frequently undermined. This is since audit committee members are often more absorbed with the oversight of the respective functions (i.a., the external and internal audit) than with the underlying processes and activities (i.e., risk management and internal control systems). Besides, many regulatory and best practices guidance fail to clearly define audit committee duties regarding internal control. To that effect, there is room for improvement seeing that that an audit committee's demand for better internal controls potentially also leads to a greater control focus by other functions. In this regard, the importance of internal experts as enabling forces for audit committee work should not be underestimated. Particularly the internal audit might serve as an effective counterbalance concerning a latent information monopoly of the general management. Because of the internal auditors' profound business-process understanding, along with expert knowledge about the organization's business environment, the audit committee might further benefit from the intermediary and knowledge enabler roles of the internal audit.

Taken together, an in-depth understanding of the provided information along with a probing of the answers for reasonableness of management and related assurance functions, are of prime importance to the audit committee. Necessary preconditions to adequately fulfil the audit committee's roles and responsibilities are appropriate resources, typically deriving from skills and time commitment of individual audit committee members.

6   References

Abbott Lawrence J, Parker Susan, Peters Gary F.: Serving Two Masters: The Association between Audit Committee Internal Audit Oversight and Internal Audit Activities, Accounting Horizons 24,1/2010, 1-24.

Böckli Peter: Leitung eines „Audit Committee": Gratwanderung zwischen Übereifer und Unsorgfalt, Der Schweizer Treuhänder 8/2003, 559-572.

Brändle Peter: Boards of Directors and Strategy: Directors' Involvement in International Diversification Decisions of Swiss Firms, Dissertation University of St. Gallen 3261, Bamberg 2007.

Cadbury Committee: Report of the Committee on Financial Aspects of Corporate Governance, HMSO, London 1992.

Collier Paul, Zaman Mahbub: Convergence in European Corporate Governance: The Audit Committee Concept, Corporate Governance, 13,6/2005, 753-768.

COSO: Enterprise Risk Management – Integrated Framework, Committee of Sponsoring Organizations of the Treadway Commission, Jersey City 2004.

COSO: Internal Control – Integrated Framework, Committee of Sponsoring Organizations of the Treadway Commission, Jersey City 1992.

Dennery Michel, Gemma Dequae Marie, Garitte Jean-Pierre, De Meulder Roland, Pierre Chantal, Rüdisser Michèle F., Ruud T. Flemming, Taylor Paul: Guidance on the 8th EU Company Law Directive : for Boards and Audit Committees, Brussels: FERMA / ECIIA (eds.), 2010.

EU Commission: Communication from the Commission to the Council and the European Parliament, Reinforcing the statutory audit in the EU, Brussels 2003, EN 03/10826 rev3.

Gazzaway R. Trent: Audit Committees Expanded Roles, Responsibilities and Focus, Financial Executive, 7-8/2008, 22-25.

Hofstetter Karl: Corporate Governance in Switzerland: Final Report of the Panel of Experts on Corporate Governance, Economiesuisse (Eds.), Zürich 2002.

KPMG's Audit Committee Institute: The Audit Committee Journey. Recalibrating for the „New Normal". 2009 Public Company Audit Committee Member Survey, KPMG LLP, ACI Insights, May 2009.

Rüdisser Michèle F.: Boards of Directors at Work: An Integral Analysis of Nontransferable Duties under Swiss Company Law from an Economic Perspective, Dissertation Universität St. Gallen 3651, Bamberg 2009.

Rüdisser Michèle F.: Rethinking Board Communication: How to Enhance Critical Reflection within the Boardroom. Haunreiter Diego (Ed.), Kommunikation in Wirtschaft, Recht und Gesellschaft, Band 5, Bern, 2010, 3-23.

Ruud T. Flemming, Bodenmann Jan Marc: Corporate Governance und Interne Revision. Neuorientierung der Internen Revision, um einen zentralen Beitrag zu einer effektiven Corporate Governance zu leisten, Der Schweizer Treuhänder 6-7/2001, 521-534.

Ruud T. Flemming, Friebe Philipp, Schmitz Daniela, Rüdisser Michèle F.: Leitlinie zum Internen Audit, 2., überarbeitete und erweiterte Auflage, Zürich 2009.

Ruud T. Flemming, Jenal Ladina: Das Interne Audit als wertvoller Wissens-Intermediär. Mehrwert schaffen für Unternehmen, Der Schweizer Treuhänder, 1-2/2003, 7-16.

Ruud T. Flemming, Rüdisser Michèle F., Schmitz Daniela: Risk-Control Assurance: Die Rolle der Internen Revision. Lück Wolfgang (Ed.), Jahrbuch für Wirtschaftsprüfung, Interne Revision und Unternehmensberatung 2010, München 2010, 149-158.

Ruud, T. Flemming, und Rüdisser, Michèle F.: Wie Unternehmen ausser Kontrolle geraten können, Neue Zürcher Zeitung, 26./27. Januar 2008, Zürich 2008, 33.

Sarbanes-Oxley Act: Public Law 107-204, Corporate Responsibility, July 30, 2002, 745-810.

Sarens Gerrit, De Beelde Ignace, Everaert Patricia: Internal Audit: A Comfort Provider to the Audit Committee, The British Accounting Review 41/2009, 90-106.

Swiss Code: Swiss Code of Best Practice for Corporate Governance, Economiesuisse, Swiss Business Federation (ed.), Zürich 2007.

The Institute of Internal Auditors: International Professional Practices Framework (IPPF), Altamonte Springs, Florida 2009.

Tricker Bob: Essentials for Board Directors. An A-Z Guide, Second edition, The Economist in Association with Profile Books, Bloomberg Press, New York 2009.

UK Corporate Governance Code: Financial Reporting Council Ltd., London 2010.

Ward, Ralph D.: Audit Committee Leaders Face Increasing Workload, Financial Executive, 3/2009, 29-31.

Zhang Yan, Zhou Jian, Zhou Nan: Audit Committee Quality, Auditor Independence, and Internal Control Weaknesses, Journal of Accounting and Public Policy, 26/2007, 300-327.

8th Company Law Directive: Directive 2006/43/EC of the European Parliament and of the Council of 17 May, 2006 on statutory audits of annual accounts and consolidated accounts, amending Council Directives 78/ 660/EEC and 83/349/EEC and repealing Council Directive 84/253/EEC, L157, 87-107.

Moderne Managementkonzepte und Interne Revision[1]

Univ.-Prof. (em.) Dr. Dr. h. c. mult. Knut Bleicher

---

[1] Herr Kollege Bleicher hat mir vor Jahren das Manuskript zu seinem Vortrag „Moderne Managementkonzepte und Interne Revision" übergeben. Dieser interessante Vortrag ist immer noch aktuell. Leider ist er bisher noch nicht veröffentlicht worden, was hier mit Zustimmung von Herrn Bleicher nachgeholt werden soll. (W. L.)

1   Einleitung

Es ist viele Jahre her, dass ich Gelegenheit hatte, über den Einfluss sich verändernder Organisationsstrukturen auf die Arbeit der Internen Revision zu berichten. Bereits damals war erkennbar, dass sich die Organisationslandschaft ändern musste. Von der Misstrauens- zur Vertrauensorganisation mit flachen Pyramiden und teilautonomen Einheiten und der Forderung nach innovationsfördernden Strukturen. Die Entbürokratisierung verlagerte das Interesse auf die „weichen" Faktoren einer Unternehmungskultur.

Diese Gestaltungsideen haben die Organisationslandschaft des letzten Jahrzehnts deutlich geprägt. Dabei hat sich aber auch gezeigt, dass konjunkturelle und strukturelle Schieflagen es notwendig machten, dass sich viele Unternehmen neu positionieren müssen. Unter dem Druck der dabei entstehenden Komplexität und dem Einfluss zunehmender Dynamik im Zeitwettbewerb entstehen beachtliche Herausforderungen, die leicht zu einer qualitativen und quantitativen Überforderung des Managements führen können. Orientierungslosigkeit und Verunsicherung sind die begreiflichen Folgen einer derartigen Entwicklung.

Es hat den Anschein, dass versucht wird, diese durch eine Überfülle von Einzelangeboten von kurzer Lebensdauer (sog. „Fads") abzubauen. Selten zeigten diese einen Weg nach vorn. Die Vorsilbe „Rehabilitation-" signalisiert bereits die Rückwärtsgerichtetheit derartiger Ansäte. Ganzheitliche Ansätze sind dagegen vielversprechender, weil sie die Interdependenz zu integrierenden Größen moderner Unternehmungsführung deutlicher berücksichtigen.

2   Das technokratische Managementverständnis als Hypothek

Nach wie vor lassen sich unsere Probleme auf die Hinterlassenschaft des technokratischen Paradigmas („Taylorismus") organisatorischer Gestaltung zurückführen. Die zunehmende Spezialisierung und Arbeitsteilung unserer Organisationssysteme führte zu einem erhöhten Koordinationsbedarf, der durch Hierarchien und eine bürokratische Reglementierung zu decken versucht wurde. Die damit verbundene Entstehung von Eigenkomplexität in Systemen hat nunmehr einen Punkt erreicht, der zu ihrer Bewältigung unsere menschlichen Fähigkeiten zu übersteigen droht. Viele in die Jahre gekommene Unternehmen versuchen derzeit verzweifelt, ihre Probleme mit althergebrachten Ingenieur- und Normtechniken zu lösen. Das „Re-" als Vorsatz zu aktuellen und populären Ansätzen verweist auf diese Rückwärtsgerichtetheit des Denkens. Dabei müssen sie allerdings entdecken, dass ein Unternehmen keine „repairable machine" ist – wie dies immer noch zur Grundphilosophie einiger bedeutender internationaler Beratungsfirmen gehört –, sondern ein komplexes Sozialgefüge von Wissen und kreativer Intelligenz, das es mit einer sinnstiftenden Zwecksetzung zu aktivieren und integrieren gilt. Dabei zeigt sich immer deutlicher, dass der technokratische Glaube an die Machbarkeit, aber auch die Abbildbarkeit wirtschaftlicher und sozialer Prozesse im ausschließlich Mess-, Wäg- und Zählbaren des Rechnungswesen zwar die Illusion einer Transparenz vermittelt, er aber blind ist für die erfolgsentscheidenden Faktoren einer sozialen Evolution des Unternehmens.

3   Auf der Suche nach dem Neuen

Aber wie können wir es neu und besser machen? Es gibt hierfür keine Rezepte, nur Ahnungen und Hinweise. Das alte Paradigma einer technokratischen Denkweise ist täglich präsent, die Konturen des Neuen sind erst skizzenhaft zu erkennen. Zunächst müssen wir den Schrott unseres veralteten Wissens loswerden, vergessen, entlernen und sensibel werden für die Strömungen der Gegenwart und die unmessbaren Größen, welche über die Zukunft eines Unternehmens entscheiden. Erst dann können wir neue Verhaltensweisen erlernen, die nicht technisch, sondern humanistisch orientiert sind und vor allem sog. „weiche" Faktoren einbeziehen. Weiche Faktoren sind Qualitäten wie Identifikation, Selbstverständnis, partnerschaftliche Beziehungen im Betrieb und zur Umwelt und die Fähigkeit, auch unkonventionelle Mitarbeiter beschäftigen zu können, ohne dass sie in verhärteten Strukturen ersticken.

Wenn wir auf die Suche nach dem Neuen gehen, dann sollten wir uns Unternehmen anschauen, deren Aufgabe es ist, intelligente Problemlösungen für Kunden anzubieten. Ihre „unique selling proposition" ist es, dem Kunden die Komplexität seiner Problemlösung abzunehmen. Dazu bedarf es einer ganzheitlichen Systemfähigkeit von intelligenten Mitarbeitern, die jeweils flexibel in Projektgruppen ein Kundenproblem lösen und sich – wenn notwendig – mit Projektgruppen anderer Unternehmen auftragsweise auf der Basis von IT-gestützten Systemen vernetzen. Das „Kapital" eines derartigen Unternehmens besteht in der fachlichen und sozialen Qualifikation der Mitarbeiter und der Systemfähigkeit der Organisation zur internen und externen partnerschaftlichen Integration. In derartigen Unternehmen werden qualifizierte Mitarbeiter zur kritischen Ressource: „Intellectual capital will go where it is wanted and it will stay where it is well treated. It cannot be driven, it can only be attracted" (A. M. Webber). Mit dem Wechsel der zu erfüllenden Aufgaben wird zugleich die Notwendigkeit eines organisationalen Lernens betont, für das die Organisation die erforderlichen Rahmenbedingungen bereitstellen muss:

„The 21st-century company has to promote and nuture the capacity to improve and to innovate. That idea has radical implications. It means learning becomes the axial principle of organizations. It replaces control as the fundamental job of management." (Shoshanna Zuboff).

Mit diesem Wandel an Herausforderungen in Richtung auf ein neues Management-Paradigma ergibt sich eine vielfältige Suche nach Lösungskonzepten. Dabei möchte ich zwei Kategorien unterscheiden: 1) Einzelansätze, die jeweils ein Teilproblem ansprechen und sich im Nachhinein zumeist als „Eintagsfliegen" erweisen und 2) ganzheitliche Ansätze, die vor allem auf die Integration unterschiedlicher Dimensionen des Managements abstellen.

4   „Fad Surfing" – Eine Fülle „neuer" Einzelansätze ist zu prüfen

Management und Mitarbeiter werden derzeit wie kaum in der Vergangenheit mit derart vielen neuen Begriffen, Konzepten und Ansätzen bombardiert. So ist die deutsche Wirtschaft derzeit flächendeckend dabei, in flachen Pyramiden „Layer Shedding" mit „Simultaneous Engineering" auf dem Wege zu einer Prozessketten-Optimierung mittels „Down-, Right-Sizing" und „Outsourcing" „Just in Time" zu betreiben, um sich von Grund auf zu „reengineeren", damit über ein „Total Quality Management" der „Customer Focus" wieder hergestellt werden kann. Als Ziel gilt sodann, den „Shareholder Value" zu maximieren, damit man in die Wirtschaftsgeschichte eingehen kann als „Lean, mean (!) and hungry Company". Dies im Vergleich zu im „Benchmarking" gewonnenen Erkenntnissen zu anderen „Less Excellent Companies" durch den Aufbau von Kernkompetenzen zu Strategischen Erfolgspositionen. Damit die „empowered" Mitarbeiter im laufenden und sich offensichtlich beschleunigenden Tempowechsel einer „Time Competition" mithalten können, wird schließlich darauf verwiesen, dass über ein permanentes Krisenmanagement ein „Organizational Learning" zu gestalten sei, das im „Organizational Memory" die vielfältigen Erfahrungen speichert, die über ein organisiertes Wissensmanagement aktiviert werden können, um auch einem künftigen „Change Management" einer „Corporate Transformation" gewachsen zu sein.

Was allerdings bei vielen dieser „Concepts" oder „Fads" zu beanstanden ist, ist die mangelnde Vorwärtsorientierung in Richtung eines uns angemessenen neuen Managementparadigmas. Stattdessen wird vielfach der Rückwärtsgang eingestellt, und im Fahren mit dem Rückspiegel ist der Crash programmiert. In vielen dieser Ansätze ist jeweils ein guter Kern, eine interessante Gestaltungsidee enthalten. Aber die Erfinder haben zumeist auf einige wichtige Aspekte oder Nebenwirkungen nicht geachtet, die für den Erfolg entscheidend sind: „They forgot to nail down one important detail!" Was zumeist übersehen wurde, sind genau die Elemente, die das neue Managementparadigma eines intelligenten und flexibel vernetzten Unternehmens tragen, das sich vor allem als Problemlöser beim Abbau der Komplexität des Kunden erweist: Die Berücksichtigung der „weichen" humanen und sozialen Faktoren, die über den menschlichen Einsatz zum Erfolg führen. Was den meisten der erwähnten Ansätze eigen ist, ist ihre zumeist völlig technokratische Ausrichtung, was vor dem Hintergrund ihres amerikanischen Ursprungs nicht überrascht. Sie lassen der humanen Dimension von Veränderungsprozessen keinen oder kaum Raum. Frederick Winslow Taylor – der Erfinder des „Scientific Management" mit seinen Vorstellungen („The firm is a train of gearwheels") lässt grüßen! Man nehme die Getriebebox „Unternehmen" auseinander, setze die Komponenten neu zusammen, benutze das mittlere Management als Schmiermeister zur Glättung disziplinärer und sonstiger Funktionen und beauftrage seitens der Shareholder die Geschäftsführung in Ermangelung weiterer Wachstumsmöglichkeiten einen überdurchschnittlichen „Return" herbeizuführen, um durch die Erhöhung des Kapitalumschlages und die Umstrukturierung der Aktiven („Financial engineering") eine Wertsteigerung für die Eigentümer – und dies bitte kurzfristig gemessen an den „Quarterly Earnings" – herbeizuführen. Vor der Annahme der Wirksamkeit effizienter Kapitalmärkte erweist sich dann gegenüber dem „Eigentümerpathos" ein Bekenntnis zur sozialen Marktwirtschaft als reine „Sozialduselei".

Nachdenklich sollte auch machen, dass viele der Autoren derartiger neuer Konzepte heute resignierend feststellen, dass bis zu 70 % der Vorhaben bei ihrer Einführung gescheitert sind. Daraus sollte der praktizierende Manager die nachstehend wiedergegebenen Schlussfolgerungen ziehen.

Hinweise für den Umgang mit „Managerial Fads"

- Kapieren Sie und kopieren Sie nicht einfach Konzepte, die auf einem anderen „Mist" (sprich eines anderen gesellschaftlich-kulturellen Hintergrundes) gewachsen sind. Amerika und Europa bieten in dieser Beziehung zwei völlig unterschiedliche Rahmenbedingungen.

- Suchen Sie sich den tragfähigen Kern eines neuen Konzeptes heraus, und projizieren Sie diesen auf Ihre eigene Unternehmensproblematik.

- Vermeiden Sie Einzelansätze, die isoliert Symptome angehen und häufig nicht die Ursachen einer Fehlentwicklung aufdecken und lösen. Umso ganzheitlicher Sie bei der Erarbeitung eines eigenen Konzeptes vorgehen, desto besser.

- Behalten Sie Augenmaß im Hinblick auf die Länge des Schritts, den Sie Ihren Mitarbeitern sinnvollerweise zumuten können. Je radikaler Ihr Vorgehen ist, um so wahrscheinlich sind spätere Korrekturen, weil die einmal eingeschlagene Bewegung selbst wieder unter Kontrolle geraten, abgestoppt und umgekehrt werden muss.

- Überfordern Sie Ihr soziales System nicht durch zu viele und – noch schlimmer – schnell wechselnde Programme und Projekte je Zeiteinheit. Die meisten Änderungsmaßnahmen scheitern an der Irritation der Mitarbeiter und der mangelnden Konsequenz in der Umsetzung. Seien Sie kein Projekt"surfer", der leicht in den Ruf kommt, als Karriere-Alibist innovativ sein zu wollen.

- Beziehen Sie Ihre Mitarbeiter von Anfang an in Prozesse der Veränderung mit ein: Sie werden eine Goldgrube an Verbesserungsmöglichkeiten entdecken, wenn Sie ihnen auf diesem Weg Fehler zubilligen und ihnen mit Vertrauen begegnen.

5 Ganzheitliche Ansätze Integrierten Managements

Im Gegensatz zu den erwähnten Einzelansätzen steht das ganzheitliche Bemühen, dem Management eine Orientierungshilfe in Form eines integrierten Konzeptes zu bieten. Hier sind vor allem die aus der St. Galler Schule erwachsenen Modelle und Konzepte zu erwähnen, die beispielsweise im „Konzept Integrierten Managements" von einer visionsgeleiteten Unternehmensphilosophie ausgehend die unternehmenspolitischen Missionen betonen, die in der normativen Dimension durch die Unternehmensverfassung und Unternehmenskultur getragen werden. Sie gilt es in der strategischen Dimension in Programme umzusetzen, die organisatorisch und verhaltensmäßig einzubinden sind, um schließlich in der operativen Dimension prozessmäßig realisiert zu werden. Dabei entstehen im Laufe der Unternehmensentwicklung Marktbeziehungs-, Technologie- und Managementpotenziale, die für die Zukunftssicherung des Unternehmens ausschlaggebend sind (s. die Arbeiten von Bleicher, Gomez, Pümpin, Schwaninger, Ulrich). Ohne konkrete Gestaltungsempfehlungen geben zu wollen, die nur aus der genauen Kenntnis der Markt-, Technologie- und Organisationsverhältnisse eines Unternehmens erwachsen können, wird ein „Leerstellengerüst" für die vernetzten Beziehungsverhältnisse einzelner Gestaltungsvariablen im Management angeboten.

6 Konsequenzen für die Interne Revision

Die dargestellten Entwicklungslinien und ihre Verarbeitung in teils neuartigen Gestaltungsansätzen werden nicht ohne Wirkung auf die Arbeit der Internen Revision bleiben. Neben den technischen Problemen, die durch die strategische Repositionierung vieler Unternehmen in einem globalen Rahmen auf die Interne Revision im Umgang mit unterschiedlichen nationalen Rechnungsvorschriften zugekommen ist, rühren die Entwicklungen, die zu einem Abbau der Bedeutung der traditionell im Rechnungswesen abbildbaren „Hardware" und zu einer gesteigerten Bedeutung der „Software" intelligenter Problemlösungskapazität geführt hat, zu deutlichen Akzentverschiebungen.

6.1 Entwicklung zum „managerial and intrapreneurial auditing"

Neben den traditionellen Aufgaben der internen Revision stellen sich dort, wo der Unternehmenserfolg von „intelligenten" Problemlösungsleistungen abhängt, Beurteilungsfragen, die weg vom Formalen und hin zum Inhaltlichen führen. Dies lässt meine seinerzeitige Diskussion über die Entwicklung der Internen Revision vom „operational" zum „managerial and intrapreneurial auditing" mit zunehmender Bedeutung versehen: „Wird (die Interne Revision) den Bedeutungswandel von den materiellen Ressourcen, der „hardware", auf die unser tradiertes Finanz- und Rechnungswesen abstellt, zu den immateriellen und hier vor allem humanen Ressourcen, der „software", die selbst erst in Ansätzen vom Personalwesen (s. Personalcontrolling) systematisch gesteuert werden, bewältigen?" Diese vor zehn Jahren gestellte Frage ist von ungebrochener, ja gestiegener Aktualität.

6.2   Interne Revision als
         „kritisches Gewissen des Unternehmens"

Weiter hatte ich vor zehn Jahren den Anspruch an die Interne Revision formuliert, „in größe-
rer Breite die strukturellen und personellen Voraussetzungen für ein qualifiziertes Management und eine unternehmerische Weiterentwicklung zu überprüfen, die eine im Interesse
aller beteiligten Gruppen liegende Existenzsicherung des Unternehmens langfristig sicher-
stellt. Die Interne Revision würde damit Teil eines kritischen Gewissens des Unternehmens
werden". Diese Positionierung der Internen Revision ist heute wichtiger denn je. In den zwar
durch die Wettbewerbssituation vielfach notwendig gewordenen Maßnahmen eines „Down-
sizing" sind zwar die Kostenstrukturen „verschlankt" worden, dabei aber gleichzeitig die
Zukunftsoptionen in Form von Kernkompetenzen zur Entwicklung innovativer Angebote mit
vernichtet worden. Auf einen derartigen Kompetenzverlust aufmerksam zu machen, sollte
beispielhaft eine wichtige Aufgabe der Revision sein. Ähnliches gilt bei den derzeit feststell-
baren Übertreibungen im Rahmen von ISO 9000+-Programmen, die in vielen Unternehmen,
die mit deutscher Gründlichkeit und einer Überdosis an Perfektionismus an ihre Aufgaben
herangegangen sind. Auf die Dysfunktionalität bürokratischer Exzesse eines wiedererweck-
ten Taylorismus ist hinzuweisen. Hinzu kommt, dass der Trend zur Reduktion von Zentral-
und Stabsabteilungen vor allem in größeren Unternehmen an der Spitze ein Defizit an quali-
fizierter Beratung hat entstehen lassen, das durch die aufwendigen Leistungen externer Bera-
tungsinstitute und durch das interne Controlling nur bedingt gedeckt werden kann. Hier ergaben sich im Sinne des „Managerial Auditing" neue Chancen für eine erweiterte Positionierung der Internen Revision.

7   Schwieriger Übergang
       in einer Transitionsperiode

Unsere gegenwärtige Verunsicherung über eine zweckmäßige und zukunftsführende Art und
Weise, wie Unternehmen gestaltet und gelenkt werden sollen, entspringt weitgehend der
Tatsache, dass wir uns derzeit in einer paradigmatischen Übergangsphase befinden. Teilweise
können wir noch vom alten Paradigma getragene Unternehmensphilosophien mit Vorteil
einsetzen. Andererseits versagen diese überall dort, wo intelligente, neuartige Problemlösungen gefragt sind. Viele Unternehmen stehen in diesem Spannungsverhältnis von bewährtem
Alten und unerprobtem Neuen vor einer Zerreißprobe, die für eine paradigmatische Transak-
tionsperiode typisch ist.

Die große Kunst des Managements besteht darin, in einer derartigen Zeit diejenigen Lösungen zu erkennen und zu definieren, in denen entweder das Alte oder das Neue Gültigkeit
versprechen. Diese gilt es einerseits als Sicherheitsversprechen und andererseits als Herausforderung den Mitarbeitern zu kommunizieren. Dabei sind diejenigen Bereiche zu identifizieren, die besonders dem Wandel ausgesetzt sind. Sie sind unternehmerisch und innovativ

zu gestalten, damit sie als Quellen und Referenzsysteme für zukünftige Strukturen im Gesamtsystem dienen können. An dieser epochalen Aufgabe mitzuwirken, ergibt eine neue und herausfordernde Perspektive für den Auftrag und die Mitarbeiter der Internen Revision als Teil eines ganzheitlich zu verstehenden Managements.

Die Forderung „To be masters of change rather than ist victims" stellt höchste Ansprüche an das Management; denn

„Die Kunst des Fortschritts besteht darin, inmitten des Wechsels Ordnung zu wahren und inmitten der Ordnung den Wechsel aufrechtzuerhalten."

Alfred North Whitehead

8   Anhang

8.1   Ausgewählte Ansätze:
Kernidee – Schwachstelle – Lösung

8.1.1   Process Reengineering

Kernidee: Die kundenorientierte Prozesskette soll schlank in den Mittelpunkt der organisatorischen Gestaltung gestellt werden, indem sich „von Grund auf erneuert" alle übrigen Aktivitäten auf diese Prozesse ausrichten.

Schwachstellen

1) „Reengineering seeks better means to pursue the same ends. Strategic redirection seeks better ends." (Saul W. Gellerman u. Robert J. Potter).

2) Die Autorisierung der „Process Owners" ist in der Praxis kaum durchzusetzen (sie müsste umfangreicher sein als die der Ressourcenchefs).

3) „The consultant full employment act".

Lösung:

1) Entmachtung der Ressourcenchefs.

2) Verkopplung in Form von „Owner Teams".

8.1.2   Customer Satisfaction

Kernidee: Ausrichtung auf spezifische Bedürfnisse von Kunden aufgrund von Marktforschungsergebnissen zur Steigerung ihrer Zufriedenheit als Voraussetzung für die Gewinnung und Erhaltung eines Kundenstammes.

Schwachstellen:

1) Hybrider Kunde ist in seinem wechselvollen Verhalten kaum hinreichend zu erfassen, zufriedene Kunden müssen nicht unbedingt loyale Kunden sein.

2) Anbieter Narzissmus: Beschränkte Optik der Wahrnehmung von Kundenwünschen.

3) Produkt- (Innen-) vor Kunden-(Außen-)orientierung.

4) „Umweltverschmutzung" durch Zufriedenheitsbefragungen.

Lösung:

Kunden in Problemlösungen einbeziehen.

8.1.3   Totaly Quality Management

Kernidee: Kombination von Teilansätzen zur Steigerung der Qualität als Wettbewerbsinstrument.

Schwachstellen:

1) Bei Gleichklang der Anstrengungen zur Qualitätssteigerung verblasst die Wettbewerbswirkung.

2) Absorbierung weiter Kreise des Managements durch die Steuerung des Programms zu Lasten anderer Aufgaben – TQM wird zum Selbstzweck.

3) Angeblich Japans Geheimwaffe zur Lähmung der amerikanischen Wirtschaft.

Lösung:

Reduktion des Vorgehens auf kritische Prozesse und im Sinne eines „continuous improvement" Delegation der Verbesserungsverantwortung in die Breite

8.1.4   Empowerment

Kernidee: Delegation von Aufgaben, Kompetenzen und Verantwortung im Rahmen erweiterter Zuständigkeitsbereiche zur Erhöhung der Motivation und Zufriedenheit der Mitarbeiter.

Schwachstellen:

1) „Des Kaisers neue Kleider": Delegation (Harzburger Modell) + Job enlargement und Job enrichment.

2) Bereitschaft zur Abgabe oder Teilung von Macht muss vorhanden sein.

3) Gefahr der Rückdelegation.

Lösung

1) Machtbalance schaffen.

2) Rahmenbedingungen schaffen: Strukturen, Anreizsysteme und Führungsverhalten.

9   Literatur

Bleicher, Knut, Der Einfluss sich ändernder Organisationsstrukturen auf die Arbeit der Internen Revision. ZIR-Zeitschrift Interne Revision, 2/1986, S. 65-73.

Bleicher, Knut: Das Konzept Integriertes Management. 4. Aufl., Frankfurt/New York 1996.

Fuchs, Jürgen (Hrsg.): Wege zum vitalen Unternehmen. Wiesbaden 1995.

Hammer, Michael und James Shapiro: Reengineering the Corporation: A Manifesto for Business Revolution, New York 1993.

Lukas, Andreas: Abschied von der Reparaturkultur. Wiesbaden 1995.

Pfeiffer, Werner und Enno Weiss: Lean Management. Berlin 1992.

Seghezzi, H. D.: Integriertes Qualitätsmanagement. München-Wien 1996.

Schnaars, Steven P.: Megamistakes. New York 1989.

Shapiro, Eileen, C.: Fad Surfing in the Board Room. Reading, Mass. u. a. 1995.

Ausrichtung der Internen Revision an den Corporate-Governance-Anforderungen

Diplom-Kauffrau Dr. Astrid Geis

1 Beitrag der Internen Revision zur guten Corporate Governance

Die Unternehmensleitung und die Aufsichtsorgane haben vor dem Hintergrund einer guten Corporate Governance Interesse, die Interne Revision bei der Wahrnehmung ihrer Überwachungsfunktion einzubeziehen. Die folgenden Kapitel stellen den möglichen Beitrag der Internen Revision vor, der sich aus den Erwartungen der Revisionskunden und den Vorgaben des Berufsstands der Internen Revision ableitet. Verfahren werden dargestellt, mit deren Hilfe die Erwartungen der Revisionskunden erhoben und der Nutzen der Internen Revision beurteilt werden können. Instrumente werden diskutiert, mit deren Hilfe die Wirtschaftlichkeit der Internen Revision beurteilt werden kann.[1]

2 Nutzenpotenziale der Internen Revision im Überblick

Die Nutzenpotenziale der Internen Revision leiten sich aus den Bedürfnissen der unternehmensinternen und unternehmensexternen Revisionskunden ab, die die Interne Revision bei ihren Corporate-Governance-Bemühungen einbeziehen. Potenzielle Revisionskunden sind die Unternehmensleitung, die geprüften Unternehmensbereiche und die Aufsichtsorgane. Die Unternehmensleitung beauftragt die Interne Revision in der Regel mit der Durchführung von Prüfungen;[2] eine Beauftragung durch das Aufsichtsorgan wird in Ausnahmefällen als zulässig erachtet.[3] Weiterhin können der Jahresabschlussprüfer und die Interessenvertreter von Aktionären und von sonstigen Anspruchsgruppen (Stakeholder) Interesse an der Tätigkeit der Internen Revision haben.

---

[1] Detaillierte Handlungskonzepte für die Beurteilung der Nutzenpotenziale und der Kosten-Nutzen-Relation der Internen Revision werden in folgender Neuerscheinung dargestellt: Geis, Nutzenpotentiale der Internen Revision, 2010.

[2] Vgl. Lück/Henke, Die Interne Revision als zentraler Bestandteil der Corporate Governance. In: Betriebswirtschaftliche Forschung und Praxis 2004, S. 11.

[3] Vgl. Merkt/Köhrle, Zur vorstandsunabhängigen Information des Aufsichtsrats durch die interne Revision. In: Zeitschrift Interne Revision 2004, S. 224.

Die Schwerpunkte für die Tätigkeit der Internen Revision werden aus den für die Unternehmensüberwachung relevanten Zielen abgeleitet.[4] Die traditionellen Tätigkeitsfelder der Internen Revision sind Prüfungen im Bereich des Finanz- und Rechnungswesens (Financial Auditing), Prüfungen im organisatorischen Bereich (Operational Auditing), Prüfungen der Managementleistungen (Management Auditing) sowie Beratung und Entwicklung von Verbesserungsvorschlägen (Internal Consulting).[5] Die Prüfung der Ordnungsmäßigkeit und der Einhaltung von Gesetzen und internen Richtlinien (Compliance Auditing) ergänzt diese Tätigkeitsfelder. Ein Bestandteil des Compliance Auditing ist die Unterschlagungsprüfung.[6]

Die Tätigkeit der Internen Revision mündet in ein Leistungsergebnis, das sich i.d.R. durch eine Nutzenstiftung für den Revisionskunden auszeichnet.[7] Der Funktionsnutzen der Internen Revision kann dabei eine Vielzahl von Aspekten umfassen.

Da die Interne Revision Informationen generiert und anschließend an die Kunden kommuniziert, hat sie zunächst eine Informationsfunktion. Die Unternehmensleitung, die Führungskräfte der geprüften Abteilungen und die Vertreter der Aufsichtsorgane werden auf die Angemessenheit und die Effektivität der geprüften Prozesse vertrauen, wenn keine wesentlichen Fehler und Risiken berichtet werden (Vertrauensfunktion)[8]. Die Prüfungsfeststellungen werden als Grundlage für die nachträgliche Korrektur der festgestellten Abweichungen und Fehler (Korrekturfunktion)[9] und für die Verbesserung der Prozesse verwendet, um ähnliche Feststellungen in Zukunft zu vermeiden (Entscheidungsfunktion oder Lernfunktion)[10].

Die Unternehmensleitung kann die Prüfungsergebnisse der Internen Revision heranziehen, um die Angemessenheit der Informationen und der zugrundeliegenden Entscheidungsprozesse unter dem Aspekt der Business Judgment Rule nachzuweisen (Exkulpationsfunktion)[11]. Das Verhalten von Entscheidungsträgern kann durch die Möglichkeit einer Prüfung in seinem Bereich beeinflusst werden (Verhaltenssteuerungsfunktion), so dass ein Anreiz für den Entscheidungsträger im Unternehmen besteht, sein Verhalten an den Vorgaben des Unternehmens auszurichten (Sanktionsfunktion und Prophylaxefunktion bzw. Präventivfunktion).[12]

---

[4]   Vgl. Kregel, Stellung der Internen Revision im dualen und im Board System, in: Freidank/Peemöller (Hrsg.), Corporate Governance und Interne Revision: Handbuch für die Neuausrichtung des Internal Auditings, 2008, S. 608.

[5]   Vgl. Lück, Stichwort „Interne Revision (IR)", in: Lück (Hrsg.), Lexikon der Betriebswirtschaft, 6. Aufl. 2004, S. 328.

[6]   Vgl. Amling/Bantleon, Handbuch der Internen Revision – Grundlagen, Standards, Berufsstand, 2007, S. 53.

[7]   Vgl. Corsten/Gössinger, Dienstleistungsmanagement, 5. Aufl. 2007, S. 22.

[8]   Vgl. Peemöller/Richter, Entwicklungstendenzen der Internen Revision, Chancen für die unternehmensinterne Überwachung, Bd. 2, 2000, S. 72.

[9]   Vgl. Lück, Stichwort „Korrekturfunktion", in: Lück (Hrsg.), Lexikon der Internen Revision, 2001, S. 176.

[10]   Vgl. Ewert/Wagenhofer, Interne Unternehmensrechnung, 6. Aufl. 2005, S. 318–319.

[11]   Vgl. Arbeitskreis „Externe und Interne Überwachung der Unternehmung" der Schmalenbach-Gesellschaft für Betriebswirtschaft e.V., Köln, Praktische Empfehlungen für unternehmerisches Entscheiden – Zur Verwendung der Business Judgment Rule in § 93 Abs. 1 Satz 2 AktG, DB 2006 S. 2195–2196; Bantleon/Siebert, Auswirkungen der Business Judgment Rule auf die Organisation der Entscheidungsprozesse und auf die Interne Revision (Teil 2), ZIR 2007 S. 247.

[12]   Vgl. Ewert/Wagenhofer, Interne Unternehmensrechnung, 6. Aufl. 2005, S. 320.

Die Interne Revision zeigt zudem Veränderungsbedarf auf und moderiert Veränderungsprozesse (Innovations- und Initiativfunktion).[13] Die Aufgabe der Internen Revision im Rahmen der internen Beratung besteht darin, Verbesserungspotenzial zu erkennen und Veränderungen anzuregen.[14] Die Interne Revision entwickelt Verbesserungsvorschläge im Rahmen der Prüfung (prüfungsnahe Beratung), die entweder konkrete Empfehlungen enthalten oder Lösungswege aufzeigen. Der Schwerpunkt der prüfungsunabhängigen Beratung besteht in der Entwicklung von Urteilskriterien durch den Berater.[15]

Auch bildet die Interne Revision zukünftige Führungskräfte aus[16] und schult die Mitarbeiter der geprüften Fachbereiche[17]. Weitere Nutzenpotenziale entstehen aus der Zusammenarbeit von Interner Revision und Jahresabschlussprüfer.[18] Die Interessen von Shareholder und Stakeholder können aus dem Zielplan der Unternehmensleitung abgeleitet und bei der Revisionstätigkeit berücksichtigt werden.[19]

3   Kundenorientierter Ansatz für die Beurteilung der Internen Revision

Ein kundenorientierter Ansatz ist für die Beurteilung der Nutzenpotenziale der Internen Revision notwendig, um die Tätigkeit der Internen Revision an den Anforderungen der Revisionskunden auszurichten. Hohe Anforderungen werden vor allem an die Konzeption und die Durchführung gestellt.

3.1   Erhebung der Kundenerwartungen

Der Nutzen aus der Tätigkeit der Internen Revision ergibt sich aus den Erwartungen der einzelnen Revisionskunden, welche Leistungen erstellt werden und wie der Leistungserstel-

---

[13] Vgl. Peemöller/Richter, Entwicklungstendenzen der Internen Revision, Chancen für die unternehmensinterne Überwachung, Bd. 2, 2000, S. 34–37.

[14] Vgl. Hunecke, in: Lück (Hrsg.), Interne Beratung durch die Interne Revision – Herausforderung und Chance für den Berufsstand der Internen Revisoren, Bd. 5, 2001, S. 147.

[15] Vgl. Peemöller, Interner Revisor, in: Förschle/Peemöller (Hrsg.), Wirtschaftsprüfung und Interne Revision, 2004, S. 160–161.

[16] Vgl. Amling/Bantleon, Handbuch der Internen Revision, Grundlagen, Standards, Berufsstand, 2007, S. 55.

[17] Vgl. Peemöller/Richter, Entwicklungstendenzen der Internen Revision: Chancen für die unternehmensinterne Überwachung, Bd. 2, 2000, S. 72–73.

[18] Vgl. Heese/Peemöller, Zusammenarbeit zwischen Interner Revision und Abschlussprüfern, BB 2007 S. 1378–1379; Pfyffer/Gressly, Vertiefte Zusammenarbeit von externer und interner Revision, Der Schweizer Treuhänder 2008 S. 962.

[19] Vgl. Geis, Nutzenpotentiale der Internen Revision, in: Lück (Hrsg.), Anforderungen an die Interne Revision: Grundsätze, Methoden, Perspektiven, Bd. 8, 2009, S. 132.

lungsprozess abläuft.[20] Die Interne Revision sollte versuchen, diese Erwartungen zu erfüllen, indem sie die Schwerpunkte der Revisionstätigkeit, die Festlegung der personellen und sachlichen Ressourcen und die Revisionsprozesse an den Erwartungen der verschiedenen Kundengruppen ausrichtet.[21]

Die Identifikation der Revisionskunden ist Voraussetzung für die Erhebung der spezifischen Kundenerwartungen. Die Kunden der Internen Revision bestehen aus den aktuellen Kunden und den Kunden, die in Zukunft bedient werden.[22] Ein heterogener Kundenkreis wird für die Ermittlung des erwarteten Kundennutzens segmentiert und nach ihrer Bedeutung für die Interne Revision eingeteilt.[23]

Die Kunden der Internen Revision werden in unternehmensinterne Kunden und unternehmensexterne Kunden untergliedert. Die unternehmensinternen Revisionskunden umfassen die Unternehmensleitung und die Vertreter der Fachbereiche. Unternehmensexterne Kunden der Internen Revision sind hingegen die Aufsichtsorgane und deren Ausschüsse, der Jahresabschlussprüfer, die Eigentümer und sonstige unternehmensexterne Personen, die Interesse an der Tätigkeit der Internen Revision haben.

Die Erwartungen der Revisionskunden werden im Rahmen von ereignisorientierten Befragungen erhoben und aus dem Zielplan der Unternehmensleitung abgeleitet. Ereignisorientierte Befragungen werden vorgeschlagen, um die Erwartungen der Unternehmensleitung, ausgewählter Führungskräfte, der Vertreter der Aufsichtsorgane und des Jahresabschlussprüfers zu erheben. Schließlich ermöglicht die Verwendung von kundenorientierten subjektiven Verfahren eine direkte Erhebung der Erwartungen der Revisionskunden. Die Erwartungen der Aktionäre und der sonstigen Anspruchsgruppen an die Interne Revision werden aus dem Zielplan der Unternehmensleitung abgeleitet. Der Leiter der Internen Revision ist für die Erhebung der kundenspezifischen Erwartungen verantwortlich, wobei die Erhebung der Kundenerwartungen mindestens einmal jährlich stattfinden sollte.

Das Institute of Internal Auditors formuliert die Erwartungen an die Interne Revision im internationalen Regelwerk der beruflichen Praxis der Internen Revision. Die Erwartungen des Berufsstands an die Interne Revision werden aus dem Ethikkodex und den Standards für die berufliche Praxis der Internen Revision abgeleitet.

3.2   Beurteilung des wahrgenommenen Nutzens im Vergleich zum erwarteten Nutzen

Die Wahrnehmung der Nutzenpotenziale der Internen Revision ist durch das subjektive Empfinden der Revisionskunden geprägt. Verschiedene Revisionskunden können die gleiche Leistung unterschiedlich beurteilen, wenn diese Kunden nicht übereinstimmende Erwartun-

---

[20]   Vgl. Lehmann, Dienstleistungsmanagement – Strategien und Ansatzpunkte zur Schaffung von Servicequalität, Bd. 9, 2. Aufl. 1995, S. 94.

[21]   Vgl. Haller, Dienstleistungsmanagement: Grundlagen – Konzepte – Instrumente, 3. Aufl. 2005, S. 29.

[22]   Vgl. Meister/Meister, Kundenzufriedenheit im Dienstleistungsbereich, 2. Aufl. 1998, S. 94; Berry/Parasuraman, Wie Servicewünsche erfasst werden, Harvard Business Manager 1998 S. 83.

[23]   Vgl. Opitz, CustomAs – Assessment zur Kundenorientierung im Service Engineering und bei der Dienstleistungserbringung, in: Zahn (Hrsg.), Vom Kunden zur Dienstleistung, Methoden, Instrumente und Strategien zum Customer related Service Engineering, 2004, S. 49.

gen an die Dienstleistung der Internen Revision haben. Eine besondere Bedeutung hat die Bewertung des wahrgenommenen Nutzens der Internen Revision durch die Unternehmensleitung, die i. d. R. Auftraggeber der Internen Revision ist.

Üblicherweise wird die Interne Revision eine Kombination mehrerer Methoden nutzen, um Informationen über die Einschätzung des wahrgenommenen Nutzens der Revisionstätigkeit zu erhalten. Verfahren, die für die Erhebung der wahrgenommenen Nutzenpotenziale der Internen Revision geeignet sind, sind in Abbildung 1 zusammengestellt. Die für die Erhebung bzw. für die Koordination verantwortlichen Mitarbeiter und die empfohlenen Zeitintervalle wurden entsprechend zugeordnet.

Verfahren	Verantwortliche Funktion	Zeitraum
Befragung der Revisionskunden • Unternehmensleitung • Ausgewählte Führungskräfte • Aufsichtsorgane • Jahresabschlussprüfer	Leiter der Internen Revision	Mindestens einmal im Jahr
Befragung der Mitarbeiter der Internen Revision	Leiter der Internen Revision	Viertel- oder halbjährlich
Quality Assessment • Beurteilung durch Mitarbeiter der Internen Revision • Beurteilung durch sachkundige Revisionsfachleute im Unternehmen	Leiter der Internen Revision	Mindestens einmal im Jahr
Quality Assessment • Beurteilung durch einen externen sachkundigen Dritten • Selbstbeurteilung mit unabhängiger Überprüfung	Leiter der Internen Revision	3-5 Jahre
Benchmarking		
Erhebung und Auswertung von Kennzahlen	Leiter der Internen Revision	Fortlaufend
Beurteilung der Internen Revision durch den Jahresabschlussprüfer	Jahresabschlussprüfer	Bei Bedarf

Abbildung 1: Instrumente für die Messung der Nutzenpotentiale der Internen Revision

Kundenorientierte Messansätze eignen sich als Basis für die Einschätzung der wahrgenommenen Nutzenpotenziale der Internen Revision und werden durch Messverfahren ergänzt, die die Nutzenpotenziale der Internen Revision aus Sicht der Revisionsleitung oder der Mitarbeiter der Internen Revision beurteilen. Befragungen der Unternehmensleitung, der geprüften Fachbereiche und der Vertreter der Aufsichtsorgane gehören zu den subjektiven kundenorientierten Verfahren zur Messung der Nutzenpotenziale der Internen Revision. Die Befragung der Revisionskunden ist geeignet, um den wahrgenommenen Nutzen implizit oder explizit zu ermitteln.

Eine Kombination von merkmalsorientierten, ergebnisorientierten und problemorientierten Befragungen liefert Aussagen über den wahrgenommenen Nutzen. Die Befragung der Kunden erfolgt bei einem merkmalsorientierten Ansatz auf Basis eines Fragebogens, der die Ausprägungen der im Dienstleistungskonzept und Dienstleistungserstellungskonzept festgelegten Merkmale[24] und die Gesamtleistung erhebt.[25]

Diese Aussagen werden um Erkenntnisse aus der ergebnisorientierten und problemorientierten Befragung ergänzt. Besondere Vorfälle werden bei der „Critical-Incident-Technik" erhoben, bei der Kunden über positive und negative Erfahrungen in Zusammenhang mit der Internen Revision berichten und nach den Ursachen für diese Einschätzung befragt werden.[26] Kontakt mit unzufriedenen Revisionskunden wird durch ein Beschwerdemanagementsystem aufgenommen. Anregungen und Beschwerden werden gesammelt und zusammen mit den Ursachen analysiert; Ziel ist es, die Ursachen der Beschwerden in Zukunft zu vermeiden.[27] Ein aktives Beschwerdemanagement kann zur Sicherung des Images der Internen Revision beitragen und negative Mund-zu-Mund-Kommunikation vermeiden.[28]

Eine objektive Beurteilung der Nutzenpotenziale der Internen Revision erfolgt durch die Beurteilung durch den Jahresabschlussprüfer und durch die Durchführung eines Reviews durch einen externen sachkundigen Dritten. Die Sicht des Leistungserstellenden wird bei einer Selbstbeurteilung der Nutzenpotenziale der Internen Revision durch die Revisionsmitarbeiter erhoben.

Der Leiter der Internen Revision kann Kennzahlen erheben und diese im Vergleich zu Vergangenheitswerten, zu Budgetwerten oder zu Werten anderer Unternehmen interpretieren.[29] Die Aussagekraft der Kennzahlen steigt, wenn die Messgrößen von den Unternehmenszielen abgeleitet werden und unter Berücksichtigung der kundenspezifischen Erwartungen analysiert werden. Kennzahlen für die Beurteilung ausgewählter Nutzenpotentiale der Internen Revision sind in Abbildung 2 zusammengestellt.

Kennzahlen	Vergleichsbasis
Informationsfunktion	
• Bewertung der festgestellten Prüfungsergebnisse nach deren Einfluss auf das Unternehmensergebnis und die Liquidität für vergangene Perioden (Euro)	Zeitvergleich
• Bewertung der festgestellten Prüfungsergebnisse nach deren Einfluss auf das Unternehmensergebnis und die Liquidität für zukünftige Perioden (Euro)	Zeitvergleich
• Dauer zwischen Prüfungsende und Berichtsversand (Kalendertage)	Soll-Ist-Vergleich Zeitvergleich Betriebsvergleich

---

[24] Merkmalsorientierte Befragungen enthalten sechs Kategorien. Die potenzialorientierten, prozessorientierten und ergebnisorientierten Aspekte werden mit den technischen und den funktionalen Komponenten der Leistung kombiniert. Die Zufriedenheit mit der Gesamtleistung sollte neben den einzelnen Aspekten der Leistung erhoben werden. Vgl. Meyer, Dienstleistungs-Marketing, DBW 1991 S. 201; Haller, Dienstleistungsmanagement: Grundlagen – Konzepte – Instrumente, 3. Aufl. 2005, S. 305–306.

[25] Vgl. Bruhn, Relationship Marketing: Das Management von Kundenbeziehungen, 2. Aufl. 2009, S. 261.

[26] Vgl. Meister/Meister, Kundenzufriedenheit im Dienstleistungsbereich, 2. Aufl. 1998, S. 93.

[27] Vgl. Burr/Stephan, Dienstleistungsmanagement: Innovative Wertschöpfungskonzepte im Dienstleistungssektor, 2006, S. 148.

[28] Vgl. Strauss, Beschwerdemanagement, in: Meyer (Hrsg.), Handbuch Dienstleistungs-Marketing, Bd. 2, 1998, S. 1261.

[29] Vgl. Baetge/Heitmann, Stichwort „Kennzahlen", in: Lück (Hrsg.), Lexikon der Internen Revision, 2001, S. 171.

Kennzahlen	Vergleichsbasis
Informationsfunktion	
• Anzahl der umgesetzten Prüfungsempfehlungen im Verhältnis zur Gesamtzahl der Prüfungsempfehlungen	Soll-Ist-Vergleich Zeitvergleich Betriebsvergleich
Ausbildungsfunktion	
• Anzahl der in einer Periode neu besetzten Positionen, die mit Mitarbeitern der Internen Revision besetzt wurden (Anzahl der Mitarbeiter)	Soll-Ist-Vergleich Zeitvergleich
• Anzahl der in einer Periode neu besetzten Führungspositionen, die mit Mitarbeitern der Internen Revision besetzt wurden (Anzahl der Mitarbeiter)	Soll-Ist-Vergleich Zeitvergleich
• Anzahl der Schulungsmaßnahmen innerhalb des Unternehmens, an denen Mitarbeiter der Internen Revision mitgewirkt haben (Schulungstage)	Soll-Ist-Vergleich Zeitvergleich
Übernahme von sonstigen Tätigkeiten	
• Anzahl der Personentage, die Mitarbeiter der Internen Revision für sekundäre Revisionsaufgaben aufgewendet haben (Personentage)	Soll-Ist-Vergleich Zeitvergleich

Abbildung 2: Ausgewählte Kennzahlen für die Beurteilung der Nutzenpotenziale der Internen Revision

4 Herausforderungen bei der Beurteilung der Wirtschaftlichkeit der Internen Revision

Das Ziel einer Wirtschaftlichkeitsmessung ist es, die Einhaltung des ökonomischen Prinzips zu prüfen und die Wirtschaftlichkeit durch Maßnahmen auf der Leistungsseite und auf der Kostenseite zu optimieren.[30] Eine Beurteilung der Wirtschaftlichkeit setzt voraus, dass die Leistungen und die Kosten in Mengen- oder Wertgrößen quantifiziert werden.[31]

Die Wirtschaftlichkeit der Internen Revision beurteilt die Wirksamkeit der eingesetzten Ressourcen unter Berücksichtigung der Wirksamkeit der erzeugten Ergebnisse.[32] Dieser Ansatz stellt sicher, dass die Tätigkeit der Internen Revision im Hinblick auf die Unternehmensziele einen Nutzen hat und mit hoher Effizienz erstellt wird. Die Interne Revision ist bestrebt, die

---

[30] Vgl. Krause/Arora, Controlling-Kennzahlen – Key Performance Indicators, Zweisprachiges Handbuch Deutsch/Englisch, Bi-lingual Compendium German/English, 2008, S. 7–8.

[31] Wysocki weist auf die Besonderheit der Wirtschaftlichkeitsmessung bei Prüfungen hin, bei denen der Mitteleinsatz in Mengen- oder Wertgrößen gemessen werden kann und die Ergebnisse nicht vollständig quantifiziert werden können. Vgl. Wysocki, Stichwort „Wirtschaftlichkeit von Prüfungen", in: Coenenberg/Wysocki (Hrsg.), Handwörterbuch der Revision, 2. Aufl. 1992, Sp. 2172.

[32] In Anlehnung an Gladen, Performance Measurement: Controlling mit Kennzahlen. 4. Aufl. 2008, S. 201.

zur Verfügung stehenden Ressourcen für die Erfüllung des Gesamtauftrags der Internen Revision und für die Durchführung einzelner Prüfungen wirtschaftlich einzusetzen.[33]

Die Nutzwertanalyse ist ein Konzept der Wirtschaftlichkeitsrechnung, bei dem Kosten und Nutzen nicht monetär bewertet werden. Die Nutzwertanalyse beurteilt die Wirtschaftlichkeit der Internen Revision durch die Gegenüberstellung und die Prüfung von Funktionsnutzen und Funktionskosten. Die Nutzwertanalyse wird verwendet, um die Alternative mit dem höchsten Nutzwert für die Erfüllung einer Sollfunktion auszuwählen,[34] und wird eingesetzt, wenn „eine monetäre Bewertung der Alternativen nicht möglich ist oder allein zur Entscheidungsfindung nicht ausreicht".[35] Die Vorteile der Nutzwertanalyse bestehen in der Orientierung an den Kundenbedürfnissen und in der Betrachtung der Funktionen der Dienstleistung unabhängig von den Phasen des Erstellungsprozesses.[36] Das Schema der Nutzwertanalyse wird in Abbildung 3[37] dargestellt.

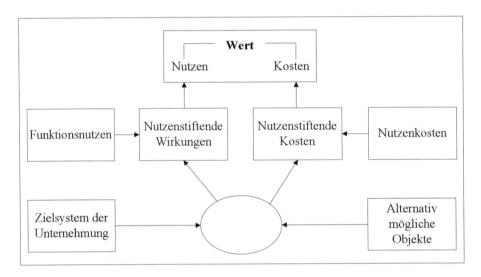

Abbildung 3: Elemente der Nutzwertanalyse

Als erster Schritt der Nutzwertanalyse werden die Funktionen beschrieben, die die Interne Revision erfüllt oder erfüllen soll, und die Kosten der Internen Revision ermittelt.[38] Die Funktionen der Internen Revision können in Hauptfunktionen, in Nebenfunktionen und in

[33]   Vgl. Blattmann, Qualität und Wirtschaftlichkeit in der bankinternen Revision, 1990, S. 68.

[34]   Vgl. Kaufmann, Kosten-Nutzen-Analyse bei Wirtschaftlichkeitsprüfungen, in: Coenenberg/Wysocki (Hrsg.), Handwörterbuch der Revision, 2. Aufl. 1992, Sp. 1078–1079.

[35]   Hoffmeister, Investitionsrechnung und Nutzwertanalyse: eine entscheidungsorientierte Darstellung mit vielen Beispielen und Übungen, Bd. 5, 2000, S. 279.

[36]   Vgl. Schröder, Wertanalyse als Instrument optimierender Produktgestaltung, in: Corsten (Hrsg.), Handbuch Produktionsmanagement: Strategie – Führung – Technologie – Schnittstellen, 1994, S. 168.

[37]   In Anlehnung an Corsten/Gössinger, Dienstleistungsmanagement. 5. Aufl. 2007, S. 264.

[38]   Vgl. Heege, Wertanalyse, 2. Aufl. 1991, S. 2–3.

unnötige Funktionen unterschieden werden[39]. Die ermittelten Kosten werden den Funktionsträgern und den Funktionen zugeordnet; die Kostenschwerpunkte und das Verhältnis zwischen Funktionskosten und Funktionsnutzen werden auf diese Weise deutlich.[40] Mögliche Funktionsnutzen und Funktionskosten der Internen Revision sind in Abbildung 4 zusammengestellt.

Funktionsnutzen	Funktionskosten
Geprüfte Bereiche	**Interne Revision**
• Informationsfunktion	• Personalkosten
• Verhaltenssteuerungsfunktion	• Reisekosten
• Innovations- und Initiativfunktion	• Fortbildungskosten
• Ausbildungsfunktion	• Sachkosten
• Übernahme sonstiger Tätigkeiten	• Kosten für Gastrevisoren und Fremd-
Unternehmensleitung	leistungen
• Informationsfunktion	**Geprüfte Bereiche**
• Exkulpationsfunktion	• Personalkosten
• Verhaltenssteuerungsfunktion	• Sachkosten
• Innovations- und Initiativfunktion	**Unternehmensleitung**
• Ausbildungsfunktion	• Personalkosten
• Übernahme sonstiger Tätigkeiten	
Aufsichtsorgane	
• Informationsfunktion	
Jahresabschlussprüfer	
• Wirtschaftliche Urteilsbildung	

Abbildung 4: Funktionsnutzen und Funktionskosten der Internen Revision

Der nächste Schritt der Nutzwertanalyse beschäftigt sich mit der Prüfung des Ist-Zustands, indem die Funktionserfüllung der Internen Revision mit den Anforderungen der Revisionskunden verglichen wird und die niedrigsten Kosten zur Erfüllung der unterschiedlichen Funktionen ermittelt werden.[41] Kaufmann[42] schlägt vor, die monetär bewertbaren Nutzen und Kosten gegenüberzustellen und die nichtquantifizierbaren Nutzen und Kosten verbal zu beschreiben. Unnötige Funktionen, Schwächen in der Funktionserfüllung und zusätzlich erforderliche Funktionen, die bislang nicht durch die Dienstleistung abgedeckt sind, werden in dieser Phase erkannt; die aktuellen Kosten werden im Rahmen einer Kostenkritik hinterfragt.[43]

Alternativen zur Erfüllung der Sollfunktionen der Internen Revision werden ermittelt und hinsichtlich der Durchführbarkeit und Wirtschaftlichkeit geprüft. Die Nutzwertanalyse mündet in einen Vorschlag, wie die Interne Revision die festgelegten Sollfunktionen erfüllt und

---

[39] Hauptfunktionen sind zur Erfüllung der Hauptaufgabe eines Produkts unbedingt erforderlich. Nebenfunktionen eines Produkts unterstützen oder ergänzen die Hauptaufgabe. Unnötige Funktionen haben keinen Geltungsnutzen oder Gebrauchsnutzen für den Markt. Vgl. Heege, Wertanalyse, 2. Aufl. 1991, S. 7.

[40] Vgl. Wall/Schröder, Customer Perceived Value Accounting als zentrale Komponente des Dienstleistungscontrolling, in: Bruhn/Strauss (Hrsg.), Dienstleistungscontrolling, 2006, S. 119.

[41] Vgl. Hoffmann: Wertanalyse. Die Antwort auf Kaizen. 2. Aufl. 1993, S. 77–78.

[42] Vgl. Kaufmann: Kosten-Nutzen-Analyse bei Wirtschaftlichkeitsprüfungen. In: Handwörterbuch der Revision. Hrsg. Coenenberg/ v. Wysocki. 2. Aufl. 1992, Spalte 1080.

[43] Vgl. Heege: Wertanalyse. 2. Aufl. 1991, S. 17.

das Verhältnis von Kosten und Nutzen durch das Streichen unnötiger Funktionen, durch das Hinzufügen von wertsteigernden Funktionen und durch die kostengünstigere Erfüllung vorhandener Funktionen optimiert.

5   Zusammenfassende Beurteilung

Die Ziele der Internen Revision bestehen u. a. darin, Mehrwerte zu schaffen und die Organisation bei der Erreichung ihrer Ziele zu unterstützen.[44] Die Anforderungen an die Interne Revision leiten sich aus den Vorschriften der deutschen und internationalen Gesetzgebung, aus dem internationalen Regelwerk der beruflichen Praxis der Internen Revision, aus dem betrieblichen Zielsystem und aus der Zusammenarbeit mit dem Jahresabschlussprüfer ab. Eine regelmäßige Beurteilung der Internen Revision kann eine wesentliche Hilfestellung für die Revisionskunden bei der Erfüllung ihrer Corporate-Governance-Verpflichtungen sein.

Die Nutzenpotenziale der Internen Revision können nicht vollständig qualitativ oder quantitativ bewertet werden. Die Nutzenpotenziale, die sich aus der Informationsfunktion, aus der Exkulpationsfunktion, aus der Innovativ- und Initiativfunktion und aus der Ausbildungsfunktion der Internen Revision sowie aus der Übernahme von sekundären Revisionstätigkeiten durch die Interne Revision ergeben, können durch ausgewählte Messverfahren beurteilt werden. Nutzenpotenziale der Internen Revision, die darauf ausgerichtet sind, zukünftige Fehler zu vermeiden (Verhaltenssteuerungsfunktion), können mit den vorgestellten Ansätzen nicht gemessen werden.

Die Nutzwertanalyse erscheint wegen der fehlenden Möglichkeit, sämtliche Nutzenpotenziale der Internen Revision in monetären Größen abzubilden, ein geeignetes Instrument, um kostengünstige Lösungen für die Erfüllung der erforderlichen Funktionen der Internen Revision zu finden, unnötige Funktionen der Internen Revision zu eliminieren und die Funktionspalette der Internen Revision um wertsteigernde Funktionen zu erweitern.[45]

6   Literatur

Amling/Bantleon, Handbuch der Internen Revision. Grundlagen, Standards, Berufsstand, 2007.

---

[44] Vgl. Deutsches Institut für Interne Revision e.V./The Institute of Internal Auditors (Hrsg.), Internationales Regelwerk der beruflichen Praxis der Internen Revision, International Professional Practices Framework, 2009, Definition Interne Revision.

[45] Vgl. Corsten/Gössinger, Dienstleistungsmanagement, 5. Aufl. 2007, S. 265.

Arbeitskreis „Externe und Interne Überwachung der Unternehmung" der Schmalenbach-Gesellschaft für Betriebswirtschaft e.V., Köln, Praktische Empfehlungen für unternehmerisches Entscheiden – Zur Verwendung der Business Judgment Rule in § 93 Abs. 1 Satz 2 AktG, DB 2006 S. 2189-2196.

Baetge/Heitmann, Stichwort „Kennzahlen", in: Lück (Hrsg.), Lexikon der Internen Revision, 2001, S. 170-171.

Bantleon/Siebert, Auswirkungen der Business Judgment Rule auf die Organisation der Entscheidungsprozesse und auf die Interne Revision (Teil 2), ZIR 2007, S. 242-250.

Berry/Parasuraman, Wie Servicewünsche erfasst werden, Harvard Business Manager 1998 S. 80-91.

Blattmann, Qualität und Wirtschaftlichkeit in der bankinternen Revision, 1990.

Bruhn, Relationship Marketing: Das Management von Kundenbeziehungen, 2. Aufl. 2009.

Burr/Stephan, Dienstleistungsmanagement: Innovative Wertschöpfungskonzepte im Dienstleistungssektor, 2006.

Corsten/Gössinger, Dienstleistungsmanagement. 5. Aufl. 2007.

Deutsches Institut für Interne Revision e.V./The Institute of Internal Auditors (Hrsg.), Internationales Regelwerk der beruflichen Praxis der Internen Revision, International Professional Practices Framework, 2009.

Ewert/Wagenhofer, Interne Unternehmensrechnung, 6. Aufl. 2005.

Geis, Nutzenpotentiale der Internen Revision, in: Lück (Hrsg.), Anforderungen an die Interne Revision: Grundsätze, Methoden, Perspektiven, Bd. 8, 2009, S. 117-142.

Gladen, Performance Measurement: Controlling mit Kennzahlen. 4. Aufl. 2008.

Haller, Dienstleistungsmanagement: Grundlagen – Konzepte – Instrumente, 3. Aufl. 2005.

Heege, Wertanalyse, 2. Aufl. 1991.

Heese/Peemöller, Zusammenarbeit zwischen Interner Revision und Abschlussprüfern, BB 2007 S. 1378-1383.

Hoffmann, Wertanalyse. Die Antwort auf Kaizen. 2. Aufl. 1993.

Hoffmeister, Investitionsrechnung und Nutzwertanalyse: eine entscheidungsorientierte Darstellung mit vielen Beispielen und Übungen, Bd. 5, 2000.

Hunecke, in: Lück (Hrsg.), Interne Beratung durch die Interne Revision. Herausforderung und Chance für den Berufsstand der Internen Revisoren, Bd. 5, 2001.

Kaufmann, Kosten-Nutzen-Analyse bei Wirtschaftlichkeitsprüfungen, in: Handwörterbuch der Revision. Hrsg. Coenenberg, v. Wysocki. 2. Aufl. 1992, Spalte 1074-1083.

Krause/Arora, Controlling-Kennzahlen – Key Performance Indicators, Zweisprachiges Handbuch Deutsch/Englisch, Bi-lingual Compendium German/English, 2008.

Kregel, Stellung der Internen Revision im dualen und im Board System, in: Freidank/Peemöller (Hrsg.), Corporate Governance und Interne Revision: Handbuch für die Neuausrichtung des Internal Auditings, 2008.

Lehmann, Dienstleistungsmanagement – Strategien und Ansatzpunkte zur Schaffung von Servicequalität, Bd. 9, 2. Aufl. 1995.

Lück, Stichwort „Korrekturfunktion", in: Lück (Hrsg.), Lexikon der Internen Revision, 2001, S. 176.

Lück, Stichwort „Interne Revision (IR)", in: Lück (Hrsg.), Lexikon der Betriebswirtschaft, 6. Aufl. 2004, S. 327-329.

Lück/Henke, Die Interne Revision als zentraler Bestandteil der Corporate Governance, in: Betriebswirtschaftliche Forschung und Praxis 2004, S. 1-14.

Meister/Meister, Kundenzufriedenheit im Dienstleistungsbereich, 2. Aufl. 1998.

Merkt/Köhrle, Zur vorstandsunabhängigen Information des Aufsichtsrats durch die interne Revision, in: Zeitschrift Interne Revision 2004, S. 222-225.

Meyer, Dienstleistungs-Marketing, DBW 1991, S. 195-209.

Opitz, CustomAs – Assessment zur Kundenorientierung im Service Engineering und bei der Dienstleistungserbringung, in: Zahn et al. (Hrsg.), Vom Kunden zur Dienstleistung, Methoden, Instrumente und Strategien zum Customer related Service Engineering, 2004, S. 45-79.

Peemöller, Interner Revisor, in: Förschle/Peemöller (Hrsg.), Wirtschaftsprüfung und Interne Revision, 2004, S. 151-197.

Peemöller/Richter, Entwicklungstendenzen der Internen Revision, Chancen für die unternehmensinterne Überwachung, Bd. 2, 2000.

Pfyffer/Gressly, Vertiefte Zusammenarbeit von externer und interner Revision, in: Der Schweizer Treuhänder 2008 S. 958-963.

Schröder, Wertanalyse als Instrument optimierender Produktgestaltung, in: Corsten (Hrsg.), Handbuch Produktionsmanagement: Strategie – Führung – Technologie – Schnittstellen, 1994, S. 151-169.

Strauss, Beschwerdemanagement, in: Meyer (Hrsg.), Handbuch Dienstleistungs-Marketing, Bd. 2, 1998, S. 1255-1271.

Wall/Schröder, Customer Perceived Value Accounting als zentrale Komponente des Dienstleistungscontrolling, in: Bruhn/Strauss (Hrsg.), Dienstleistungscontrolling, 2006, S. 113-171.

Wysocki, Stichwort „Wirtschaftlichkeit von Prüfungen", in: Coenenberg/Wysocki (Hrsg.), Handwörterbuch der Revision, 2. Aufl. 1992, Sp. 2171-2180.

Working Capital Management –
wie die Supply Chain einen wesentlichen Beitrag zur Finanzierung und Wertsteigerung im Unternehmen leisten kann

Dr. Axel T. Schulte, Dr. Eike-Hendrik Thomsen

1 Vorwort

Auf der Suche nach Verbesserungspotenzialen im Unternehmen ist die Überprüfung des Working Capital ein hervorragendes Instrument, um sowohl die Liquiditätssituation des Unternehmens zu verbessern als auch Ansatzpunkte für Optimierungen zu identifizieren.

Ein effizientes Working Capital Management hilft dabei in der Krise und auch im Aufschwung.

Denn je besser die Prozesse abgestimmt sind und damit eine schnelle Reaktion auf die veränderte Situation erlauben, desto geringer sind das Risiko von Wertberichtigungen und die Gefahr von Produktions- bzw. Lieferengpässen.

2 Einführung

2.1 Ausgangslage

Die Wettbewerbsintensität für Unternehmen nimmt auf globalisierten Märkten weiterhin zu und führt sowohl zu einem starken Kostendruck als auch zu einem steigenden Bedarf an Finanzmitteln.

Wer auch in Krisenzeiten mit Finanzierungsschwierigkeiten und sinkenden Absätzen nicht sofort externe Kapitalgeber ansprechen möchte, kann alternativ oder ergänzend sein Working Capital optimieren.

Die Optimierung des Working Capital kann somit als ein Instrument zur Innenfinanzierung des Unternehmens angesehen werden.

Unternehmen, die diesen Prozess proaktiv managen und nicht aus der Not heraus mit pauschalem Abbau von Vorräten und dem Herausziehen von Zahlungsverpflichtungen reagieren müssen, beugen so Produktionsausfällen und Lieferengpässen vor. Sie sind auch im Aufschwung darauf vorbereitet, sich schnell an veränderte Situation anzupassen.

2.2   Definition

Das „Working Capital" ist das Umlaufvermögen eines Unternehmens abzüglich seiner kurzfristigen Verbindlichkeiten. Zum Umlaufvermögen gehören Vorräte, Forderungen und sonstige Vermögensgegenstände, Wertpapiere und liquide Mittel.

Die Höhe des Working Capital zeigt, wie stark kurzfristig freisetzbares Umlaufvermögen lang- und mittelfristig finanziert ist und wie viel Kapital im Beschaffungs-, Produktions- und Absatzprozess gebunden ist. Je höher die Working-Capital-Intensität, umso mehr Geld muss für die Erlöse vorgestreckt werden und umso weniger ist für Investitionen und Gewinnentnahmen frei.

Die resultierende Kapitalbindung lässt sich in drei Kennzahlen abbilden.

1. die Erhöhung der Außenstandstage der Verbindlichkeiten (Days Payables Outstanding – DPO)
2. die Reduktion der Dauer der Lagerhaltung (Days Inventory Outstanding – DIO)
3. die Zeitspanne der ausstehenden Forderungen (Days Sales Outstanding – DSO)

Die Kapitalbindung oder cash-to-cash-cycle-time (CCCT) ergibt sich aus der Dauer der Lagerhaltung addiert mit den Außenstandtagen der Forderungen abzüglich der Außenstandstage der Verbindlichkeiten:
CCCT = DSO + DIO - DPO

2.3   Zielsetzung und Aufgabenstellung

Zielsetzung des Unternehmens ist es, eine möglichst geringe Kapitalbindung – also ein möglichst geringes Working Capital – bei gleichzeitiger Erhöhung des Cash-Flows zu erzielen. Zur Optimierung des Working Capital müssen dafür – einfach gesprochen – Gelder grundsätzlich möglichst lange einbehalten und nur kurze Zeit im Umlaufvermögen verbucht werden.

Bezogen auf die im Unternehmen ablaufenden Prozesse entlang der Lieferkette lässt sich die Optimierung der Kapitalbindung am besten durch den Cash-to-Cash oder Cash Conversion Cycle abbilden.

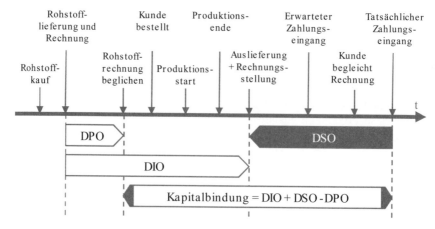

Abbildung 1: „Optimierung der Kapitalbindung durch den Cash-to-Cash-Cycle", KPMG

Zur Erreichung der o. g. Zielsetzung bietet sich insbes. die Optimierung der Prozesse in den folgenden Bereichen an:

- Debitoren (Auftrag → Geld) – „Order-to-Cash"

- Kreditoren (Einkauf → Zahlung) – „Purchase-to-Pay"

- Lager (Vorschau → Leistungsrealisierung) – „Forcast-to-Fulfill"

Um optimale Ergebnisse zu erzielen, ist ein systematisches Working Capital Management, mit ganzheitlicher Betrachtung der o. g. Prozesse sowie des Geschäftsmodells und der internen Anreiz- und Belohnungssysteme im Unternehmen erforderlich.

In Summe kann Working Capital Management somit einen wichtigen Beitrag zur Sicherung der Zukunftsfähigkeit des Unternehmens leisten.

Zielsetzung – Sicherung der Zukunftsfähigkeit
Gewinner in der Krise nutzen ihre Liquiditätsreserven durch Working Capital Optimierung zur Entwicklung ihrer Marktposition

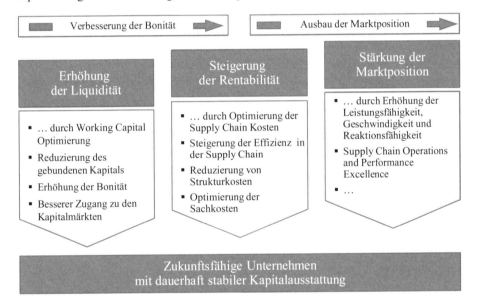

Abbildung 2: „Zielsetzung – Sicherung der Zukunftsfähigkeit durch Verbesserung der Kapitalausstattung".

3 Maßnahmen zur Optimierung des Working Capital

3.1 Stellhebel und Vorgehen

Zur Beeinflussung und Optimierung des Working Capital und der zugehörigen Finanzkennzahlen bieten sich zahlreiche Stellhebel, die beeinflusst werden können.

Zahlungsdurchlauf

Zum einen können Zahlungen optimiert werden: Auszahlungen werden so lange wie möglich in die Zukunft verschoben, Einzahlungen möglichst schnell verbucht. Dafür können Anzahlungen oder möglichst kurze Zahlungsziele mit Kunden vereinbart und das Forderungs- und Mahnwesen gestrafft werden.

Forderungsverkauf

Des Weiteren bietet sich Factoring an: Hier erhält das Unternehmen zwar schnell den Forderungswert, allerdings werden etwa 10–20 % der Forderungssumme einbehalten und erst zu einem späteren Zeitpunkt ausbezahlt. Darüber hinaus lassen die Kosten von Factoring die Profitabilität sinken.

Bestandsreduzierung

Von elementarem Nutzen ist eine Senkung der Lagerbestände durch Verkürzung der Lagerzeiten und somit eine Bestandsreduzierung. Dies wird vor allem durch die Just-in-Time-Anlieferung der Waren und durch konsequentes Outsourcing von Fertigungsschritten erreicht. Von Lieferanten oder auch von Finanzierungsgesellschaften betriebene Konsignationslager ermöglichen einen Produktkauf seitens des Unternehmens erst zum Zeitpunkt der Entnahme bzw. einen Verkauf unmittelbar nach der Produktion.

Ablaufoptimierung

Effektiv ist auch eine Reduktion der Lagerdurchlaufzeiten von Rohstoffen, Waren, Fertigerzeugnissen und Halbfertigwaren – also eine Ablaufoptimierung. Dazu gehören mitunter wenig störanfällige Lager- und Fördertechnik, eine tagesgenaue Kommissionierung, kurze Wege für interne Transporte sowie ein geringer Personalbedarf für die Abwicklung. Des Weiteren sollten Ein- und Auslagerstrategien optimiert werden. Platzfüller sollten konsequent eliminiert werden.

3.2 Wirkungsweise und Ergebnisse

3.2.1 Effekte

Die Reduktion des Working Capital führt zur Freisetzung von Kapital, das wiederum Gewinn bringend für Investitionen und andere Zwecke eingesetzt werden kann. Außerdem kann das Unternehmen komplett eigenständig mehr Liquidität generieren und einen höheren Kapitalertrag ausweisen. Kosten werden gesenkt und der operative Cashflow wird erhöht.

Nicht zu unterschätzen ist die verbesserte Situation gegenüber der Bank. Denn wer seine Abhängigkeit von externem Kapital reduziert, der verbessert auch seine Verhandlungsposition und kann freier und bestimmter auftreten – gerade in schwierigen Zeiten ein strategischer Vorteil.

3.2.1 Auswirkungen auf die Bilanz

Durch konsequentes Working Capital Management kann eine Optimierung der Bilanzstrukturen erzielt werden. Das Verhältnis von Eigen- und Fremdkapital verbessert sich im Zuge der Verringerung des im Umlaufvermögen gebundenen Kapitals. Eine so herbeigeführte Bilanzverkürzung hat, insbesondere im Hinblick auf die Eigenkapitalanforderungen durch Basel II, positive Auswirkungen auf die Finanzierungssituation eines Unternehmens bzw. die Bewertung (Rating) durch externe Kreditgeber.

Effekte von Working Capital Optimierung - Bilanzoptimierung
Mit dem Working Capital Optimierungs–Programm wird die Liquidität erhöht und
die Ratingsituation des Unternehmens verbessert

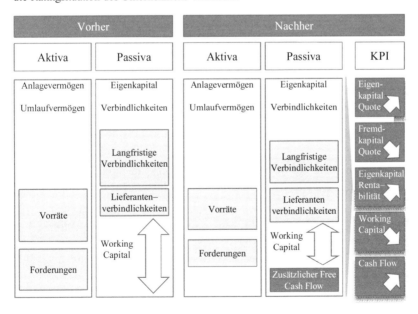

Abbildung 3: „Effekte der Working Capital Optimierung – Bilanzoptimierung".

3.3   Herausforderungen

3.3.1   Ausgeglichenheit der Maßnahmen

Auf jeden Fall sollte eine Working-Capital-Optimierung strategisch und nachhaltig im Unternehmen verankert sein. Bei jeder Maßnahme muss jedoch eine individuelle Abwägung zwischen mehreren Faktoren stattfinden. So können lange Zahlungsziele das Verhältnis zu wichtigen Lieferanten belasten und deren Flexibilität und Kulanz negativ beeinflussen, und Just-in-Time-Anlieferung erfordert absolut zuverlässige Lieferanten.

Zudem ist zu beachten, dass verlängerte Zahlungsziele kurz- bis mittelfristig wieder eingepreist werden und somit der eigentliche Effekt wieder neutralisiert wird.

3.3.2   Die goldene Bilanzregel

Bei der Optimierung von Working Capital sollte allerdings auch darauf geachtet werden, dass der Wert möglichst ausgeglichen ist und kein negatives Working Capital entsteht. Letzteres bedeutet nämlich, dass die kurzfristigen Verbindlichkeiten höher als das kurzfristig verfügbare Vermögen sind. Im Umkehrschluss hieße das, dass langfristig zu finanzierendes Anlagevermögen mit kurzfristigen Verbindlichkeiten finanziert wurde und der Grundsatz der fristenkongruenten Finanzierung bzw. die „Goldene Bilanzregel" nicht eingehalten wurde.

4   Erfahrungen und Ergebnisse aus der Praxis

4.1   Typisches Vorgehen im Optimierungsprojekt

Ein Projekt zur Optimierung des Working Capital lässt sich bspw. grob in folgende Phasen gliedern:

- Potenzial-Analyse: Wie viel gebundenes Kapital steckt in Ihrem Unternehmen, wie viel kann davon freigesetzt werden – ein bewährtes Instrument dazu sind die „Purchase Cards"?
- Zielvereinbarung: Es werden verbindliche Ziele zur Reduktion des Working Capital von der Unternehmensleitung mit Ihren Bereichsleitern vereinbart.
- Detail-Analyse: Das Geschäftsmodell, die Kreditoren-, die Debitoren- sowie die Realisierungsprozesse werden auf Optimierungsmöglichkeiten untersucht. Bewährte Beratungstools unterstützen dabei unsere Berater. Darüber hinaus werden die Belohnungs- und Anreizsysteme in Ihrem Unternehmen untersucht. Wird das Richtige belohnt?

- Umsetzung: Auf Basis der Detail-Analyse werden konkrete Maßnahmen in allen Bereichen des Unternehmens zur Reduzierung des Working Capital umgesetzt. Auch in der Umsetzungsphase werden Sie von unserem Berater begleitet.

- Erfolgskontrolle: Anhand von Kennzahlen und Kontrolle der Umsetzung in den operativen Bereichen des Unternehmens wird der Erfolg des Projektes sichergestellt

Es werden aus einem umfangreichen Toolset Methoden zur umfassenden Optimierung des Working Capital ausgewählt und angewendet, um eine schnelle Wirksamkeit mit einhergehender Nachhaltigkeit zu erzielen.

Expertenteams
Die Anwendung von Expertenlösungen sichert eine schnelle Wirksamkeit und eine nachhaltige Cash Flow Verbesserung

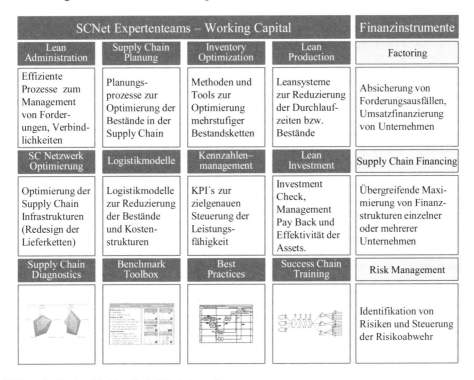

Abbildung 4: „Toolset Working Capital Optimierung"

4.2 Ergebnisse aus der Unternehmenspraxis

Eine Reduzierung des Working Capital um mindestens 20 % ist in fast allen Produktions- und Handelsbetrieben, in denen bisher kein systematisches Working Capital Management umgesetzt wurde, realistisch.

Der Volkswagen-Konzern reduzierte sein Working Capital in 2009 insbesondere durch den Abbau von Vorräten um 6,2 Milliarden Euro. Thyssen-Krupp reduzierte die Vorräte um mehr als drei Milliarden Euro.

Dennoch zeigt der Vergleich mit dem jeweils besten Viertel der Branche, dass die 933 größten börsennotierten europäischen Unternehmen immer noch über 700 Milliarden Euro zu viel Liquidität in ihrem Umlaufvermögen gebunden haben. Damit ließen sich bei konsequenter Optimierung des Working Capital allein ca. 40 Mrd. Euro an Zinsen pro Jahr zusätzlich sparen.

Die Auswirkungen einer Optimierung des Working Capital lassen sich anhand folgenden Beispiels für das eigene Unternehmen nachvollziehen.

Ausgehend von einem beispielhaften Umsatz von EUR 500 Mio. und einer Working Capital Ratio von 20 % ergeben sich folgende Verbesserungspotenziale:

Erreicht das Unternehmen z.B. den Branchendurchschnittswert der Working Capital Ratio in Höhe von 15 % führt dies zu einer zusätzlichen Liquidität in Höhe von 25 Mio. EUR und einem Einsparpotenzial in Höhe von 2,5 Mio. EUR bei Kapitalkosten (WACC) in Höhe von 10 %.

Erreicht das Unternehmen z.B. den Best in Class Wert der Working Capital Ratio in Höhe von 10 % führt dies zu einer zusätzlichen Liquidität in Höhe von 50 Mio. EUR und einem Einsparpotenzial in Höhe von 5 Mio. EUR bei Kapitalkosten (WACC) in Höhe von 10 %.

Branche	Working Capital Ratio	Best in Class	WACC
Automobilindustrie	5 %–15 %	5 %	7 %–8 %
Chemische Industrie	15 %–25 %	15 %	7 %–8 %
Einzelhandel	5 %–15 %	5 %	6 %–7 %
Energie	15 %–25 %	15 %	6 %–7 %
Industriegüter	15 %–25 %	15 %	6 %–8 %
Informationsservice	10 %–20 %	10 %	8 %–9 %
Konsumgüterindustrie	15 %–25 %	15 %	9 %–11 %
Nahrungsmittelhandel	5 %–10 %	5 %	6 %–7 %
Papierindustrie	10 %–20 %	10 %	6 %–7 %
Stahlproduktion	10 %–20 %	10 %	7 %–8 %
Telekommunikation	15 %–25 %	15 %	10 %–11 %
Tourismus & Freizeit	5 %–15 %	5 %	8 %–9 %

Working Capital Ratio = (Umlaufvermögen – kurzfristiges Fremdkapital)/Umsatz *100
WACC = Weighted Average Cost of Capital

Abbildung 5: „Working Capital nach Branchen, PWC"

Für eine detailliertere Analyse der Unternehmenssituation lässt sich ein Vergleich der Kennzahlen DSO, DIO und DPO und der sich daraus ergebenden cash-to-cash-cycle-time (CCCT) durchführen. Exemplarisch ist hier eine Auswahl von 5 Branchen aus über 50 untersuchten Branchen der Top 1000 Unternehmen in Europa dargestellt.

Branche	DSO	DIO	DPO	CCCT
Aerospace & Defense	65	73	31	107
Automobiles	28	64	51	41
Chemicals	55	54	30	79
Media	65	7	36	36
Pharmaceuticals	71	47	32	86

Abbildung 6: „Auswahl Kennzahlen Working Capital nach Branche, Top 1000 Europa, 2009"

5   Empfehlungen zum Working Capital Management

Auch wenn die Voraussetzungen und Herausforderungen zur Optimierung des Working Capital in den Unternehmen und Branchen variieren, lassen sich übergreifendende „Good Practices" ableiten.

Für die zentralen zu optimierenden Prozesse entlang der Wertschöpfungskette haben sich folgende Maßnahmen bewährt:

5.1   Order-to-Cash

Zu dem Bereich Order-to-Cash gehören Auftragsbearbeitung, Kredit-, Einspruchs-, Inkasso-management, Rechnungsstellung etc.

- Rechnungen nicht willkürlich und bis zur Überfälligkeit halten – Lieferanten reagieren darauf relativ zügig mit höheren Preisen und geringeren Leistungen
- Ausgaben unter wenigen Lieferanten zusammenlegen und letztere bezüglich Risiko- und Gewinnpositionen differenzieren und kategorisieren
- Geschäftsbeziehungen mit denjenigen Lieferanten optimieren, die entweder ein hohes Risiko darstellen oder eine erhebliche Auswirkung auf den Gewinn haben
- freier Informationszugang zwischen Unternehmen und Lieferant (z. B. durch eine automatische, revolvierende und direkte Weiterleitung von Demand Forecasts an den Lieferanten); Abläufe sollten gemeinsam entwickelt und Effizienzvorteile gemeinsam genutzt werden
- Vereinbarungen vorteilhafter Zahlungsfristen im Rahmen kundenspezifischer Verträgen (customised contracts) für umsatzstarke Lieferanten oder Produkte

- Automatisierung von Beschaffungsvorgängen für Lieferanten, die entweder ein geringes Risiko darstellen oder eine unerhebliche Auswirkung auf den Gewinn haben – ein bewährtes Instrument dazu sind die „Purchase Cards"

- Lieferanten, die zwar ein hohes Erfüllungsrisiko darstellen, aber nur geringe Auswirkung auf den Gewinn haben, sollten aus dem Portfolio verschwinden

- Einrichtung von internen Kontrollen, um Zahlungen vor den vereinbarten Fristen zu verhindern und sie damit voll auszuschöpfen. Die Ausgabenbewilligung sollte in den Einkaufsvorgang integriert werden, um zeitaufwendiges Abzeichnen am Ende des Vorgangs zu vermeiden und frühzeitige Zahlungsrabatte zu ermöglichen.

5.2   Purchase-to-pay

Zu dem Bereich Purchase-to-pay gehören Einkauf, Wareneingang, Rechnungseingang/-prüfung, Zahlungsausgang etc.

- Kreditrisikomethoden überprüfen und sicherstellen, dass die strategischen Ziele der Gesellschaft verfolgt und das Forderungsrisiko adäquat gemanaged wird

- Zahlungsfristen aus verkaufsstrategischer Sicht minimieren; dabei die Verkaufsabteilung mit ins Boot holen und über Incentivierungsmechanismen motivieren

- Abrechnungssysteme soweit wie möglich vereinfachen, um Zahlungsverzögerungen zu verhindern (die in diesem Kontext traditionell anzutreffende Argumentation, dass aufwendige EDI-Lösungen wenn überhaupt nur mit Hauptkunden wirtschaftlich seien, wird zunehmend durch aufkommende und unkompliziert zu handhabende elektronische Rechnungsabwicklungslösungen aufgeweicht)

- der Versand von Gütern oder die Leistungserbringung muss automatisch den Abrechnungsprozess auslösen – ideal sind, wann immer einsetz- und durchsetzbar, Lastschrifteinzugsverfahren

- standardisierter und übergreifender Mahnprozess mit strikten Fristen und Sanktionsmechanismen (z. B. in Form eines Kreditstopps) – das betrifft vor allem die Reduktion der DSO (Days of Sales Outstanding)

- systemgestütztes Verfahren einführen, um Zuständigkeiten bestimmter Einzelpersonen im Mahnverfahren zu klären und die Verantwortung an Mitarbeiter auf jeweils höherer Ebene weiterzuleiten

- Streitgründe regelmäßig überprüfen, verfolgen und beseitigen

5.3   Forecast-to-Fulfill

Zu dem Bereich Forecast-to-Fulfill gehören Forecasting, Bedarfsplanung, Bearbeitung der Bedarfsanforderungen etc.

- moderne Technologie einführen, um jederzeit überprüfen zu können, um den unnötigen Kauf oder die Herstellung zusätzlicher Waren zu vermeiden

- es müssen Methoden und Verfahren entwickelt werden, die sicherstellen, dass Vorräte leicht lokalisiert werden können
- differenzierte Bevorratungsstrategien für verschiedenartige Waren – je nachdem, wie schnell Waren ersetzt werden können und wie wichtig sie für die Produktionsvorgänge sind
- eventuell Outsourcing von Vorproduktion oder Teilmontagen
- integrierte ERP- und Warenwirtschaftssysteme mit Kunden- und Produktdatenbanken verknüpfen, die die benötigten Ist- und Prognose-Informationen in aufbereiteter Form zur Verfügung stellen, um valide und schnelle Entscheidungen treffen und sämtliche Funktionsbereiche des Unternehmens einbeziehen zu können

6   Zusammenfassung

Fazit: Handlungsspielraum gewinnen

Die Reduktion des Working Capital führt zur Freisetzung von Kapital, das wiederum Gewinn bringend für Investitionen und andere Zwecke eingesetzt werden kann. Außerdem kann das Unternehmen komplett eigenständig mehr Liquidität generieren und einen höheren Kapitalertrag ausweisen. Kosten werden gesenkt und der operative Cashflow erhöht.

Nicht zu unterschätzen ist die verbesserte Situation gegenüber der Bank. Denn wer weniger abhängig von deren Finanzierungen ist, kann auch freier und bestimmter auftreten – gerade jetzt in schwierigen Zeiten ein strategischer Vorteil.

Die Identifizierung des Liquiditätspotenzials und der möglichen Einsparungen lässt sich anhand von Branchenbenchmarks grob abschätzen. Die Potenziale können je nach identifizierten Schwerpunkten dann mit einem gezielten Maßnahmenmix realisiert werden.

Die Bedeutung eines effizienten Working Capital Managements liegt somit nicht zuletzt in seinem Beitrag zur Steigerung des Unternehmenswertes.

7   Literatur

Catasta, Christine und Günther Jauck, Working Capital Management, Wien 2009.

Gros, Stefan und Alexa v. Busse, Working Capital Optimieren, in CFOworld, 29.03.2010.

Hennes, Markus und Susanne Metzger, Der beste Weg, um an Geld zu kommen, in Handelsblatt, 18.06.2010.

Meyer, Christian A., Working Capital und Unternehmenswert, 1. Aufl., Wiesbaden 2007.

Steffens, Thorsten, Aus der Krise steuern – Differenziertes Finanz- und Liquiditätscontrolling für mittelständische Automobilzulieferer, Marburg 2009.

Wieser, Rainer, Working Capital optimieren, überflüssige Kapitalbindung auflösen, in CyberPress, 07.04.2010.

Die Strafvorschriften der §§ 331 ff. HGB

Dr. Rainer Spatscheck, Dr. Andreas Albrecht

Seit dem Bilanzrichtliniengesetz vom 19.12.1985 ergeben sich Inhalt und Form der Eröffnungsbilanz, des Jahresabschlusses und des Lageberichts einer Kapitalgesellschaft sowie des Konzernabschlusses und des Konzernlageberichts aus dem Dritten Buch des HGB. Der Gesetzgeber hielt es für sachgerecht, die Straf-, Bußgeld- und Zwangsgeldvorschriften, die im Zusammenhang mit der Aufstellung, der Prüfung und der Offenbarung dieser Unterlagen stehen, nunmehr im HGB zu regeln. Seither ist der Anwendungsbereich der §§ 331 HGB erheblich erweitert worden.[1] – Einen Überblick über die §§ 331 ff. HGB gibt der folgende Beitrag.[2]

---

[1]   Vgl. eingehend zur Entstehungsgeschichte der §§ 331 ff. HGB Quedenfeld in MüKo, Vor § 331 HGB Rz. 1 ff.

[2]   Vgl. vertiefte Auseinandersetzung bei Otto in Heymann, §§ 331 HGB; Quedenfeld in MüKo, §§ 331 ff. HGB.

§ 1 Unrichtige Darstellung (§ 331 HGB)

1   Geschütztes Rechtsgut

§ 331 HGB[1] erfasst die unrichtige Wiedergabe oder Verschleierung der Verhältnisse einer Kapitalgesellschaft (AG, GmbH, KGaA).[2] Mit dem Transparenzrichtlinien-Umsetzungsgesetz vom 5.1.2007 wurde auch der sog. Bilanzeid[3] strafbewehrt (§ 331 Nr. 3a HGB).[4] – Das geschützte Rechtsgut des § 331 HGB ist das Vertrauen in die Richtigkeit und Vollständigkeit bestimmter Angaben über die Geschäftsverhältnisse, insbesondere der gesamten Rechnungslegung von Kapitalgesellschaften.[5] Das geschützte Rechtsgut[6] besitzt überindividuellen Charakter. – § 331 HGB schützt die Kapitalgesellschaft. Die Norm dient auch dem Schutz derer, die mit der Kapitalgesellschaft in eine rechtliche oder wirtschaftliche Beziehung treten oder treten wollen. Erfasst sind aktuelle oder potentielle Gläubiger und sonstige Vertragspartner, Gesellschafter und Arbeitnehmer.[7]

2   Deliktsnatur und Strafverfolgung

§ 331 HGB ist ein echtes Sonderdelikt. Täter kann nicht jedermann sein, sondern nur der im Tatbestand ausdrücklich Genannte.

§ 331 HGB ist ein abstraktes Gefährdungsdelikt. Ein bestimmter Erfolg des deliktischen Verhaltens muss nicht eingetreten sein. Strafrechtlich verpönt ist bereits das Verhalten.

Die in § 331 HGB enthaltenen Tatbestände sind sog. unechte Blankettnormen.[8] Der Gesetzgeber nimmt Bezug auf Vorschriften des gleichen oder eines anderen Gesetzes. Erst beide

---

[1]   Die Norm wurde § 400 AktG nachempfunden und erweitert. Auf die hierzu ergangene Literatur kann bei der Auslegung von § 331 HGB zurückgegriffen werden.
[2]   Vgl. die Überschrift vor §§ 264 HGB ff.
[3]   Vgl. zum Begriff Quedenfeld in MüKo, § 331 HGB Rz. 65.
[4]   Vgl. etwa Merkt in Baumbach/Hopt, HGB, 34. Aufl., 2010, Einl. vor § 238 HGB Rz. 24.
[5]   Vgl. Otto in Heymann, § 331 HGB Rz. 1; Quedenfeld in MüKo, § 331 HGB Rz. 1.
[6]   Vgl. eingehend zum Begriff und Zweck des Rechtsguts Otto Grundkurs Strafrecht AT, § 1 Rz. 26 ff.
[7]   Vgl. Otto in Heymann, § 331 HGB Rz. 2; Quedenfeld in MüKo, § 331 HGB Rz. 2.
[8]   Vgl. Otto in Heymann, § 331 HGB Rz. 3; Quedenfeld in MüKo, § 331 HGB Rz. 3 f.

Normen ergeben die strafrechtliche Norm. Ihre gesamten Tatbestandsmerkmale unterfallen dem Bestimmtheitsgebot (Art. 103 Abs. 2 GG).[9]

Die Tatbestände des § 331 HGB sind Offizialdelikte. Im Gegensatz zu den Antragsdelikten werden Offizialdelikte von Amts wegen verfolgt.

3 Unrichtige Wiedergabe oder Verschleierung der Verhältnisse der Kapitalgesellschaft (§ 331 Nr. 1 HGB)

3.1 Täter

3.1.1 Vertretungsberechtigtes Organ einer Kapitalgesellschaft

Mitglieder des vertretungsberechtigten Organs einer Kapitalgesellschaft

Die Mitglieder des vertretungsberechtigten Organs einer Kapitalgesellschaft sind die Mitglieder (§§ 76 ff. AktG) und die stellvertretenden Mitglieder (§ 94 AktG) des Vorstands einer Aktiengesellschaft, die persönlich haftenden Gesellschafter einer Kommanditgesellschaft auf Aktien (§ 408 AktG), die Geschäftsführer und die stellvertretenden Geschäftsführer einer GmbH (§§ 35 ff., 44 GmbHG) sowie die Abwickler einer Kapitalgesellschaft.

Mehrere vertretungsberechtigte Mitglieder

Sind mehrere vertretungsberechtigte Mitglieder des vertretungsberechtigten Organs bestellt, kommt das einzelne Mitglied als Täter auch dann in Betracht, wenn die Gesellschaft nur durch mehrere oder die Gesamtheit aller Mitglieder gemeinschaftlich vertreten wird. Interne Ressortzuständigkeiten des jeweils Handelnden ändern an der Pflicht der anderen Mitglieder gegenüber der Gesellschaft nichts. Sie bleiben Normadressaten.[10] Erkennen sie die konkrete Möglichkeit einer Pflichtverletzung, müssen sie im Rahmen des faktisch Möglichen und rechtlich Zumutbaren dafür sorgen, dass die dem Unternehmen obliegenden Pflichten eingehalten werden. Dies geschieht etwa durch eine Gegenvorstellung bei dem konkret verantwortlichen Organ, eine Unterrichtung anderer Organe oder eigenes Eingreifen.[11] – Bei der

---

[9] Vgl. zum Begriff Otto Grundkurs Strafrecht AT, § 2 Rz. 7.

[10] Vgl. Quedenfeld in MüKo, § 331 HGB Rz. 22.

[11] Vgl. Otto in Heymann, § 331 HGB Rz. 8.

Unterzeichnung eines fehlerhaften Jahresabschlusses liegt Mittäterschaft vor. Die Niederlegung des Amtes ist in einer solchen Situation ratsam.

Faktische Organstellung[12]

Im Ausgangspunkt besteht Übereinstimmung, dass es für die Verantwortlichkeit des Täters nicht allein auf die formelle rechtswirksame Bestellung, sondern auf die tatsächliche Übernahme des Amtes ankommt. Die strafrechtliche Haftung beruht auf der tatsächlichen Stellung und Tätigkeit des vertretungsberechtigten Organs. Sodann aber ist die Reichweite der faktischen Betrachtungsweise umstritten.[13]

Der Bundesgerichtshof[14] geht davon aus, dass Mitglied des vertretungsberechtigten Organs auch ist, wer ohne förmlich dazu bestellt und im Handelsregister eingetragen zu sein, im Einverständnis oder zumindest mit Duldung der zuständigen Gesellschaftsorgane die tatsächliche Stellung eines Mitgliedes des vertretungsberechtigten Organs ausübt. Dass andere Mitglieder für dieses Amt rechtswirksam bestellt sind und dieses Amt auch ausüben, soll der Rechtsposition des tatsächlich Handelnden grundsätzlich nicht entgegenstehen.[15] Faktisches Organ kann danach auch sein, wer Geschäfte wahrnimmt, die üblicherweise von einem Mitglied des vertretungsberechtigten Organs vorgenommen werden, wenn ordnungsgemäß bestellte Mitglieder vorhanden und tätig sind.[16]

Die Grenze der faktischen Betrachtungsweise ist dort erreicht, wo die Gefahr besteht, den als Sonderpflichtdelikt ausgestalteten § 331 HGB in ein Delikt umzuwandeln, bei dem die strafrechtliche Verantwortlichkeit nicht an eine bestimmte Tätereigenschaft, sondern an eine bestimmte Täterhandlung anknüpft. Das verstößt gegen das strafrechtliche Bestimmtheitsgebot (Art. 103 Abs. 2 GG).[17]

Zivilrechtliche Mängel des formellen Bestellungsaktes sind strafrechtlich unbeachtlich.[18] Das Fehlen eines formellen Bestellungsaktes ist unschädlich, wenn die Bestellung zwar nicht ausdrücklich, aber durch schlüssiges Verhalten erfolgt. Eine Bestellung durch schlüssiges Verhalten liegt vor, wenn der Betreffende die Tätigkeit eines Mitgliedes eines vertretungsberechtigten Organs tatsächlich aufgenommen hat und ausübt und dieses mit Billigung, zumindest aber im Einverständnis mit den zuständigen Gesellschaftsorganen erfolgt.[19] – Amtsanmaßung begründet keine faktische Organstellung. – Die fehlende Eintragung ins Handelsregister ist strafrechtlich irrelevant.[20]

Der bewusste Missbrauch der Bestellungsmöglichkeit kann nicht entlasten. Die bewusste Irreführung über die Person des Handelnden durch einen Missbrauch von zivilrechtlichen Gestaltungsmöglichkeiten kann nicht von der Sonderpflicht befreien. Ein solcher Missbrauch

---

[12]   Vgl. eingehend Otto Grundkurs Strafrecht AT, § 22 Rz. 98 ff.

[13]   Vgl. Otto in Heymann, § 331 HGB Rz. 8.

[14]   Vgl. BGHSt 21, S. 101, 104; BGHZ 75, S. 96, 106.

[15]   Vgl. BGHSt 3, S. 37; 6, S. 314; 21, S. 101; 31, S. 118; 46, S. 62; BGH StV 1984, S. 461 mit abl. Anm. Otto StV 1984, S. 463.

[16]   Vgl. BGH StV 1984, S. 461 mit abl. Anm. Otto StV 1984, S. 463.

[17]   Vgl. eingehend Quedenfeld in MüKo, § 331 HGB Rz. 20.

[18]   Vgl. Rechtsgedanke des § 14 Abs. 3 StGB. Vgl. Otto in Heymann, § 331 HGB Rz. 10.

[19]   Vgl. Otto Grundkurs Strafrecht AT, § 22 Rz. 102; ders. in Heymann, § 331 HGB Rz. 11.

[20]   Vgl. Otto in Heymann, § 331 HGB Rz. 10.

liegt vor, wenn das für die Bestellung zuständige Organ bewusst einen Geschäftsführer einsetzt oder Vorstand bestellt, dem es nach seinen Kenntnissen und Fähigkeiten nicht möglich ist, die Sachlage überhaupt zu überschauen, und dessen Funktion es im Wesentlichen ist, davon abzulenken, dass das Unternehmen von anderen Personen geführt wird.[21] – Ein Missbrauch liegt auch vor, wenn die (Neu-)Bestellung eines zuständigen Vertretungsorgans unterbleibt, weil die Geschäfte dadurch „besser" von anderen Personen geführt werden können.[22] – Damit sind jedoch die Grenzen der „faktischen Betrachtung" erreicht.

Die faktische Organstellung resultiert nicht aus der Vornahme von Geschäften, die üblicherweise von den Mitgliedern des vertretungsberechtigten Organs wahrgenommen werden, sondern aus der „überragenden Stellung" des faktischen Organs gegenüber dem formell bestellten Organ. „Ein Bedürfnis, die strafrechtliche Verantwortlichkeit auf den faktischen Geschäftsführer zu erstrecken, besteht nur dann, wenn er einen Einfluss ausübt, der über den des formellen Geschäftsführers hinausgeht. Das ist der Fall, wenn der faktische Geschäftsführer die Geschicke der Gesellschaft allein bestimmt [...], ein Übergewicht gegenüber dem formellen Geschäftsführer besitzt [...], eine überragende Stellung in der Geschäftsführung einnimmt [...] oder die Geschäfte in weiterem Umfang als der formelle Geschäftsführer wahrnimmt, die Seele des Geschäfts ist und bestimmenden Einfluss auf alle Geschäftsvorgänge hat."[23] Dieser Grundsatz gilt für faktische Geschäftsführer und faktische Vorstandsmitglieder gleichermaßen.

Die faktische Organstellung endet mit der tatsächlichen Aufgabe des Amtes. Wann das Amt rechtlich beendet wird, ist irrelevant. Eine zivilrechtlich „rückwirkende" Beendigung der Bestellung des Betroffenen hebt die strafrechtliche Verantwortlichkeit nicht nachträglich auf. – Nimmt das ausgeschiedene Vorstandsmitglied nach dem Ausscheiden noch einzelne Aufgaben wahr, ist es wie ein Vorstandsmitglied zu behandeln.

Für die strafrechtliche Verantwortlichkeit des faktischen Organs ist es unwesentlich, ob die Kapitalgesellschaft zivilrechtlich noch nicht wirksam entstanden oder noch nicht eingetragen ist. Die Auflösung der Aktiengesellschaft wirkt sich ebenso wenig aus, sofern die Rechtspersönlichkeit der Gesellschaft noch erhalten ist.

3.1.2 Mitglieder des Aufsichtsrats

Die Mitglieder des Aufsichtsrats einer Kapitalgesellschaft sind die Mitglieder des Aufsichtsrats einer Aktiengesellschaft, einer Kommanditgesellschaft auf Aktien und einer GmbH. Entscheidend ist auch hier die faktische Übernahme der Pflicht. Eine Stellvertretungsproblematik stellt sich bei Mitgliedern des Aufsichtsrats nicht (§ 101 Abs. 3 Satz 1 AktG). Ersatzmitglieder werden erst mit Eintritt der aufschiebenden Bedingung, dass ein Aufsichtsratsmitglied vor Ablauf seiner Amtszeit wegfällt, Aufsichtsratsmitglieder (§ 101 Abs. 3 Satz 2 AktG). Erst dann sind sie Normadressaten. – Stellvertretende Aufsichtsratsmitglieder einer

---

[21] Vgl. Otto Grundkurs Strafrecht AT, § 22 Rz. 103.

[22] Vgl. Otto Grundkurs Strafrecht AT, § 22 Rz. 104.

[23] Vgl. OLG Düsseldorf NStZ 1988, S. 368, 369; vgl. auch BGHSt 31, S. 118 ff. Die „überragende Stellung" des faktischen Organs lässt sich anhand einzelner Merkmale nur schwer fassen. Gleichwohl ist der von Dierlamm NStZ 1996, S. 156 entwickelte Katalog bei der Prüfung der „überragenden Stellung" nützlich.

GmbH (§ 52 GmbHG) sind verantwortlich, wenn sie in ihrer Eigenschaft als stellvertretende Aufsichtsratsmitglieder tätig geworden sind.[24]

3.2   Gegenstand der Tathandlung

Gegenstand der Tathandlung ist die Eröffnungsbilanz (§ 242 Abs. 1 Satz 1 HGB), der Jahresabschluss (§ 242 Abs. 3 HGB), der Lagebericht (§§ 264 Abs. 1 Satz 1, 289 HGB) – der auch den Anhang zum Lagebericht umfasst (§ 264 Abs. 1 Satz 1 HGB) – und der Zwischenabschluss (§ 340a Abs. 3 HGB). Ausnahmen von der Darstellung der Verhältnisse lässt § 286 HGB zu.

Die Verhältnisse der Gesellschaft umfassen alle wirtschaftlichen, sozialen und politischen Umstände – Tatsachen, Vorgänge, Daten, Schlussfolgerungen –, die für die Beurteilung der Situation und der Entwicklung der Kapitalgesellschaft von Bedeutung sind. Der Begriff der „Verhältnisse der Gesellschaft" ist unscharf. Anhand des geschützten Rechtsguts des § 331 HGB wird eine restriktive Auslegung des Begriffs befürwortet. Anzugeben sind danach alle vergangenen, gegenwärtigen und zukünftigen wirtschaftlichen, sozialen und politischen Umstände, die für die Beurteilung der Lage, der Funktion, des Erscheinungsbildes oder der Entwicklung der Gesellschaft erheblich sein können. Hierzu gehören auch die Beziehungen zu verbundenen Unternehmen. – Nicht mehr erfasst werden solche Verhältnisse, die bereits bei abstrakter Betrachtung für die Entscheidung des Betroffenen, mit der Gesellschaft in rechtliche oder wirtschaftliche Beziehung zu treten, keine Bedeutung haben.[25]

3.3   Tathandlung

3.3.1   Unrichtige Wiedergabe

Tathandlung ist die unrichtige Wiedergabe oder Verschleierung der Verhältnisse einer Kapitalgesellschaft. Unrichtig ist die Wiedergabe, wenn die Darstellung der Verhältnisse und die dadurch geschilderte wirtschaftliche Situation der Kapitalgesellschaft der in Wirklichkeit bestehenden Sachlage nicht entspricht. Entscheidend kommt es auf die objektiven Tatsachen an.[26] Der Inhalt der Erklärung richtet sich nach dem objektiven Empfängerhorizont.

Tatsachen sind unrichtig, wenn sie der Wirklichkeit nicht entsprechen. – Bewertungen, Schätzungen, Prognosen und Beurteilungen sind unrichtig, wenn sie auf unrichtigen Tatsachen beruhen, oder wenn die aus den Tatsachen gezogenen tatsächlichen oder rechtlichen Schlussfolgerungen objektiv unrichtig sind. Unrichtige Schlussfolgerungen oder Beurteilungen unterfallen dem Tatbestand nur, wenn sie grob unrichtig sind dergestalt, dass nach einheitlichem Konsens der einschlägigen Fachleute die Schlussfolgerung oder Beurteilung

---

[24]   Vgl. Otto in Heymann, § 331 HGB Rz. 16.

[25]   Vgl. eingehend Otto in Heymann, § 331 HGB Rz. 22; Quedenfeld in MüKo, § 331 HGB Rz. 41.

[26]   Vgl. BayObLG wistra 1987, S. 191; Otto in Heymann, § 331 HGB Rz. 25.

schlicht unvertretbar ist. Maßstab sind die Vorschriften des Bilanzrechts, die Grundsätze ordnungsgemäßer Buchführung und das Gebot, die Vermögens-, Finanz- und Ertragslage der Kapitalgesellschaft richtig darzustellen.[27]

Unrichtig ist die Wiedergabe der Verhältnisse auch, wenn die Angaben unvollständig sind, obwohl eine Pflicht besteht, die Angaben vollständig zu machen. Die Gesamtdarstellung, hinsichtlich derer ein Anspruch auf Vollständigkeit besteht, ist dann unrichtig.[28]

3.3.2   Verschleiern

Eine Verschleierung liegt vor, wenn die Verhältnisse der Kapitalgesellschaft objektiv zutreffend dargestellt werden, ihre Erkennbarkeit aber so erschwert wird, dass die Gefahr besteht, die wirtschaftlichen Verhältnisse der Kapitalgesellschaft unzutreffend zu beurteilen.[29] Das bedeutet für den Jahresabschluss, „dass er einem sachverständigen Dritten, also einem kundigen Bilanzleser, ein den tatsächlichen Verhältnissen entsprechendes Bild nicht innerhalb angemessener Zeit oder nicht ohne Hintergrundwissen verschafft."[30]

3.3.3   Unterscheidung beider Tatbestandsvarianten

Die Unterscheidung beider Tatbestandsalternativen besitzt kaum praktische Relevanz.[31] Immerhin kommt der Verschleierung verfahrenserleichternde Bedeutung zu. Der Täter, der die Verhältnisse geschickt manipuliert, aber objektiv zutreffend darstellt, bleibt nicht straffrei, sondern wird wegen Verschleierung bestraft.

3.3.4   Darstellung un-/günstiger Verhältnisse

Ob die Verhältnisse zu günstig oder zu ungünstig dargestellt werden, ist irrelevant. Gefahren für den geschützten Personenkreis können sich aus beiden Situationen ergeben. Ein zu günstiges Bild kann die Gläubiger der Gesellschaft, ein zu ungünstiges Bild die Gesellschafter der Gesellschaft täuschen.[32]

---

[27]   Vgl. Quedenfeld in MüKo, § 331 HGB Rz. 35.
[28]   Vgl. Otto in Heymann, § 331 HGB Rz. 28. Es liegt ein Fall positiven Tuns vor.
[29]   Vgl. Otto in Heymann, § 331 HGB Rz. 29; Quedenfeld in MüKo, § 331 HGB Rz. 39.
[30]   Vgl. H. Weber in Leffson/Rückle/Großfeld, S. 324.
[31]   Vgl. etwa Quedenfeld in MüKo, § 331 HGB Rz. 33.
[32]   Vgl. Quedenfeld in MüKo, § 331 HGB Rz. 38.

4 Unrichtige Wiedergabe oder Verschleierung der Verhältnisse einer Kapitalgesellschaft (§ 331 Nr. 1a HGB)

4.1 Gegenstand der Tathandlung

Für große (§ 267 Abs. 3 HGB) Kapitalgesellschaften (arg. e. con. §§ 326, 327 HGB) besteht ein Wahlrecht, statt eines Jahresabschlusses einen Einzelabschluss zu erstellen, der nach den in § 315a Abs. 1 HGB bezeichneten internationalen Rechnungslegungsstandards aufzustellen ist. Der Einzelabschluss dient aber nur der Publizität der Rechnungslegung (§ 325 HGB). Er verdrängt den Jahresabschluss in seiner gesellschaftsrechtlichen, steuerlichen und aufsichtsrechtlichen Bedeutung nicht.

4.2 Täter

Taugliche Täter sind nur die Mitglieder des vertretungsberechtigten Organs einer Kapitalgesellschaft.

4.3 Tathandlung

Tatbestandsmäßig ist die Offenlegung eines Einzelabschlusses (§ 315a Abs. 1 HGB), in dem die Verhältnisse der Kapitalgesellschaft unrichtig wiedergegeben oder verschleiert worden sind, zum Zwecke der Befreiung nach § 325 Abs. 2a Satz 1, Abs. 2b HGB. Offenlegung ist nach § 325 Abs. 2 HGB die Bekanntmachung des Einzelabschlusses im Bundesanzeiger und die Einreichung der Bekanntmachung mit der Beifügung der genannten Unterlagen zum Handelsregister.

5 Unrichtige Wiedergabe oder Verschleierung der Verhältnisse des Konzerns (§ 331 Nr. 2 HGB)

5.1 Täter

Die Pflicht zur Aufstellung eines Konzernabschlusses und eines Konzernlageberichts ergibt sich aus §§ 290 ff. HGB und die zur Aufstellung eines Konzernzwischenabschlusses aus § 340i Abs. 4 HGB. – Täter sind die Mitglieder des vertretungsberechtigten Organs oder des Aufsichtsrats einer Kapitalgesellschaft.

5.2 Konzern

Der Begriff des Konzerns ist in § 18 AktG definiert, wobei die Unterscheidung zwischen Unterordnungs- (§ 18 Abs. 1 Satz 1 AktG) und Gleichordnungskonzernen (§ 18 Abs. 1 Satz 2 AktG) für die §§ 331 ff. HGB gleichgültig ist. Die Vermutungsregelung des § 18 Abs. 1 Satz 3 HGB ist im Strafrecht unanwendbar. Die Voraussetzungen eines Konzerns sind nachzuweisen.[33]

5.3 Tathandlung

Tatbestandsmäßig sind die unrichtige Wiedergabe und das Verschleiern der Verhältnisse des Konzerns.

---

[33] Vgl. eingehend Geilen, AktG, § 400 AktG Rz. 88; Otto in Heymann, § 331 HGB Rz. 47.

6 Offenlegung eines unrichtigen Konzernabschlusses oder Konzernlageberichts (§ 331 Nr. 3 HGB)

6.1 Täter

Taugliche Täter sind bei § 331 Nr. 3 HGB ausschließlich die Mitglieder des vertretungsberechtigten Organs einer Kapitalgesellschaft. Der Täter kann dem befreiten Mutterunternehmen oder dem Mutterunternehmen angehören, das den Konzernabschluss und den Konzernlagebericht aufgestellt hat. Die Offenlegung nach §§ 291, 292 HGB kann durch jedes der beiden Unternehmen erfolgen.

6.2 Gegenstand der Tathandlung

Gegenstand der Tathandlung sind der Konzernabschluss und der Konzernlagebericht.

6.3 Tatverhalten

Tatbestandsmäßig ist die Offenlegung eines Konzernanschlusses oder Konzernlageberichts, in dem die Verhältnisse des Konzerns unrichtig wiedergegeben oder verschleiert werden, zum Zwecke der Befreiung nach § 291 Abs. 1 und 2 HGB oder einer nach § 292 HGB erlassenen Rechtsverordnung. – Ist das Mutterunternehmen auf der höheren Stufe nach § 290 HGB nicht selbst zur Aufstellung eines Konzernabschlusses und Konzernlageberichts gesetzlich verpflichtet, besteht das strafbare Verhalten erst in der tatsächlichen Offenlegung dieser Unterlagen. Das ist konsequent. Erst die tatsächliche Offenlegung der Unterlagen zum Zweck der Befreiung lässt erkennen, dass das Unternehmen von den Konzernabschlüssen und den Konzernlageberichten zur Erfüllung der gesetzlichen Verpflichtung Gebrauch machen will.[34]

---

[34]   Vgl. Otto in Heymann, § 331 HGB Rz. 58.

7 Unrichtige Versicherung (§ 331 Nr. 3a HGB)

7.1 Täter

Täter können die gesetzlichen Vertreter einer Kapitalgesellschaft sein, die Inlandsemittent i. S. d. § 2 Abs. 7 WpHG und keine Kapitalgesellschaft i. S. d. § 327a HGB ist.

7.2 Gegenstand der Tathandlung

Gegenstand der Tathandlung ist der Jahresabschluss und der Anhang (§ 264 Abs. 2 Satz 3 HGB), der Lagebericht (§ 289 Abs. 1 Satz 5 HGB), der Konzernabschluss und Konzernanhang (§ 297 Abs. 2 Satz 4 HGB), Konzernlagebericht (§ 315 Abs.1 Satz 6 HGB).

7.3 Tathandlung

Die unrichtige Versicherung, die als „Bilanzeid" bezeichnet wird, hat schriftlich zu erfolgen. Es ist nach bestem Wissen zu versichern, dass der Jahresabschluss (§ 264 Abs. 2 Satz 3 HGB) und der Lagebericht (§ 289 Abs. 1 Satz 5 HGB) sowie der Konzernabschluss (§ 297 Abs. 2 Satz 4 HGB) und der Konzernlagebericht (315 Abs. 1 Satz 6 HGB) ein den tatsächlichen Verhältnissen entsprechendes Bild vermitteln. – Die Nichtabgabe der Versicherung ist nicht tatbestandsmäßig, weil es am Gegenstand der Tathandlung fehlt. Die Nichtabgabe der Versicherung ist eine Ordnungswidrigkeit (§§ 39 Abs. 2 Nr. 19 i. V. m. 37 Abs. 2 Nr. 3 WpHG).

8 Unrichtige Angaben gegenüber Abschlussprüfern (§ 331 Nr. 4 HGB)

8.1 Täter

Taugliche Täter sind die zu Nachweisen und Aufklärungen verpflichteten Mitglieder des vertretungsberechtigten Organs der Kapitalgesellschaft oder die gesetzlichen Vertreter (Mitglieder des vertretungsberechtigten Organs oder die vertretungsberechtigten Gesellschafter) eines der Tochterunternehmen im Sinne des § 290 Abs. 1, 2 HGB. Das Tochterunternehmen muss keine Kapitalgesellschaft sein.

8.2   Gegenstand der Tathandlung

Gegenstand der Tathandlung sind Aufklärungen oder Nachweise, die nach § 320 HGB einem Abschlussprüfer der Kapitalgesellschaft, eines verbundenen Unternehmens oder des Konzerns zu geben sind. Die Strafbarkeit nach § 331 Nr. 4 HGB ist bedingt und begrenzt durch das Auskunftsrecht des Abschlussprüfers nach § 320 Abs. 2 und 3 HGB, auf das in § 331 Nr. 4 HGB verwiesen wird.

„Aufklärungen und Nachweise" (§ 331 Nr. 4 HGB) sind denkbar weit auszulegen. Das ergibt sich aus dem geschützten Rechtsgut des § 331 HGB, wonach das Vertrauen in die Richtigkeit und Vollständigkeit bestimmter Angaben über die Geschäftsverhältnisse von Kapitalgesellschaften geschützt sein soll.[35] Dementsprechend sollen durch die Aufklärungen und Nachweise die Richtigkeit, Vollständigkeit und Klarheit aller für die Ermittlung eines sachgerechten Prüfungsergebnisses erforderlichen Abgaben sichergestellt werden. Aufklärungen sind Erklärungen jeder Art, die zur Klärung von Zweifelsfragen oder Widersprüchen erforderlich werden. Nachweise sind Unterlagen (Bücher, Schriften, Urkunden usw.) oder andere Gegenstände, welche den von der Prüfung erfassten Bereich belegen (z.B. Inventurlisten).

Nach §§ 331 Nr. 4, 320 Abs. 2, 3 HGB besteht das Auskunftsrecht gegenüber dem Abschlussprüfer. Nicht ausdrücklich genannt werden in § 331 Nr. 4 HGB – im Gegensatz zu §§ 332, 333 HGB – die Gehilfen des Abschlussprüfers. Daraus ist nicht der Schluss zu ziehen, dass unrichtige Angaben gegenüber Gehilfen von Abschlussprüfern straffrei möglich wären. Die ausdrückliche Erwähnung des Abschlussprüfers in § 331 Nr. 4 HGB beschreibt lediglich „den thematischen Zusammenhang mit der ihm obliegenden Prüfungsaufgabe".[36] Angaben sind gegenüber dem Abschlussprüfer gemacht, wenn sie an einen seiner Sphäre zuzurechnenden, mit der Prüfungsaufgabe betrauten Adressaten gerichtet sind. Ein persönlicher Kontakt zum Abschlussprüfer ist nicht erforderlich.[37]

8.3   Tathandlung

Der Tatbestand ist erfüllt, wenn der Täter in den entsprechenden Aufklärungen und Nachweisen unrichtige Angaben macht oder die Verhältnisse der Kapitalgesellschaft, eines Tochterunternehmens oder des Konzerns unrichtig wiedergibt oder verschleiert. Unrichtige Angaben sind nachprüfbare Aussagen über Tatsachen, deren Inhalt mit der objektiven Wirklichkeit nicht übereinstimmen. Das können tatsächliche Behauptungen, Schätzungen, Bewertungen,

---

[35]   Vgl. Otto in Heymann, HGB, § 331 HGB Rz. 1; Quedenfeld in MüKo, § 331 HGB Rz. 1.
[36]   Vgl. Geilen, AktG, § 400 AktG Rz. 104.
[37]   Vgl. Otto in Heymann, HGB, § 331 HGB Rz. 70.

Prognosen usw. sein.[38] Die offene Verweigerung von Angaben steht dem Machen unrichtiger Angaben nicht gleich.[39]

9   Vorsatz und Leichtfertigkeit

9.1   Vorsatz

§ 331 HGB erfordert Vorsatz. Bedingter Vorsatz genügt. Dieser liegt bei § 331 Nr. 1 HGB vor, wenn der Täter aufgrund konkreter Anhaltspunkte die konkrete Gefahr erkennt, dass er die Verhältnisse der Gesellschaft unrichtig wiedergibt oder verschleiert, sich aber damit abfindet, ohne eine Überprüfung durchzuführen. Vage Hoffnungen, die Verhältnisse werden richtig wiedergegeben oder nicht verschleiert dargestellt, entlasten den Täter dann nicht.[40] „Blindes" Vertrauen in die Richtigkeit der Darstellung ist, wenn der Täter von der Richtigkeit der Darstellung überzeugt ist, bewusste Fahrlässigkeit.

9.2   § 331 Nr. 1a, 3 HGB

Bei § 331 Nr. 1a und 3 HGB genügt auch Leichtfertigkeit. Leichtfertigkeit ist eine gravierende Form der bewussten und unbewussten Fahrlässigkeit, die der groben Fahrlässigkeit im Zivilrecht etwa entspricht. Als Maßstab für die Grobheit der Fahrlässigkeit dient die Nähe zum Erfolg. Grob fahrlässig handelt, wem sich nach den konkreten Tatumständen und seinen physischen und psychischen Fähigkeiten die Erkenntnis der Rechtsgutsbeeinträchtigung geradezu aufdrängen muss.[41] – Die Offenlegung (§ 331 Nr. 1a, 3 HGB) muss zum Zweck der Befreiung erfolgen. Erforderlich ist zielgerichtetes Handeln (dolus directus 1. Grades). Bedingter Vorsatz genügt nicht. Nicht ausreichend ist auch die Offenlegung zu einem anderen Zweck.

---

[38]   Vgl. Otto in Heymann, § 331 HGB Rz. 72.

[39]   Vgl. Otto in Heymann, § 331 HGB Rz. 74.

[40]   Vgl. eingehend zur Abgrenzung des bedingten Vorsatzes von der bewussten Fahrlässigkeit Fischer, StGB, § 15 StGB Rz. 9 ff; Kühl Strafrecht AT, § 5 Rz. 43 ff; Otto Grundkurs Strafrecht AT, § 7 Rz. 34; Roxin Strafrecht AT Bd. I, § 12 Rz. 21 ff.

[41]   Vgl. BGHSt 14, S. 255; 33, S. 67; 43, S. 168; Fischer, StGB § 15 StGB Rz. 20; Otto Grundkurs Strafrecht AT, § 10 Rz. 10; Roxin Strafrecht AT Bd. I, § 24 Rz. 74 ff.

10   Rechtswidrigkeit

10.1   Einwilligung und Weisung

Eine Einwilligung oder Weisung auf Seiten der Gesellschaft kann die unrichtige Wiedergabe oder Verschleierung der Verhältnisse nicht rechtfertigen.[42] Das geschützte Rechtsgut besitzt überindividuellen Charakter.

10.2   Notstand (§ 34 StGB)

Eine Rechtfertigung durch übergesetzlichen Notstand ist nicht generell ausgeschlossen.[43] Sie beschränkt sich allerdings auf ganz atypische Ausnahmesituationen, in denen die aus den Rechenwerken gezogenen, folgenschweren, negativen Schlüsse für die Gesellschaft nicht berechtigt wären. Über diese Ausnahmesituationen hinaus ist die Entscheidung des Gesetzgebers, sich für die Publizitätswirkung zu entscheiden, auch wenn daraus negative Schlüsse für die Gesellschaft gezogen werden können und sollen, zu respektieren.

---

[42]   Vgl. Quedenfeld in MüKo, § 331 HGB Rz. 71.
[43]   Vgl. zum Meinungsstand Quedenfeld in MüKo, § 331 HGB Rz. 71.

§ 2 Verletzung der Berichtspflicht (§ 332 HGB)

1 Geschützes Rechtsgut

Das geschützte Rechtsgut ist das Vertrauen in den Prüfungsbericht und den Bestätigungsvermerk und damit in die Richtigkeit und Vollständigkeit der gewissenhaft und unparteiisch durch ein unabhängiges Kontrollorgan geprüften Abschlüsse und Lageberichte.[44] – Geschützte Personen sind die Kapitalgesellschaft, ihre Arbeitnehmer, gegenwärtige und künftige Aktionäre, der Gesellschaftsgläubiger sowie dritte Personen, die rechtliche Beziehungen zu der Gesellschaft unterhalten oder aufnehmen wollen.

2 Täterkreis

§ 332 HGB ist ein – abstraktes Gefährdungsdelikt und – echtes Sonderdelikt. Täter können nur Abschlussprüfer (vgl. zu den denkbaren Personen § 319 HGB) und ihre Gehilfen sein. Gehilfen sind die Personen, die den Abschlussprüfer bei seiner Tätigkeit unterstützen. Nicht jeder Gehilfe ist jedoch Gehilfe im Sinne des § 332 HGB. Gehilfe im Sinne des § 332 HGB ist, wer thematisch mit der Prüfungstätigkeit betraut ist. Geschützt ist das Vertrauen in den gewissenhaften und unparteiischen Abschlussprüfer. An diesem Vertrauensschutz nehmen bloße Schreibkräfte oder sonstige, mit den Prüfungsaufgaben nicht betraute Bürokräfte nicht teil.[45] Gehilfe des unparteiisch handelnden Abschlussprüfers kann auch nicht sein, wer Mitarbeiter des Unternehmens ist, das geprüft wird.[46]

Die strafrechtliche Verantwortung des Abschlussprüfers besteht, auch wenn seine Bestellung zum Abschlussprüfer rechtlich unwirksam ist. Das Vorliegen von Ausschlussgründen steht der faktischen Tätereigenschaft[47] nicht entgegen. Erforderlich ist allerdings ein Bestellungsakt durch das zuständige Organ. – Die strafrechtliche Verantwortung knüpft an die tatsächliche Durchführung der Prüfung an. Die bloße Anmaßung einer Prüfertätigkeit genügt nicht. –

---

[44] Vgl. Otto in Heymann, § 332 HGB Rz. 1.

[45] Vgl. Otto in Heymann, § 332 HGB Rz. 4.

[46] Vgl. Geilen in GS Schlüchter, 2002, S. 283, 291; Quedenfeld in MüKo, § 332 HGB Rz. 11 mwN. AA. von Godin/Wilhelmi, AktG, § 403 AktG Rz. 2.

[47] Vgl. eingehend § 1, 3.1.1.

In der Literatur wird die Tätereigenschaft abgelehnt, wenn der Prüfer die Prüfungsqualifikation erkennbar nicht besitzt. In dieser Situation fehle es an der Schutzwürdigkeit des Vertrauens, die § 332 HGB gewährleisten soll.[48]

In der Praxis wird häufig eine Wirtschaftsprüfungsgesellschaft oder eine Buchprüfungsgesellschaft zum Abschlussprüfer bestellt (§ 319 HGB). Die Tätereigenschaft der gesetzlichen Vertreter der Prüfungsgesellschaft richtet sich nach § 14 StGB. Gehaftet wird für die eigene Tätigkeit bei der Abschlussprüfung und für die Vernachlässigung von Überwachungspflichten der für ihre Gesellschaft tätigen Personen. Die übrigen Personen der Prüfungsgesellschaft, die nicht deren gesetzliche Vertreter sind, aber bei der Prüfung mitwirken, sind Prüfungsgehilfen. Ob sie Leitungspositionen innehaben, steht dem nicht entgegen.[49]

3   Gegenstand der Tathandlung

Gegenstand der Tathandlung ist der schriftliche Prüfungsbericht (§§ 317, 321 Abs. 1 Satz 2 bis 4, Abs. 2 HGB) und der Bestätigungsvermerk (§ 322 HGB).

4   Tatverhalten

4.1   Unrichtiges Berichten

Bezugsgegenstand des unrichtigen Berichts sind die Ergebnisse der Prüfung, nicht aber die Wirklichkeit. Unrichtig ist der Bericht, wenn er von den Prüfungsfeststellungen abweicht. Ob der Bericht objektiv richtig ist oder nicht, ob er also mit der Wirklichkeit übereinstimmt, ist belanglos. Strafrechtlich geschützt wird in § 332 HGB nicht unmittelbar das Vertrauen in die Prüfungsergebnisse, sondern das Vertrauen in die Richtigkeit des Berichts über das Ergebnis der Prüfung.[50]

Daraus sind die Konsequenzen zu ziehen. Aus der Bezugnahme des unrichtigen Berichts auf den schriftlichen Prüfungsbericht folgt, dass vor der Fertigstellung des Prüfungsberichts nicht unrichtig berichtet werden kann. Nicht tatbestandsmäßig sind auch außerhalb des Prü-

---

[48]   Vgl. Quedenfeld in MüKo, § 332 HGB Rz. 7 Rz. 12 mit dem Beispiel, dass ein Steuerberater unter seiner Berufsbezeichnung ein Testat nach § 322 HGB erteilt.

[49]   Vgl. Otto in Heymann, § 332 HGB Rz. 10; Quedenfeld in MüKo, § 332 HGB Rz. 5 leitet die Haftung aus § 14 Abs. 2 Satz 1 Nr. 2 StGB ab.

[50]   Vgl. Otto in Heymann, § 332 HGB Rz. 15.

fungsberichts stehende mündliche Äußerungen des Prüfers, mögen sie auch objektiv unzutreffend sein.

Die pflichtwidrige Nichterstattung eines Prüfungsberichts ist nicht tatbestandsmäßig.[51] Wird ein Bericht erstellt, so ist zu unterscheiden. Der Bericht ist unrichtig, wenn der Prüfer nicht pflichtgemäß über seine Feststellungen berichtet, etwa einen von ihm erkannten Mangel verschweigt, unabhängig davon, ob der Mangel in Wirklichkeit besteht. Umgekehrt ist der Bericht richtig, wenn der Prüfer einen Mangel nicht erkennt, und nur das Ergebnis seiner Feststellungen mitteilt.

Gegenstand des unrichtigen Berichts sind die Ergebnisse der Prüfung. Aus dem Bezug des Berichts zu dem Ergebnis der Prüfung ergibt sich eine Einschränkung. Nicht jede unrichtige Angabe im Prüfungsbericht ist tatbestandsmäßig. Tatbestandsmäßig sind vielmehr nur solche unrichtigen Angaben, die die zutreffende Wiedergabe des Prüfungsergebnisses so berühren, dass dieses durch die Angaben unrichtig wird. Die Angaben müssen „erheblich" sein. Sie sind unerheblich, wenn die unrichtigen Einzelangaben das Ergebnis der Prüfung nicht berühren.[52]

Unrichtig können wiedergegeben werden die tatsächlichen Feststellungen und die vom Prüfer gefällten Werturteile, wenn sie von den tatsächlichen Feststellungen nicht hinreichend getragen werden. Unrichtig ist der Prüfungsbericht, wenn der Prüfer gar keine Prüfung durchgeführt hat, jedoch einen Prüfungsbericht erstellt, in dem er die ihm mitgeteilten Tatsachen wiedergibt.[53]

4.2 Verschweigen erheblicher Umstände

Bezugsgegenstand des Verschweigens erheblicher Umstände ist der Prüfungsbericht (§ 321 HGB). Durch das Verschweigen erheblicher Umstände, auf die sich der Prüfungsbericht pflichtgemäß beziehen muss, wird der Bericht unvollständig und damit insgesamt unrichtig. Die Tatbestandsalternative des unrichtigen Berichtens über Prüfungsfeststellungen erfasst die ausdrückliche Täuschung, das Verschweigen erheblicher Umstände dagegen die konkludente Täuschung. Beide Fälle sind solche des positiven Tuns.

Die Umstände, die verschwiegen werden, müssen „erheblich" sein. „Erhebliche Umstände" sind alle Angaben, die für den Empfänger des Berichts oder für sonstige interessierte Leser im Hinblick auf das Prüfungsergebnis bedeutsam sein können. Das sind alle Umstände, auf die sich die Prüfungs- und Berichtspflicht erstreckt.[54]

---

[51] Vgl. Otto in Heymann, § 332 HGB Rz. 19; Quedenfeld in MüKo, § 332 HGB Rz. 20.

[52] Vgl. Quedenfeld in MüKo, § 332 HGB Rz. 21.

[53] Vgl. Quedenfeld in MüKo, § 332 HGB Rz. 18 ff.

[54] Vgl. Otto in Heymann, § 332 HGB Rz. 20 ff.

4.3 Der inhaltlich unrichtige Bestätigungsvermerk

Ein inhaltlich unrichtiger Bestätigungsvermerk liegt vor, wenn der Bestätigungsvermerk objektiv nicht dem Prüfungsergebnis entspricht, zu dem der Prüfer bei pflichtgemäßem Handeln hätte gelangen müssen.

Damit ist der uneingeschränkte (§ 322 Abs. 2 Satz 1 Nr. 1 HGB) und der eingeschränkte Bestätigungsvermerk (§ 322 Abs. 2 Satz 1 Nr. 2 HGB) tatbestandlich erfasst. Tatbestandlich ist aber auch der Bestätigungsvermerk erfasst, der aufgrund von Einwendungen versagt wird (§ 322 Abs. 2 Satz 1 Nr. 3 HGB), und der Bestätigungsvermerk, der deshalb versagt wird, weil der Abschlussprüfer nicht in der Lage ist, ein Prüfungsurteil abzugeben (§ 322 Abs. 2 Satz 1 Nr. 4 HGB). Die auf den Wortlaut des §§ 322 Abs. 4 Satz 2, Abs. 5 Satz 2 HGB gestützte Auffassung,[55] die beiden zuletzt genannten Alternativen seien tatbestandlich nicht erfasst, weil das Gesetz sie gerade nicht als „Bestätigungsvermerk" bezeichne, verfängt aus systematischen Gründen nicht. § 332 HGB schützt umfassend vor der Erteilung eines unrichtigen Bestätigungsvermerks. Nicht nur das positive Prüfungsergebnis, sondern auch das negative Prüfungsergebnis, dass die Einschränkung oder Versagung des Bestätigungsvermerks begründet, muss in dem Bericht durch einen entsprechenden, vom Prüfer unterzeichneten Vermerk zum Ausdruck kommen. Dieser umfassende Schutz ist auch sachgerecht. Das geschützte Rechtsgut, das Vertrauen in die Richtigkeit und Vollständigkeit der gewissenhaft und unparteiisch durch ein unabhängiges Kontrollorgan geprüften Abschlüsse und Lageberichte, ist auch dann beeinträchtigt, wenn ein Bestätigungsvermerk versagt wird, obwohl nach dem Ergebnis der Prüfung keine berechtigten Einwendungen zu erheben gewesen wären.[56]

Nicht jede falsche Angabe macht den Bestätigungsvermerk unrichtig im Sinne des § 332 HGB, sondern nur solche falschen Angaben, die den Inhalt des Prüfungsvermerks berühren. Falsche Angaben des Ortes oder des Tages im Prüfungsvermerk sind deshalb nicht tatbestandsmäßig.

Erkennt der Prüfer nach Eingang des Prüfungsberichts bei den gesetzlichen Vertretern der Kapitalgesellschaft eine Unrichtigkeit im Prüfungsbericht, wird er nicht dadurch zum Unterlassungstäter – durch Ingerenz – nach § 332 HGB, wenn er keine Berichtigung vornimmt.[57]

4.4 Tathandlung des Gehilfen

Prüfungsgehilfen berichten nicht selbst und erteilen keinen Bestätigungsvermerk. Der Wortlaut des Gesetzes in § 332 Abs. 1 HGB, der auf eine eigene Prüfungstätigkeit des Gehilfen hindeutet, ist zu modifizieren. Der Gehilfe kann den Tatbestand verwirklichen, indem er bei der Vorbereitung des vom Abschlussprüfer zu verantwortenden Berichts durch unrichtige Angabe den Abschlussprüfer irreführt. Der Gehilfe verwirklicht den Tatbestand auch dann,

---

[55] Vgl. eingehend Quedenfeld in MüKo, § 332 HGB Rz. 27.
[56] Vgl. Otto in Heymann, § 332 HGB Rz. 27.
[57] Vgl. Otto in Heymann, § 332 HGB Rz. 23.

wenn er nicht verhindert, dass ein von ihm falsch oder unvollständig erstellter Prüfungsteil vom Abschlussprüfer in seinem Bericht übernommen wird.[58]

4.5   Vorsatz

Der Tatbestand setzt Vorsatz voraus. Bedingter Vorsatz genügt. Bedingter Vorsatz liegt vor, wenn der Prüfer konkrete Anhaltspunkte dafür hat, dass der Bericht lückenhaft ist, er ihn aber gleichwohl erstattet, ohne eine weitere Prüfung durchzuführen. Eine Täuschungs- oder Schädigungsabsicht als weiteres Unrechtselement wird nicht vorausgesetzt.

5   Rechtswidrigkeit

Die Berichtspflicht kann in Konflikt mit dem Gesellschaftsinteresse treten. Der Gesetzgeber hat die Berichtspflicht in Kenntnis der möglichen Konfliktsituationen normiert und damit zum Ausdruck gebracht, dass die Berichtspflicht dem Gesellschaftsinteresse in Konfliktsituationen vorgeht. Nur in ganz atypisch gelagerten Fallgestaltungen („extreme Ausnahmesituationen") kann es einmal anders liegen. – In der gleichen Weise geht die Berichtspflicht dem Geheimhaltungsinteresse der Gesellschaft nach § 333 HGB vor.[59]

6   Qualifikationstatbestände

§ 332 Abs. 2 HGB normiert qualifizierende Unrechtsmerkmale. Das Handeln gegen Entgelt, in Bereicherungs- oder Schädigungsabsicht sind keine besonderen persönlichen Merkmale (§ 28 StGB), weil sie nicht die Pflichtenposition des Täters berühren.[60]

6.1   Handeln gegen Entgelt

Entgelt ist jede in einem Vermögensvorteil bestehende Gegenleistung (§ 11 Abs. 1 Nr. 9 StGB). Nicht erfasst werden immaterielle Vermögensvorteile. Die Gegenleistung muss je-

---

[58]   Vgl. Otto in Heymann, § 332 HGB Rz. 8.

[59]   Vgl. Otto in Heymann, § 332 HGB Rz. 38; Quedenfeld in MüKo, § 332 HGB Rz. 30.

[60]   Vgl. Otto in Heymann, § 332 HGB Rz. 42; aA. Quedenfeld in MüKo, § 332 HGB Rz. 49. Vgl. allgemein zu den „besonderen persönlichen Merkmalen" (§ 28 Abs. 2 StGB) Otto Grundkurs Strafrecht AT, § 22 Rz. 13 ff.

doch nicht in Geld bestehen. Jede vermögenswerte Leistung genügt, der der Charakter eines „Kaufpreises" zukommt.

Die höhere Strafwürdigkeit des Verhaltens wird damit begründet, dass der Täter seine Berichtspflicht gegen Entgelt verletzt. Es muss ein Entgelt vereinbart sein, um dessentwillen der Täter handelt. Solange der Täter nur das übliche Honorar erhält, ist der Qualifikationstatbestand nicht erfüllt. Das Entgelt ist mit dem Honorarinteresse des Prüfers nicht identisch, sondern steht daneben.[61] Ob das Entgelt tatsächlich gezahlt wird, ist irrelevant. Eine nach dem Handeln getroffene Zahlungsvereinbarung erfüllt den Tatbestand des Handelns gegen Entgelt nicht. Anders kann eine Situation zu beurteilen sein, wenn der Täter das Entgelt bei der Tathandlung bereits erwarten konnte.

6.2   Bereicherungsabsicht

Bereicherungsabsicht liegt vor, wenn der Täter die Erlangung eines rechtswidrigen Vermögensvorteils anstrebt. Rechtswidrig ist der Vermögensvorteil, auf den der Täter keinen Anspruch hat. – Wenngleich es sich aus dem Wortlaut des Gesetzes nicht unmittelbar ergibt, muss der Wille des Täters auf die Erlangung eines rechtswidrigen Vermögensvorteils gerichtet sein. Erst das Handeln des Täters um des Vorteils willen, auf den er keinen Anspruch hat, rechtfertigt die höhere Strafe.[62] Das ist der Bereicherungsabsicht immanent.

Absicht ist hier dolus directus 1. Grades. Der Täter muss die Erzielung des rechtswidrigen Vermögensvorteils anstreben.

6.3   Schädigungsabsicht

Schädigungsabsicht ist gegeben, wenn der Täter darauf abzielt, einem anderen einen Vermögensnachteil zuzufügen. Aus dem Wortlaut des Gesetzes schließt die herrschende Meinung, unter § 332 Abs. 2 HGB fallen alle Vermögensnachteile. Daher seien auch immaterielle Vermögensnachteile erfasst.[63] Sachlich angemessen dürfte es dagegen sein, den Vermögensnachteil auf materielle Vermögensnachteile zu beschränken, weil bei § 332 Abs. 2 HGB die Bereicherungsabsicht und die Schädigungsabsicht korrespondieren.[64]

---

[61]   Vgl. Quedenfeld in MüKo, § 332 HGB Rz. 45.
[62]   Vgl. Otto in Heymann, § 332 HGB Rz. 34. AA. etwa Quedenfeld in MüKo, § 332 HGB Rz. 46.
[63]   Vgl. etwa Quedenfeld in MüKo, §332 HGB Rz. 48.
[64]   Vgl. Otto in Heymann, § 332 HGB Rz. 37.

§ 3 Verletzung der Geheimhaltungspflichten (§ 333 HGB)

1 Geschütztes Rechtsgut

Geschütztes Rechtsgut des § 333 HGB sind die Interessen der Kapitalgesellschaft und der im Gesetz genannten, mit ihr verbundenen Unternehmen sowie die Interessen der Aktionäre, Gesellschafter oder anderer in Betracht kommender Eigner der Kapitalgesellschaft und dieser Unternehmen an der Bewahrung der Geheimnisse des Unternehmens. Der Schutz der Interessen der Unternehmen und der ihrer Eigner bilden eine Einheit.[65] – Die Interessen der Gesellschaftsgläubiger und der Arbeitnehmer der Unternehmen werden nicht geschützt.[66]

2 Täterkreis

§ 333 HGB ist – ein abstraktes Gefährdungsdelikt und – ein echtes Sonderdelikt.[67] Taugliche Täter sind der Abschlussprüfer und die Gehilfen des Abschlussprüfers. Beschäftigte bei einer Prüfstelle (§ 342b Abs. 1 HGB) sind die bei der Prüfstelle beschäftigten und die sonstigen Personen, derer sich die Prüfstelle bei der Durchführung ihrer Aufgaben bedient (§ 342b Abs. 1 Satz 4 HGB). Die Täterqualifikation muss im Zeitpunkt der Kenntniserlangung vorliegen.

Das Geheimnis muss dem Täter in seiner Eigenschaft als Abschlussprüfer oder Gehilfe des Abschlussprüfers bei der Prüfung des Jahres- (§§ 242 ff., 264 ff. HGB), des Einzel- (§ 325 Abs. 2a HGB) oder des Konzernabschlusses (§§ 297, 298 HGB) bekannt geworden sein. Der Beschäftigte einer Prüfstelle (§ 342b Abs. 1 HGB) muss von dem Geheimnis oder der Erkenntnis bei der Prüfungstätigkeit Kenntnis erlangt haben. In diesem Zusammenhang gelten die gesetzlichen Verschwiegenheitspflichten (§§ 323 Abs. 1 Satz 1, 342c HGB). Das Gesetz fordert in § 333 HGB daher einen unmittelbaren, funktionellen Zusammenhang zwischen der konkreten Prüfungstätigkeit und dem Bekanntwerden des Geheimnisses.[68] – Nicht ausrei-

---

[65] Vgl. Otto in Heymann, § 333 HGB Rz. 4 f.

[66] Vgl. aA. für die Aktiengesellschaft Geilen, AktG, § 404 AktG Rz. 11. Die in § 333 HGB beschriebene Tathandlung berührt die Interessen der Arbeitnehmer nicht unmittelbar.

[67] Vgl. Otto in Heymann, § 333 HGB Rz. 9; Quedenfeld in MüKo, § 333 HGB Rz. 1.

[68] Vgl. Otto in Heymann, § 333 HGB Rz. 11; Quedenfeld in MüKo, § 333 HGB Rz. 18.

chend ist die private Kenntniserlangung oder die berufliche Kenntniserlangung in einem anderen Zusammenhang.

Liegt die Täterqualifikation im Zeitpunkt der Kenntniserlangung nicht vor und/oder erlangt der Täter die Kenntnis nicht in funktionellem Zusammenhang mit der konkreten Prüfungstätigkeit, kommt nicht § 333 HGB, sondern allenfalls § 203 StGB in Betracht.[69]

3   Gegenstand der Tathandlung

Das Gesetz nennt das Geheimnis als Oberbegriff. Betriebs- und Geschäftsgeheimnisse sowie die Erkenntnisse über das Unternehmen werden sodann besonders hervorgehoben.

3.1   Definition des Geheimnisses

Das Geheimnis konstituieren objektive und subjektive Elemente.[70] Geheimnisse des Unternehmens sind das Unternehmen betreffende, nicht offenkundige Tatsachen, hinsichtlich deren ein objektives Geheimhaltungsinteresse des Unternehmens besteht und die es nicht offenbaren will.[71]

Offenkundig ist eine Tatsache, wenn sie entweder allgemein bekannt oder derart zugänglich ist, dass für jeden Interessierten die tatsächliche Möglichkeit besteht, sich unter Zuhilfenahme lauterer Mittel Kenntnis von der Tatsache zu verschaffen. – Nicht offenkundig ist dagegen eine Tatsache, die nur einem eng umgrenzten Personenkreis bekannt ist. Dieser Kreis von Personen darf nicht so weit sein, dass das Geheimnis einem beliebigen fremden Zugriff preisgegeben ist. Besitzen lediglich die mit einem bestimmten, das Geheimnis befassten Arbeitsvorgang beschäftigten Betriebsangehörigen, einzelne Kunden oder Lieferanten Kenntnis, ist das Geheimnis nicht offenkundig.

Das objektive Geheimhaltungsinteresse wird bestimmt durch den Maßstab sachgemäßer Unternehmensführung. Ein Geheimhaltungsinteresse ist anzunehmen bei solchen Tatsachen, durch deren Offenbaren dem Unternehmen ein materieller oder immaterieller Schaden drohen könnte. Das ist anzunehmen bei einer Bedrohung der Wettbewerbsfähigkeit, einer Minderung des öffentlichen Ansehens oder Vertrauens der Gesellschaft usw.[72] Das Geheimhaltungsinteresse umfasst alle Geheimnisse, also nicht nur rechtlich schutzwürdige, sondern auch sitten- oder rechtswidrige Geheimnisse.

Erforderlich ist ein Geheimhaltungswille des Geheimnisträgers.[73] Das ist der Wille, andere von dem Wissen über das Geheimnis auszuschließen. In Streit befangen ist, auf welche Wei-

---

[69]   Vgl. Quedenfeld in MüKo, § 333 HGB Rz. 18.

[70]   Vgl. auch §§ 404 AktG, 85 GmbHG, 17 UWG.

[71]   Vgl. eingehend zum Begriff Quedenfeld in MüKo, § 333 HGB Rz. 10 ff.

[72]   Vgl. bei Quedenfeld in MüKo, § 333 HGB Rz. 12.

[73]   Vgl. hierzu BGH GRUR 1961, S. 43; OLG Stuttgart wistra 1990, S. 277 f.; Geilen, AktG, § 404 AktG Rz. 34.

se dieser Wille manifest geworden sein muss. Nicht erforderlich ist der Nachweis einer ausdrücklichen oder schlüssigen Erklärung, dass ein Geheimnis geschützt sein soll. Der Geheimhaltungswille wird vielmehr vermutet. Die Vermutung eines Geheimhaltungswillens, auf das konkrete Geheimnis bezogen, führt aber zu einer Relativierung des Geheimnisschutzes bis zu dessen Unkenntlichkeit. Bei der Fülle möglicher Geheimnisse in einem Unternehmen ist eine auf den Einzelfall bezogene Bindung des Willens nicht mehr nachweisbar. – Der Geheimniswille ist nicht für jedes Geheimnis positiv nachzuweisen. Er ist im Unternehmensinteresse angelegt, kann aber fehlen oder aufgegeben werden. Aus dem objektiven Geheimhaltungsinteresse wird auf den Geheimhaltungswillen geschlossen, wenn nicht der ausdrückliche oder durch schlüssiges Verhalten erklärte Offenbarungswille der Verknüpfung von objektiven Geheimhaltungsinteresse und Geheimhaltungswillen entgegensteht.[74]

Zuständig für die Offenbarung des Geheimnisses sind die für die Geschäftsführung des Unternehmens jeweils zuständigen Organe in den ihnen zugewiesenen Geschäftsführungsbereichen. Hauptversammlung und Gesellschafter sind nicht zuständig, können aber ihr Weisungsrecht ausüben und die Offenbarung beschließen.

Die Offenbarung des Geheimnisses muss im Rahmen pflicht- und ordnungsgemäßer Geschäftsführung erfolgen. Die pflichtwidrige Offenbarung beseitigt das Geheimnis nicht. Führt die pflichtwidrige Offenbarung des Geheimnisses jedoch dazu, dass das Geheimnis einem unbestimmten Personenkreis zugänglich ist, geht der Geheimnischarakter verloren.[75]

3.2   Betriebs- und Geschäftsgeheimnis

Betriebs- und Geschäftsgeheimnisse lassen sich grob danach unterscheiden, ob sie zur technischen (Betriebsgeheimnis[76]) oder zur kaufmännischen Seite (Geschäftsgeheimnis[77]) eines Unternehmens zählen. Diese Unterscheidung ist von geringer praktischer Relevanz, denn das Gesetz schützt sämtliche zur technischen und zur kaufmännischen Seite eines Unternehmens gehörende Geheimnisse.

3.3   Erkenntnisse über das Unternehmen

Erkenntnisse über das Unternehmen sind alle im Rahmen der Tätigkeit der Prüfstelle über das Unternehmen gewonnene Informationen. Die Geheimhaltungspflicht bezieht sich nicht allein auf Betriebs- und Geschäftsgeheimnisse, sondern erfasst alle bei der Prüfungstätigkeit über das Unternehmen gewonnene Erkenntnisse.[78]

---

[74]   Vgl. eingehend Otto in Heymann, § 333 HGB Rz. 16 f.

[75]   Vgl. Otto in Heymann, § 333 HGB Rz. 19.

[76]   Hierzu gehören etwa Geheimverfahren; Herstellungs-, Behandlungs- und Erledigungsarten; Rezepte; Musterzeichnungen; technische Zeichnungen.

[77]   Hierzu gehören etwa Kalkulationsunterlagen; Kunden- und Lieferantenlisten; Preisberechnungen; Preislisten; Unterlagen über geschäftliche Vorhaben und geschäftspolitische Ziele der Gesellschaft wie Vorstands- und Aufsichtsratsprotokolle, Mitarbeiterverzeichnisse, Personalakten, Kreditunterlagen.

[78]   Vgl. Quedenfeld in MüKo, § 333 HGB Rz. 17, der auf das „gesamte Innenleben des Unternehmens" schützen will.

4   Täterverhalten

4.1   Offenbaren

Offenbaren ist jede Mitteilung, Weitergabe oder Weiterleitung an einen anderen, dem das Geheimnis noch nicht bekannt ist. Die Bestätigung eines Gerüchts genügt. Kenntnisnahme des Geheimnisses durch den Empfänger ist nicht erforderlich; genügend ist die Möglichkeit der Kenntnisnahme.[79] – Ein Offenbaren durch Unterlassen kommt in Betracht, wenn eine Pflicht gegenüber dem Unternehmen besteht, die Offenbarung eines Geheimnisses zu vermeiden. Aus der tatsächlichen Übernahme der Prüfungstätigkeit folgt die (Schutz-)Garantenpflicht.[80] So liegt es etwa bei Abschlussprüfern, die erkennen, das Dritte unbefugt Einblick in die Unterlagen des Unternehmens nehmen.

4.2   Verwerten

Verwertung ist die über das „bloße Haben" hinausgehende wirtschaftliche Ausnutzung des Geheimnisses zum Zwecke der Gewinnerzielung. Ob der erstrebte Vorteil ein eigener oder ein fremder ist, ist irrelevant. – Nicht genügend ist die Ausnutzung des Geheimnisses zu politischen oder ideellen Zwecken. – Die Verwertung, die sich in der Verwertung gegen Entgelt erschöpft, fällt bereits unter § 333 Abs. 2 Satz 1 HGB.

Vereinzelt wird für die Verwertungsabsicht verlangt, dass das Unternehmen als Geheimnisträger entreichert werden oder der erstrebte Vermögensvorteil auf Kosten des Unternehmens erzielt werden müsse.[81] Dem Gesetz ist dieses zusätzliche Unrechtsmerkmal jedoch nicht zu entnehmen. Die Strafwürdigkeit des Verhaltens ergibt sich aus der beabsichtigten pflichtwidrigen wirtschaftlichen Nutzung von fremden Geheimnissen durch Ausnutzung der eingeräumten Vertrauensposition.

---

[79]   Vgl. Otto in Heymann, § 333 HGB Rz. 23; aA. Quedenfeld in MüKo, § 333 HGB Rz. 19.

[80]   Vgl. eingehend zur Garantenpflicht Otto Grundkurs Strafrecht AT, § 9 Rz. 48 ff.

[81]   Vgl. etwa Lenckner/Eisele in Schönke/Schröder, StGB, § 204 StGB Rz. 5 mwN.

5   Vorsatz

§ 333 HGB setzt Vorsatz voraus. Bedingter Vorsatz genügt. Die Absicht, sich oder einen anderen zu bereichern oder einen anderen zu schädigen (§ 333 Abs. 2 Satz 1 Alt. 2 HGB), meint dolus directus 1. Grades.[82]

6   Rechtswidrigkeit

6.1   Unbefugt

Das Offenbaren und die Verwertung müssen „unbefugt" erfolgen. Unbefugt ist ein allgemeines Verbrechensmerkmal. Unbefugt ist das Verhalten, das nicht durch einen Rechtfertigungsgrund gerechtfertigt ist.

6.2   Einverständnis und Einwilligung

Mit dem Einverständnis des zuständigen Organs des Unternehmens in das Offenbaren oder die Verwertung des Geheimnisses entfallen schon der Geheimhaltungswille und damit der Geheimnischarakter. Das Einverständnis wirkt tatbestandsausschließend.[83] Tatbestandsausschließend wirkt auch die Erteilung der Befugnis durch das zuständige Organ des Unternehmens zur Offenbarung oder Verwertung des Geheimnisses. – Anders verhält es sich in den Fällen, in denen etwa durch das Offenbaren der Kreis der Geheimnisträger nur um eine Person erweitert werden soll. Die Einwilligung des zuständigen Organs des Unternehmens berührt nicht den Geheimnischarakter. Sie lässt nicht den Tatbestand entfallen, sondern ist ein Rechtfertigungsgrund.[84] – Unbeachtlich ist der Gedanke der „hypothetischen Einwilligung". Ob das zuständige Organ der Gesellschaft eine Einwilligung in das Offenbaren des Geheimnisses gegeben hätte, wenn es gefragt worden wäre, aber tatsächlich nicht gefragt worden ist, ist strafrechtlich irrelevant. Die „hypothetische Einwilligung" ist kein Rechtfertigungsgrund.[85]

---

[82]   Vgl. Quedenfeld in MüKo, § 333 HGB Rz. 30.

[83]   Vgl. Quedenfeld in MüKo, § 333 HGB Rz. 23.

[84]   Vgl. eingehend zur Unterscheidung zwischen Einverständnis und Einwilligung Kühl, Strafrecht AT, § 9 Rz. 25; Otto Grundkurs Strafrecht AT, § 8 Rz. 106 ff., 123 ff. Nach Roxin Strafrecht AT Bd. I, § 13 Rz. 2 ff. mwN soll auch die Einwilligung tatbestandsausschließend wirken.

[85]   Vgl. eingehend Albrecht Die „hypothetische Einwilligung" im Strafrecht, 225 ff., 331 ff. Anders BGH NStZ-RR 2004, S. 16; NStZ 2004, S. 442; NStZ 2007, S. 340; StV 2008, S. 464.

6.3   Gesetzliche Auskunfts- oder Aussagepflichten

Rechtfertigungsgründe ergeben sich aus gesetzlichen Auskunfts- oder Aussagepflichten. Die Auskunftspflicht des § 321 HGB und die Mitteilungspflicht des § 342b Abs. 6, 8 HGB sind Rechtfertigungsgründe.[86]

Gesetzliche Aussagepflichten als Zeuge im Prozess oder vor einem parlamentarischen Untersuchungsausschuss werden begrenzt durch die gesetzlichen Zeugnisverweigerungsrechte (§§ 52, 53, 53a StPO), das Auskunftsverweigerungsrecht (§ 55 StPO) und durch § 68a StGB. Dem Beschäftigten einer Prüfstelle steht ein Zeugnisverweigerungsrecht nach § 53 StPO nicht zu.

6.4   Rechtfertigender Notstand (§ 34 StGB)

Eine Rechtfertigung durch rechtfertigenden Notstand (§ 34 StGB) kommt bei der Wahrung eigener Interessen,[87] der Erstattung einer Strafanzeige[88] oder allgemein bei der Wahrung des höherrangigen Interesses in Betracht. Nach § 34 StGB richtet sich die Rechtfertigung auch in Eil- und Notfällen, wenn die Einwilligung des zuständigen Organs des Unternehmens nicht oder nicht rechtzeitig eingeholt werden kann. – Neben der Rechtfertigung durch rechtfertigenden Notstand (§ 34 StGB) besitzt die mutmaßliche Einwilligung keine eigenständige Bedeutung. Ob der Täter eine Einwilligung annehmen durfte, entscheidet sich nach § 34 StGB. Die mutmaßliche Einwilligung ist ein Unterfall des rechtfertigenden Notstands.[89]

7   Literatur

Aktiengesetz Großkommentar, 4. Aufl., 8. Lfg., Berlin 1997.

Albrecht, Andreas, Die „hypothetische Einwilligung" im Strafrecht, Diss., Berlin 2010.

Baumbach/Hopt, Handelsgesetzbuch, 34. Aufl., München 2010.

Dierlamm, Alfred, Der faktische Geschäftsführer im Strafrecht – ein Phantom?, NStZ 1986, 156.

Fischer, Thomas, Strafgesetzbuch und Nebengesetze, 57. Aufl., München 2010.

Geilen, Gerd, Gedenkschrift für Ellen Schlüchter, Köln 2002.

---

[86] Als Tatbestandsausschließungsgrund interpretiert Quedenfeld in MüKo, § 333 HGB Rz. 20 die §§ 321, 342b Abs. 6, 8 HGB. Der Tatbestand des § 333 HGB ist bei der Weitergabe von Geheimnissen erfüllt.

[87] In Betracht kommt etwa die Durchsetzung von Honorarforderungen, die Verteidigung in einem Strafverfahren gegen den Abschlussprüfer oder seine Gehilfen, vgl. dazu Quedenfeld in MüKo, § 333 HGB Rz. 27.

[88] Vgl. eingehend zum Diskussionsstand Quedenfeld in MüKo, § 333 HGB Rz. 28. Bei dem Fehlen eines Einverständnisses des zuständigen Organs einer Gesellschaft in die Erstattung einer Strafanzeige ist ein Recht zur Erstattung einer Strafanzeige nur bei „schwerwiegenden Straftaten" anzunehmen. Vgl. hierzu eingehend Otto in Großkommentar Aktiengesetz, § 404 AktG Rz. 28.

[89] Vgl. Otto Grundkurs Strafrecht AT, § 8 Rz. 131.

Godin von, Reinhard/Wilhelmi, Hans, Aktiengesetz, 4. Aufl., Berlin 1971.

Heymann-Handelsgesetzbuch, Hrsg. von Horn, 2. Aufl., Band 3, Berlin 2005.

Kölner Kommentar zum Aktiengesetz, Köln 2004.

Kühl, Kristian, Strafrecht Allgemeiner Teil, 6. Aufl., München 2008.

Leffson, Ulrich/Rückle, Dieter/Großfeld, Bernhard, Handwörterbuch unbestimmter Rechtsbegriffe im Bilanzrecht des HGB, Köln 1986.

Münchener Kommentar zum Handelsgesetzbuch, 2. Aufl., Bd. 4, München 2008.

Otto, Harro, Grundkurs Strafrecht-Allgemeine Strafrechtslehre, 7. Aufl., Berlin 2004.

Roxin, Claus, Strafrecht Allgemeiner Teil Bd. I, Grundlagen Aufbau der Verbrechenslehre, 4. Aufl., München 2006.

Schönke/Schröder, Strafgesetzbuch, 28. Aufl., München 2010.

Nachhaltigkeitsberichterstattung

Prof. Dr. Michael Henke, Dipl.-Kffrau Ellen Wieck

1 Problemstellung: „Green Washing" von Geschäftsberichten

Der Handlungsdruck für Unternehmen, nachhaltig zu wirtschaften, hat sich durch sinkende Wertschöpfungstiefen, wachsende Rohstoffknappheit, neue Auflagen und Normen im Bereich der Ökologie sowie insbesondere durch den Druck von Endkunden und Non-Governmental Organisations (NGOs) erhöht. Ökologische und ökonomische Wirtschaftlichkeit nähern sich in ihrer Bedeutung an und werden in Zukunft einen ähnlichen Stellenwert besitzen müssen. Dies trifft auch auf die dritte Dimension der Nachhaltigkeit zur Vervollständigung der so genannten „Triple-Bottom-Line" – die soziale Komponente – zu. Ein so verstandenes nachhaltiges Handeln umfasst ökonomisches genauso wie ökologisches und soziales Verhalten.

In gleichem Maße hat auch die Veröffentlichung dieser Dimensionen in Nachhaltigkeitsberichten einen wesentlichen Aufschwung erfahren. Obwohl sie zu einer Veröffentlichung gesetzlich in der Regel nicht angehalten sind (Morhardt, Baird und Freeman 2002; Perogo 2009; Kolk 2004), versprechen Unternehmen sich Vorteile z. B. im Bereich Image oder folgen einem gewissen Gruppendruck zur Berichterstattung (Carter und Jennings 2004; Carter und Rogers 2008). Eine umfassende Nachhaltigkeitsberichterstattung kann den Unternehmen als zentrales Instrument dienen, um den Informationsbedürfnissen und Transparenzanforderungen ihrer Stakeholder aktiv zu begegnen. In Kombination mit innovativen Produktlösungen Verantwortungsbewusstsein in den Dimensionen Wirtschaftlichkeit, Ökologie und Soziales zu zeigen, ermöglicht es Unternehmen auch, sich gegenüber Wettbewerbern positiv abzugrenzen.

Erforscht werden Nachhaltigkeitsberichte seit einem guten Jahrzehnt insbesondere mit Hilfe von Inhaltsanalysen (Morhardt, Baird und Freeman 2002; Kolk und Perego 2010; O'Dwyer und Owen 2005; Simnett, Vanstraelen und Chua 2009; Kourula und Halme 2008; Deegan, Cooper und Shelly 2006; Gallego-Alvarez 2008), die auch neuerdings auf im Internet veröffentlichte Informationen angewendet werden (Gill, Dickinson und Scharl 2008). In beiden Fällen geht es insbesondere um die Inhaltstiefe und -breite speziell im Zusammenhang mit der Erfüllung bestehender Standards (Morhardt, Baird und Freeman 2002). Dabei wird häufig angeführt, dass Unternehmen im Wesentlichen Dinge veröffentlichen, die sie im positiven Lichte erscheinen lassen. Oftmals entsteht der Eindruck, dass bloße Lippenbekenntnisse abgegeben werden, die Inhalte der Nachhaltigkeitsreports mangelhaft sind und für wenig Glaubwürdigkeit sorgen (Manetti und Becatti 2009; Quick und Knocinski 2007). Obwohl sie wesentliche Information enthalten könnten und sollten, kommt der Großteil der Nachhaltigkeitsberichte nicht über den Stellenwert einer Werbebroschüre hinaus. Der Begriff des „green washing" fasst dieses Problem treffend zusammen.

Vor allem die Bereiche, die die vorgelagerte Wertschöpfungskette adressieren – Einkauf und Beschaffungslogistik – werden bisher nur selten und auch nur in bestimmten Industrien in den Nachhaltigkeitsberichten aufgeführt, obwohl sie z.B. einen Großteil an CO_2-Emissionen mitverantworten. Es können deshalb erhöhte CO_2-Emissionen praktisch an Lieferanten outgesourct werden, da das outsourcende Unternehmen die Emissionen des Lieferanten nicht aufführt. Daher ist unbedingt die gesamte Analyse der Wertschöpfungstiefe und -kette von Unternehmen beim Ausweis von Nachhaltigkeit zu beachten.

Im Bereich von Einkauf und Beschaffungslogistik gibt es zwar erste Ansätze, die generell Nachhaltigkeit thematisieren (z. B. Ciliberti, Pontrandolfo und Scozzi 2008), jedoch keinen Nachhaltigkeitsberichtsstandard entwickeln. Loew und Clausen (2005) fordern beispielsweise, dass die Arbeitsbedingungen und Menschenrechte ebenso wie Umweltschutz in der Supply Chain berücksichtigt werden müssen.

Die Probleme der bisherigen Standards sind weitgehend bekannt: so ist eine Vergleichbarkeit über Länder und Unternehmen bzw. Industrien hinweg nur schwer möglich, da eine konkrete Vergleichsbasis aufgrund mangelnder Definition, Methode und Verbindlichkeit fehlt (Perego 2009; Deegan et al. 2006; Hussey, Kirsop and Meissen 2001). Zudem lassen sich die Standards schlecht an Lieferanten weitergeben und sind oft zu oberflächlich (Hussey, Kirsop and Meissen 2001). Ein Leitfaden zur einheitlichen Nachhaltigkeitsberichterstattung ist daher dringend notwendig.

2 Analyse bestehender Nachhaltigkeitsberichte

Mit Hilfe einer Inhaltsanalyse werden Nachhaltigkeitsberichte im Hinblick auf Vollständigkeit der finanziellen, ökologischen und sozialen Dimensionen und deren Berichtsqualität untersucht. Als Untersuchungsgegenstand dienen hierbei global agierende Unternehmen aus unterschiedlichen Industrien, die als Gemeinsamkeit eine Listung in Nachhaltigkeitsindizes (z. B. im Dow Jones Sustainability Index oder im FTSE4Good) aufweisen, in dedizierten Nachhaltigkeitsinitiativen (z. B. das Carbon Disclosure Project oder das World Business Council for Sustainable Development) engagiert sind, den UN Global Compact aktiv unterstützen, Preise und Auszeichnungen für Nachhaltigkeitsleistungen erzielt haben und regelmäßig umfassende Nachhaltigkeitsberichte veröffentlichen.

Die erste Stichprobe besteht aus jeweils zwei Unternehmen der Lebensmittelindustrie, der Pharmazeutischen Industrie und der Bekleidungsindustrie, die die oben genannten Kriterien erfüllen. In der Lebensmittelindustrie sind Lieferketten vor allem für direkte Materialien, also landwirtschaftliche Erzeugnisse eher kurz. In den meisten Fällen besteht die Wertschöpfung außerhalb der fokalen Firma aus lediglich zwei Stufen: Feldanbau (z.B. Raps) und Verarbeitung in industriell verwendbare Formen (z.B. Rapsöl). Darüber hinaus hat sich in den letzten Jahren sowohl die Nachfrage von Kunden nach nachhaltigen Nahrungsmitteln als auch die Forderung von Non-Governmental-Organizations (NGOs) zu nachhaltiger Lebensmittelproduktion deutlich erhöht. Dies setzt Unternehmen in der Lebensmittelindustrie unter enormen Druck, die eigene und ausgelagerte Produktion ökonomisch, ökologisch und sozial verantwortungsvoll zu betreiben. Es ist daher eine hohe Transparenz über Triple-Bottom-Line Aspekte in der Nachhaltigkeitsberichterstattung dieser Unternehmen zu erwarten.

Arzneimittelhersteller haben den Anspruch, mit ihren Produkten Krankheiten zu heilen oder zu verhindern, Leiden zu erleichtern und die Lebensqualität der Patienten zu verbessern. Sowohl die Produktionsprozesse der Unternehmen als auch die Prozesse in ausgelagerten Wertschöpfungsstufen, wie z. B. Lohnherstellung oder Verpackung, stellen anspruchsvolle Anforderungen an Sicherheit. Die Herausforderung in diesem Zusammenhang besteht darin, diese Anforderungen zu erfüllen (z. B. umfassende Kühltransporte von Krebsmedikamenten) und gleichzeitig Nachhaltigkeitsinitiativen voranzutreiben (z. B. CO_2-Emissionen reduzieren). Hier werden Erläuterungen zur Ausbalancierung ökonomischer, ökologischer und sozialer Aspekte erwartet.

In der Bekleidungsindustrie ist der Großteil an handarbeitsintensiver Wertschöpfung ausgelagert in so genannte Drittländer, wie Indien, Pakistan oder China. Beispiele in der Vergangenheit haben gezeigt, dass es eine besondere Herausforderung für in diesen Ländern produzierende bzw. einkaufende Unternehmen darstellt, die Einhaltung von fairen Arbeitsbedingungen zu überwachen. Es ist demnach anzunehmen, dass in der Berichterstattung ein entsprechender Fokus auf die soziale Dimension gelegt wird.

Die analysierten Beispiele werden als Referenz herangezogen, um konzeptionell einen Standard zu strukturieren; dieser soll es ermöglichen, Unternehmen klar und einfach miteinander zu vergleichen, ohne jeweils die nicht selten über 150 Seiten umfassenden Berichte – teilweise auf mehrere Dokumente verteilt – studieren zu müssen. Dabei geht es insbesondere um die Inhalte der Berichte und die Frage, wie Kennzahlen für ökonomische, ökologische und soziale Kriterien bisher eingesetzt werden und möglichst vollständig die gesamte Wertschöpfungskette abbilden.

2.1 Formen bestehender Nachhaltigkeitsberichte

Motivation und Stakeholder: Die Motivation umfangreiche Nachhaltigkeitsberichte online oder als gedruckte Version zu veröffentlichen, ist abhängig von der Geschichte des Unternehmens („... has been a good corporate citizen for 140 years."), der Industrie, in der das Unternehmen tätig ist und der Stakeholder des Unternehmens.

Die in der analysierten Stichprobe vertretenen Unternehmen beziehen jeweils ihre diversen Stakeholder aktiv in Form von strukturierten Befragungen oder Diskussionen am runden Tisch ein. Ziel ist, neben der Forderung nach starker, wirtschaftlicher Performance, vor allem ihre spezifischen Anforderungen an ökologische und soziale Ergebnisse zu erhalten. An diesen Ergebnissen orientiert sich die Ausrichtung der Berichte, die Gewichtung der Dimensionen und der Detailgrad an Informationen.

Vor allem bei den Unternehmen in der Lebensmittel- und Bekleidungsindustrie erinnert der Nachhaltigkeitsreport eher an einen bunten Katalog der Marken mit stark narrativ geprägten Berichten rund um die Produkte. Allerdings wird dies zum einen von den Stakeholdern – vor allem den Kunden – gewünscht, um nachhaltigkeitsrelevante Informationen direkt mit dem Produkt Schuh, Joghurt oder Tomatenketchup in Verbindung bringen zu können. Zum anderen werden durchaus innerhalb der erzählten Geschichten konkrete Kennzahlen genannt, wie

z. B. die Reduzierung des Energieverbrauchs zur Produktion eines bestimmten Produkts um 20 % basierend auf den Werten von 2005.

Während die Unternehmen der pharmazeutischen Industrie in der Stichprobe gerade erst erkennen, dass ihre Stakeholder heute höhere Anforderungen in Bezug auf Transparenz bezüglich Nachhaltigkeit erwarten, gehen die Unternehmen der Lebensmittel- und Bekleidungsindustrie teilweise sogar noch einen Schritt weiter. Sie befragen nicht nur die Stakeholder, um deren Erwartungen möglichst frühzeitig zu erfassen und in das unternehmerische Handeln zu integrieren. Vielmehr spiegeln sie die Erwartungen der Stakeholder gegenüber dem Einfluss, den die Stakeholder auf das Unternehmen haben, um somit entsprechend Diskussionen und Informationsaustausch zu fokussieren.

Orientierung an Leitlinien: Die Unternehmen in der Stichprobe verwenden durchgehend den Standard der Global Reporting Initiative (GRI) als zugrunde liegende Orientierungshilfe in ihrer Berichterstattung. Dieser umfasst konkrete Kennzahlen für alle drei Dimensionen der Triple-Bottom-Line, wenngleich diese immer noch Messspielräume offen lassen. Vielmehr wird auch bei der GRI das Unternehmen ausdrücklich dazu aufgefordert, die Grenzen und Art der Berichterstattung selbst festzulegen. Zwar werden dazu umfassende Frameworks zur Verfügung gestellt, um sowohl die Gesamtheit des Netzwerkes, in dem das Unternehmen operiert, als auch den Einfluss auf die Akteure in diesem Netzwerk zu erfassen. Jedoch können die Unternehmen durch einfaches Ausschlussverfahren harte, quantitative Angaben durch reine Erzählperspektiven umgehen bzw. ganze Netzwerkakteure wie z.B. Einkauf und Beschaffungslogistik ausblenden.

2.2   Inhaltsanalyse der Nachhaltigkeitsberichte

Zielsetzung und Strategie: Neben unternehmensspezifischen („we will be the world's leading diabetes care company") und industriespezifischen Zielen wird bei allen Unternehmen aus der Stichprobe Nachhaltigkeit im Sinne von langfristigem, ökonomisch, ökologisch und sozial/ ethisch verantwortungsbewusstem Handeln als oberste Priorität deklariert.

Jedes der Unternehmen legt weiterhin ausführlich dar, was darunter im industriespezifischen Kontext zu verstehen ist. Als Beispiel seien hier die Vermeidung von Tierversuchen, Kinderarbeit auf Baumwollplantagen oder geringstmöglicher Einsatz von Pestiziden in der Landwirtschaft angeführt. Die eingesetzten Strategien zur Erreichung der Ziele sind vielfältig und reichen von dedizierten Projekten (z. B. Saatgutprogramme der Lebensmittelhersteller), über aktive Teilnahme an globalen Initiativen (z. B. Round Table on Sustainable Palm Oil – RSPO). Dabei muss allerdings unterschieden werden zwischen bereits quantifizierten Zielen, wie beispielsweise bis 2015 100 % des benötigten Palmöls nur von RSPO zertifizierten Lieferanten einzukaufen, und eher konzeptionellen, noch zu konkretisierenden Zielen.

Die zur Erreichung der Ziele notwendigen Strategien und Prozessschritte entwickelt der Großteil der Unternehmen in der Stichprobe wiederum im Dialog mit seinen Stakeholdern. (Teil-) Ergebnisse werden entsprechend regelmäßig gemonitort.

Risiken- und Chancenanalyse im Wertschöpfungskontext: Zur Entwicklung der Nachhaltigkeitsstrategien und zur Bestimmung, wie und wo entsprechende Ressourcen konzentriert werden sollten, bewerten die Unternehmen Risiken und Chancen der Nachhaltigkeit in ihrem Wertschöpfungskontext. Einige Unternehmen entwickeln bereits ein vollständiges Life-

Cycle-Assessment, vom Anbau auf dem Feld, über die Verwendung durch den Kunden bis zur Endverwertung. Die Verpflichtung zu integrem und verantwortungsbewusstem Handeln reicht also über die Grenzen des Unternehmens hinaus. Obwohl die Wertschöpfungsketten mitunter sehr komplex und international sind, versuchen die Unternehmen den Nachweis zu erbringen, dass die hohen Nachhaltigkeitsanforderungen an Produkte und Herstellung auch in der gesamten Wertschöpfungskette berücksichtigt werden. Dazu gehört für die Unternehmen in der Stichprobe auch eine enge Zusammenarbeit mit Lieferanten und Auftragnehmern, um sicherzustellen, dass die Grundsätze und Praktiken in Abstimmung mit denen des Unternehmens sind. Nur durch Kooperation mit den jeweiligen Lieferanten können die Unternehmen sowohl direkte als auch indirekte Auswirkungen auf Klimawandel, Materialverbrauch und den breiter definierten „ökologischen Fußabdruck" entlang der gesamten Wertschöpfungskette effektiv reduzieren.

Jeder Vertreter in der Stichprobe bezieht für erhebliche Summen Rohstoffe und Materialien für die Fertigung seiner Produkte und besitzt damit die Möglichkeit, auch auf nachhaltiges Wirtschaften bei seinen Lieferanten hinzuwirken. Leitliniendefinitionen, die die Grundsätze der Zusammenarbeit über Unternehmensgrenzen hinweg regeln, fassen die Unternehmen in so genannten Code of Conducts zusammen. Trotz umfangreicher Monitoring-Maßnahmen und der Erkenntnis wesentlichen Einfluss auf die Lieferkette zu haben, reflektieren die Unternehmen in der Stichprobe kritisch über die Grenzen. Ein entsprechendes Bewusstsein ebenfalls wirtschaftlich, ökologisch und sozial verantwortlich zu handeln muss auch bei den Lieferanten vorhanden sein.

Aus der Lebenszyklusbetrachtung heraus haben die Unternehmen zudem verstanden, dass die Nachhaltigkeit der Produkte an sich enorme Auswirkungen auf die Verwendung durch den Kunden und die (Wieder-)Verwertung nach Ablauf der Lebensdauer hat. Als Beispiel dient hier insbesondere jegliche Art von Verpackungsmaterialien. Auch in den Phasen der Nutzung und Entsorgung tragen die Produkte zur globalen Erwärmung bei und konsumieren Ressourcen, wie z. B. Wasser und fossile Brennstoffe. Beurteilen die Unternehmen alle mit den Produkten verbundenen Umweltauswirkungen im gesamten Wertschöpfungskontext und definieren darauf basierend die Chancen und Risiken ihres unternehmerischen Handelns, lässt sich Nachhaltigkeit gesamthaft beurteilen und ausweisen.

Ökonomische Dimension: Jedes der Unternehmen in der Stichprobe veröffentlicht seine ökonomischen Kennzahlen zusätzlich zum Annual Report auch in der Nachhaltigkeitsberichtserstattung. In einigen Fällen sind die Kennzahlen allerdings stark aggregiert mit dem Hinweis, dass ausführliche Details im entsprechenden Jahresbericht nachgelesen werden können. Diese Vorgehensweise ist der teilweisen Praxis geschuldet, umfangreiche Nachhaltigkeitsberichte lediglich alle zwei Jahre zu veröffentlichen im Gegensatz zum jährlichen Jahresabschluss. Dennoch wäre es auch in diesen Fällen wünschenswert, zumindest die Hauptkennzahlen aller drei Dimensionen der Nachhaltigkeit ebenso im Jahresrhythmus zu publizieren.

Im Wesentlichen umfasst die ökonomische Dimension der Stichproben mit Umsatz-, Gewinn- und Profitabilitätskennzahlen, Steuern sowie Material-, Personal- und Entwicklungskosten, Informationen zu Mitarbeitern und Regionen, Anlagevermögen, Eigen- und Fremdkapitalgrößen sowie Verbindlichkeiten, kurz: die klassischen Kennzahlen aus Bilanz und Gewinn- und Verlustrechnung, abhängig von den verwendeten Rechnungslegungsstandards. Der in den Nachhaltigkeitsberichten dargestellte Zeitablauf erfasst die vergangen drei bis fünf Jahre basierend auf dem aktuell publizierten Berichtsjahr.

Ökologische Dimension: Die eingesetzten Materialien, Rohstoffe und sonstigen Ressourcen werden zwar größtenteils bereits in den ökonomischen Zahlen im Sinne von Kostenkennzahlen veröffentlicht. Jedoch vertiefen einige Unternehmen der Stichprobe innerhalb der ökologischen Kennzahlen Art und Menge der eingesetzten Rohstoffe und Verpackungsmaterialien.

Leider versäumt es der Großteil der analysierten Unternehmen, die **Materialien und Rohstoffe** im Detail und über mehrere Jahre hinweg zu publizieren. Auch innerhalb der Verpackungsmaterialien wird zwar in allen Fällen auf zum einen Erhöhung des Anteils an recyclefähigen Verpackungen und zum anderen Verringerung absoluter Verpackungen hingewiesen. Lobenswert ist hierbei auch der prozentuale und mengenmäßige Anteil der (recyclefähigen) Verpackung am Gesamtprodukt. Allerdings fehlt auch hier die Konkretisierung, um welche Arten von Verpackungen es sich handelt.

Den **Energieverbrauch** weisen alle Unternehmen in der Stichprobe für ihre jeweiligen Produktionsstätten in kWh im Zeitablauf über mehrere Jahre aus und beziehen die Angaben sogar auf das einzelne Produkt (z. B. Energieverbrauch in kWh pro produziertem Schuh). Darüber hinaus unterscheiden die Unternehmen zwischen dem Verbrauch von fossilen Brennstoffen und erneuerbarer Energie.

Der **Wasserbedarf** wird meist aufgeteilt in absoluten Wasserbedarf und Abwässer, quantifiziert in Tonnen und/oder Kubikmeterverbrauch. Auch hier brechen die Unternehmen in der Stichprobe die Zahlen auf die Produkte herunter. Innerhalb der Abwässer geht ein Teil der Unternehmen soweit, Inhaltsstoffe, wie z.B. Phosphor oder Chemischem Sauerstoffbedarf (engl. chemical oxygen demand, COD) auszuweisen.

Die **Abfallmenge** im jeweiligen Konzern wird in Tonnen und in Veränderung im Zeitablauf dargestellt. Hier spielen neben recyclefähigen Abfällen vor allem kontaminierte Abfälle eine Rolle (engl. hazardous waste). Diese werden teilweise ebenfalls auf das einzelne Produkt heruntergebrochen. Teilweise wird sogar im Verwaltungsbereich anfallender Abfall im Nachhaltigkeitsbericht erwähnt und bewertet (z.B. papierloses Büro).

Emissionen werden sowohl für den Produktionsbereich erfasst, als auch für die gesamte Logistik der Unternehmen und getrennt dargestellt. Neben der gesamthaften Darstellung können die CO_2-Emissionen auch auf das einzelne Produkt heruntergebrochen werden. Einige Unternehmen weisen zusätzlich die CO_2-Emissionen ihrer Reisetätigkeit, wie z.B. aus Flugreisen oder Dienstreisen mit dem PKW und der Bahn aus. Allerdings wird bei keinem Unternehmen eine dedizierte Unterscheidung bzw. Berücksichtigung der Emissionen in der Lieferkette vorgenommen.

Eine weitere Dimension vor allem im Bereich der Lebensmittel- und Textilindustrie ist die **Biodiversität**. Diese wird allerdings nicht in konkreten Kennzahlen ausgewiesen. Vielmehr wird auf die Teilnahme an und Unterstützung von sogenannten Roundtables für bestimmte Bioprodukte, wie z.B. Palmöl, hingewiesen. Ziel der Unternehmen ist es, mit Hilfe dieser Initiativen nur noch von zertifizierten, der Biodiversität gerecht werdenden Quellen beliefert zu werden.

Soziale/gesellschaftliche Dimension: **Mitarbeiterstruktur und Beschäftigung** werden in verschiedenen Einheiten angegeben. Sie reichen von Durchschnittsalter, über Geschlechterverteilung, Minderheitenanteile, Betriebszugehörigkeit, Verteilung auf Funktionen und in Regionen bzw. Ländern und andere. Hervorzuheben ist hierbei die sorgfältige Aufbereitung der Daten und die Darstellung der Entwicklung über mehrere Jahre.

Auch **Weiterbildung und Training** wird durchgängig von den Unternehmen adressiert. Hierbei werden auch verschiedene Arten von Training dokumentiert, auf Gesamtunternehmensebene, für spezifische Themen wie z.B. Business Ethik, für unterschiedliche Hierarchiestufen vom Lehrling bis zur Führungsetage sowie in bestimmten Bereichen auch für Lieferanten.

Alle Unternehmen der Stichprobe berufen sich auf die **Einhaltung der Menschenrechte** auf Basis des UN Global Compact, den sie aktiv unterstützen und sowohl in der eigenen Unternehmung als auch bei Business-Partnern als unbedingte Voraussetzung zur Kooperation ansehen. Die Unternehmen geben an, besonderes Augenmerk auf Kinder- und Zwangsarbeit zu legen. Es gibt keinen in dem jeweiligen Nachhaltigkeitsberichten veröffentlichten Fall über die Verletzung von Menschenrechten in der Wertschöpfungskette der untersuchten Unternehmen. Ein Unternehmen weist zumindest sogenannte „Warning-Letters" gegenüber seinen Lieferanten aus, die dann ausgesendet wurden, wenn Missstände bekannt wurden.

Ausführliche Berichte und Zahlen weisen alle Unternehmen bezüglich der **Audits und Monitoringprozesse in ihrer Lieferkette** aus. Sowohl Anzahl der Audits, Ergebnisse aus den Untersuchungen als auch spezifische Erkenntnisse aus unterschiedlichen Regionen werden publiziert.

Unfälle versuchen die Unternehmen nach einheitlichen Kriterien zu erfassen. In den ausgewiesenen Statistiken werden diejenigen Unfälle erfasst, die sich während der Arbeit in den Fabriken ereignen und zu mindestens einem unfallbedingten Ausfalltag führen. Auch die durchschnittliche Ausfallzeit je Unfall als Maß für die Unfallschwere wird teilweise angegeben. Übersichtliche Tabellen ermöglichen hierbei auch eine Betrachtung über die Zeit.

Zum Teil weisen die Unternehmen innerhalb ihrer sozialen Dimension **flexible Arbeitszeitmodelle** als gute Voraussetzung aus, Familie und Beruf zu vereinbaren. Dies wird in Anteil der Mitarbeiter in Prozent angegeben. Auch freiwillige soziale Leistungen werden zum Teil publiziert.

Die soziale Dimension der gesellschaftlichen Verantwortung lässt sich schwer in quantitativ messbaren Effekten kalkulieren. Allenfalls direkte monetäre Spenden und Förderungen bestimmter Projekte können quantitativ in Nachhaltigkeitsberichten publiziert werden. Indirekte Abschätzung über den Einfluss, den das jeweilige Unternehmen auf die Region hat im Sinne von Ausbildungs- und Arbeitsplatzgenerierung oder Investitionen in die Infrastruktur, werden zwar ausführlich und bildlich beschrieben, können aber nur bedingt quantitativ dargestellt werden. Die Unternehmen der pharmazeutischen Industrie verweisen zudem auf die Verantwortung gegenüber der Gesellschaft, mit ihren Medikamenten Gesundheit zu fördern.

Performance: Nur eines der betrachteten Unternehmen weist in seiner Nachhaltigkeitsberichtserstattung eine annähernd **gesamthafte Input-Output-Bilanz** aus, die alle drei Dimensionen der Nachhaltigkeit zusammenführt. Zwar werden bei allen Unternehmen an verschieden Stellen im Bericht bzw. teilweise als non-financial Statement innerhalb der klassischen Bilanz auch zu ökonomischen und sozialen Dimensionen Kennzahlen geliefert, allerdings fehlt die umfassende Zusammenführung auf einen Blick. Positiv hervorzuheben ist, dass sich die Unternehmen bemühen, einen Zeitablauf darzustellen, der einen Vergleich der Kennzahlen ermöglicht. Gerade bei ökologischen Größen, wie CO_2 Emissionen, Energie- und Wasserverbrauch oder Abfallentstehung werden Ergebnisse ausgewiesen, die sich meist auf ein Niveau in der Vergangenheit beziehen (z. B. Reduktion des Wasserverbrauchs um 10 % auf Basis der Werte von 2005). Allerdings bleibt offen, inwieweit diese Ergebnisse einer außerordentlichen Anstrengung durch das Unternehmen bedurften oder ohnehin innerhalb regel-mäßiger Effizienzsteigerungsprogramme erreicht wurden. Lobenswert dagegen ist das Bestreben, die Kennzahlen soweit möglich auf Produktebene herunterzubrechen. Allerdings fehlt hierbei wiederum der logisch nächste Schritt, nämlich die Unterscheidung bzw. Benen-nung der erbrachten Kennzahlen in der Lieferantenkette.

3   Konzeptionelle Entwicklung eines standardisierten Nachhaltigkeitsberichts

Die Rahmenbedingungen des Handelns der einzelnen Unternehmen werden nicht nur durch Politik und steigende Klimaschutzrestriktionen geprägt. Auch die Erwartungen der unter-schiedlichen Anspruchsgruppen stellen eine wichtige Maßgabe für aktuelle und zukünftige Ausrichtung des Unternehmens dar. Um diese Erwartungen möglichst frühzeitig zu erfassen und in das unternehmerische Handeln zu integrieren, müssen Unternehmen weltweit Kontakt zu Verbraucher- und Umweltschutzorganisationen, zur Wissenschaft sowie zu Mitarbeitern, Kunden und Lieferanten suchen und regelmäßig deren Anforderungen abfragen.

Bestmöglichen Einblick in die Erwartungshaltung unterschiedlicher Stakeholder erlangt ein Unternehmen neben direkten Gesprächen, Tagen der offenen Tür, Messen etc. durch struktu-rierte Befragung mittels Fragebögen. Weiterhin wird empfohlen, die Ansprüche der Stake-holder an die Nachhaltigkeit des Unternehmens und den Einfluss der Stakeholder auf das Unternehmen gegenüber zu stellen. Dadurch können sowohl Nachhaltigkeitsinitiativen als auch eine entsprechende Berichterstattung stärker fokussiert werden.

Daneben muss von einem verantwortungsbewussten Konzern in einer Chancen- und Risiko-abschätzung die gesamte Wertschöpfungskette in Nachhaltigkeitsbetrachtung einbezogen werden. Nur so kann das Unternehmen zum einen verstehen, wo im Gesamtlebenszyklus seiner Produkte nachhaltigkeitsrelevante Aspekte zu berücksichtigen sind, und zum anderen entsprechende Initiativen ergreifen und darüber berichten. Die Basis hierfür ist ein standardi-sierter Nachhaltigkeitsbericht, den es konzeptionell zu entwickeln gilt.

3.1   Funktionenübergreifende Zusammenarbeit

Verantwortungsvolles Handeln bedarf klarer Leitplanken, die für alle Mitarbeiter und auf allen Stufen der Wertschöpfungskette gelten. Klare Strukturen und definierte Abläufe sind daher die Basis, um nachhaltige Ziele umzusetzen. Dies gilt für alle Bereiche eines Unter-nehmens. Funktionen übergreifende Zusammenarbeit, Koordination der Nachhaltigkeitsiniti-ativen und damit auch Kennzahlenermittlung sind zwingend erforderlich, um die Verantwor-tung zur Nachhaltigkeit organisatorisch zu verankern.

Doch nicht nur innerhalb des Unternehmens, auch inter-organisatorisch muss eine funktio-nierende Kooperation etabliert werden, um Transparenz über die ökonomische, ökologische und soziale Dimension des Produktlebenszyklus zu erreichen. Integration von Kunden auf der einen und Lieferanten auf der anderen Seite innerhalb von langjährigen und vertrauensvollen Beziehungen stellt hierbei die Basis dafür dar.

Die Unternehmen in der Stichprobe haben teilweise dedizierte Nachhaltigkeitsstellen in bestehenden Abteilungen integriert (z.B. innerhalb des Einkaufs oder von Qualitäts- oder Auditierungsabteilungen) bzw. neue Abteilungen eingerichtet, die entsprechende Koordinationsaufgaben übernehmen, Kennzahlenermittlung nach halten und sowohl Kunden als auch vor allem Lieferanten aktiv und regelmäßig in Nachhaltigkeitsinitiativen mit einbeziehen.

3.2   Strukturierung und inhaltliche Ausgestaltung

Ein standardisierter Nachhaltigkeitsbericht sollte schlank aufgestellt sein, damit sowohl im Zeitablauf als auch über Unternehmen und Länder hinweg ein einfacher und transparenter Vergleich der Nachhaltigkeitsdimensionen möglich ist. Daher wäre es wünschenswert, bereits zu Beginn des Berichts die Hauptkennzahlen aus den drei Bereichen Wirtschaftlichkeit, Ökologie und Soziales auf einer Übersichtsseite standardisiert darzustellen, inklusive der Vorjahreskennzahlen und Abweichungen zu den gesetzten Zielen. Dies ersetzt natürlich nicht eine ausführlichere Berichterstattung zu den einzelnen Dimensionen im Verlauf des Dokuments, die dann detaillierte Fakten auf Produktebene heruntergebrochen darstellt, gegebenenfalls erläutert mit Erzählungen über Projekte und Maßnahmen.

Neben dem obligatorischen Unternehmensprofil, sollte in Vision, Mission und Management auf Nachhaltigkeitsaspekte eingegangen werden und dem Leser vermitteln, wie das Unternehmen diese in den Gesamtkontext des unternehmerischen Handelns bringt.

Ein umfassendes Stakeholder-Mapping bestätigt das Einbeziehen der wichtigsten Anspruchsgruppen des Unternehmens und erläutert die Fokussierung auf bzw. Priorisierung von bestimmten Nachhaltigkeitsinitiativen.

Anhand einer Risikoeinschätzung entlang der gesamten Wertschöpfungskette kann das Unternehmen zum einen aufzeigen, wo ökonomische, ökologische und soziale Risiken in der Wertschöpfung entstehen. Zum anderen erhält es die Möglichkeit zu demonstrieren, dass es die Chancen verantwortungsvoll zu agieren verstanden hat, wahrnehmen wird und transparent darüber berichten wird.

Ähnlich der klassischen Bilanz und Gewinn- und Verlustrechnung für die ökonomische Dimension der Berichterstattung sollte das Unternehmen für die „nicht-finanziellen" Bereiche Ökologie und Soziales konkrete Zahlen publizieren.

Innerhalb der ökologischen Dimension ist es wünschenswert, die verwendeten Materialien und Rohstoffe detailliert in Art und Menge im Zeitablauf darzustellen, z. B. wie viel Aluminium Verpackungsmaterial pro Produkt verwendet wurde im Vergleich zu vorherigen Berichtsperioden. Ähnliches gilt für den Energie- und Wassereinsatz inklusive entstandener Abfälle. Hierbei ist wichtig, bereits die in der Lieferkette eingesetzten Ressourcen in die Analyse aufzunehmen. Auch die im gesamten Wertschöpfungskontext durch die Produktion entstandenen Emissionen sollten auf Produktebene ausgewiesen werden. Ökologische Kennzahlen aus nicht-produktionsrelevanten Bereichen, wie beispielsweise CO_2-Emissionen aus Reisetätigkeiten oder Fuhrpark, müssen der Übersicht halber gesondert ausgewiesen werden.

Die Zusammenführung aller umweltrelevanten Stoff- und Energieströme, die alle Standorte und Fabriken umfasst, stellt dann die wesentlichen Umweltaspekte der Unternehmenstätigkeiten zahlenmäßig im Zeitablauf dar. Die kontinuierliche und strukturierte Erfassung der umweltrelevanten Input- und Outputströme (inklusive Lieferkettenbetrachtung) ist eine wesentliche Voraussetzung, um Verbesserungspotenziale aufzuzeigen. Aus den Gesamtmengen können spezifische Kennzahlen gebildet werden, indem Verbrauch und Emissionen auf das hergestellte Produkt umgerechnet werden. Dies ermöglicht eine Bewertung der Umweltleistung unabhängig von Schwankungen in der Produktionsmenge über den Zeitablauf.

Auch die Darstellung von sozialen Kriterien kann durchaus in konkreten Mengeneinheiten erfolgen. Die Anzahl an Arbeitsunfällen gibt z. B. quantitativ einen Hinweis auf die Sicherheit im Unternehmen und die unfallbedingten Ausfalltage auf die Schwere der Unfälle. Die Erfassung von Unfällen bei Fremdfirmen bzw. Lieferanten kann gesondert erfasst werden, so dass auch dort Arbeitssicherheit und Unfallprävention stärkere Berücksichtigung finden.

Sicherlich muss die reine Kennzahlenberichterstattung durch entsprechend anschauliche Beispiele des Unternehmens belegt werden, wie es die analysierten Unternehmen heute schon tun. Dennoch ist es für die Vergleichbarkeit von Unternehmen und Produkten anhand der drei Nachhaltigkeitsdimensionen unabdingbar, mit konkreten Kennzahlen zu arbeiten.

Arbeitsgliederung

A) Überblick Hauptkennzahlen (finanziell, ökologisch und sozial)

    im Zeitablauf

    im Wertschöpfungskontext

B) Unternehmensprofil

    Vision

    Mission

    Management (Jahresrückblick und Ausblick)

    Produktportfolio

C) Stakeholder-Mapping

D) Chancen- und Risikenanalyse im Wertschöpfungskontext

E) Detaillierung der Triple Bottom Line Dimensionen

    Ökonomische Kennzahlen und Projektbeschreibung

    Ökologische Kennzahlen und Projektbeschreibung

    Soziale Kennzahlen und Projektbeschreibung

4 Zusammenfassung der Ergebnisse: notwendiger Abgleich zwischen Anspruch und Wirklichkeit

Unternehmen, die Nachhaltigkeitsberichte ihren Anspruchsgruppen zur Verfügung stellen und somit zumindest Engagement und Bereitschaft demonstrieren, ihre nachhaltigkeitsbezogenen Leistungen wenn auch nur in Teilen offen zu legen, heben sich klar von Unternehmen ab, die jegliche Transparenz verweigern. Dennoch muss ein Abgleich zwischen Anspruch und Wirklichkeit zeigen, inwieweit Unternehmen kritisch ihre Performance in den Dimensionen Ökonomie, Ökologie und Soziales reflektieren und Konsequenzen ableiten oder lediglich ein möglichst positives Selbstbild erzeugen wollen. Diesen Abgleich wird das Supply Chain Management Institute SMI der EBS Business School an der EBS Universität für Wirtschaft und Recht i. Gr. vornehmen. Im Rahmen eines vom Bundesministeriums für Bildung und Forschung (BMBF) geförderten Verbundprojektes „Sustainable Sourcing Excellence" im Spitzencluster LogistikRuhr (Förderkennzeichen 01IC10L14A) werden verschiedene Untersuchungen hierzu in den nächsten Jahren und in enger Kooperation mit ebenfalls im BMBF-Projekt geförderten Unternehmenspartnern durchgeführt.

Dies ist notwendig, denn trotz nicht selten sehr umfassender und detaillierter Berichterstattung von Unternehmen ist es heutzutage noch nicht möglich, einfach und standardisiert Unternehmen anhand eines Kennzahlenüberblicks zu vergleichen.

Unterschiedliche Leitlinien, Erwartungshaltung relevanter Anspruchsgruppen und Eingrenzungen der Berichterstattung führen zu einem hohen Aufwand, um die Nachhaltigkeit von Unternehmen und Produkten im Zeitablauf gegenüberstellen zu können.

Standardisierte Nachhaltigkeitsberichte würden ein wahrheitsgetreueres Ausweisen von Nachhaltigkeitseffekten ermöglichen und somit den Wettbewerb von Unternehmen anregen. Durch einen standardisierten Nachhaltigkeitsbericht würde es möglich, höhere Nachhaltigkeitspotentiale durch Kennzahlen vergleichbar zu machen und zu einer Wettbewerb entscheidenden Größe auszugestalten. Gleichzeitig könnten standardisierte Berichte allen Adressaten von Unternehmensgeschäftsberichten konkrete Nachhaltigkeitsgrößen liefern; Absichtserklärungen zu nachhaltigem Verhalten allein würden dann definitiv nicht mehr ausreichen.

5 Literatur

Carter, C. R., Jennings, M. M. (2004). The role of purchasing in the socially responsible management of the supply chain: A structural equation analysis. Journal of Business Logistics 25 (1): 145.

Carter, C. R., Rogers, D. S. (2008). A framework of sustainable supply chain management: Moving toward new theory. International Journal of Physical Distribution and Logistics Management 38 (5): 360.

Ciliberti, F., Pontrandolfo, P., Scozzi, B. (2008). Logistics social responsibility: Standard adoption and practices in Italian companies. International Journal of Production Economics 113 (1): 88.

Deegan, C., Cooper, B. J., Shelly, M. (2006). An investigation of TBL report assurance statements: UK and European evidence. Managerial Auditing Journal 21 (4): 329.

Gallego-Alvarez, I. (2008). Content analysis: Analysis of social information as a measure of the ethical behavior of Spanish firms. Management Decision 46 (4): 580.

Gill, D.L., Dickinson, S.J., Scharl. A. (2008). Communicating sustainablity: A web content analysis of North American, Asian and European firms. Journal of Communication Management 12 (3): 243.

Global Reporting Initiative (GRI) (2006). Sustainability Reporting Guidelines. Version 3.0.

Kolk, A. (2004). A decade of sustainability reporting: developments and significance. International Journal of Environment and Sustainable Development 3 (1): 51.

Kolk, A., Perogo, P. (2010). Determinants of the adoption of sustainability assurance statements: an international investigation. Business Strategy & the Environment 19 (3): 182.

Kourula, A., Halme, M. (2008). Types of corporate responsibility and engagement with NGOs: an explora-tion of business and societal outcomes. Corporate Governance. The International Journal of Effective Board Performance 8 (4): 557.

Hussey, D. M., Kirsop, P. L., Meissen, R. E. (2001). Global Reporting Initiative guidelines: An evalua-tion of sustainable development metrics for industry. Environmental Quality Management 11 (1): 1.

Loew, T., Clausen, J. (2005). Kriterien und Bewertungsskala zur Beurteilung von Nachhaltigkeitsbe-richten. Berlin.

Manetti, G., Becatti, L. (2009). Assurance services for sustainability reports: Standards and empirical evidence. Journal of Business Ethics 87: 289.

Morhardt, J. E., Baird, S., Freeman, K. (2002). Scoring corporate environmental and sustainability reports using GRI 2000, ISO 14031 and other Criteria. Corporate Social Responsibility and Environ-mental Management 9 (4): 215.

O'Dwyer, B. and Owen, D. L. (2005). Assurance statement practice in environmental, social and sus-tainability reporting: a critical evaluation. The British Accounting Review 37 (3): 205.

Perego, P. (2009). Causes and consequences of choosing different assurance providers: An interna-tional study of sustainability reporting. International Journal of Management 26 (3): 237.

Quick, R., Knocinski, M. (2007). Nachhaltigkeitsberichterstattung: Empirische Befunde zur Berichter-stattungspraxis von HDAX-Unternehmen. Zeitschrift für Betriebswirtschaft 76 (6): 615.

Simnett, R., Vanstraelen, A., Chua, W. F. (2009). Assurance on Sustainability Reports: An Interna-tional Comparison. The Accounting Review 84 (3): 937.

Die Entwicklung zur Neuausrichtung von Vergütungssystemen bei Versicherungsunternehmen – neue Haftungstatbestände für Aufsichtsräte

WP/StB RA (FAStR) Prof. Dr. Jochen Axer, RA (FAVersR, FAVerkR) Thomas
Seemayer, M.A.

1   Einleitung

Die jüngste Finanzkrise wird in der Versicherungswirtschaft gerne als Bankenkrise bezeichnet. Obwohl deren Auslöser überwiegend aus bestimmten Teilen der Banken- und Kreditwirtschaft stammten, blieb die Versicherungswirtschaft weder von den unmittelbaren noch von den mittelbaren Folgen verschont. Dies äußert sich in einer nie gekannten gesetzgeberischen Aktivität, die die internen Anforderungen an die Unternehmen weiter anhebt und dabei weitgehend Banken und Versicherungen als eine Branche betrachtet. Kritische Kommentare sprechen in etlichen Teilbereichen auch eher von Aktionismus der Legislative denn von zukunftsorientiertem und geplantem Vorgehen. Ein Aspekt der umstrittenen Regelungslawine sind die Anforderungen an die Vergütungssysteme. Der Gesetzgeber sah sich in diesem Bereich besonders animiert, strikt und schnell regulatorisch einzugreifen. Schließlich gelten die auf nur kurzfristigen Erfolg ausgerichteten Vergütungsstrukturen als Mitverursacher der Finanzkrise, weil sie „falsche" Anreize setzten. Vergütungssysteme sollen stärker am „nachhaltigen Geschäftserfolg" ausgerichtet und risikoorientierter gestaltet werden. Die internationale und nationale Diskussion hat überwiegend zu direkten gesellschafts- und aufsichtsrechtlichen Gesetzesänderungen und Neuregelungen in 2009 und 2010 geführt.

Auf Betreiben der G-20-Staaten beschäftigte sich das FSB[1] mit der Neuorganisation von Vergütungsstrukturen mit stärkerem Fokus auf „Nachhaltigkeit". Am 25.09.2009 wurden Standards zur Umsetzung der Prinzipien für solide Vergütungssysteme[2] vorgelegt. In einem am 30.03.2010 veröffentlichten Bericht wird festgestellt, dass Deutschland mit der Schaffung regulatorischer und aufsichtsrechtlicher Rahmenbedingungen sehr weit vorangeschritten ist und im internationalen Vergleich zu den führenden Ländern bei der Umsetzung zählt[3]. Die Bundesregierung verfolgte einen dreistufigen Ansatz. Noch im Jahr 2009 konnten nur Selbstverpflichtungserklärungen zur Einhaltung der FSB-Standards von Versicherungen und Banken abgegeben werden. Auf nationaler Ebene wurde im August 2009 durch das Gesetz zur Angemessenheit der Vorstandsvergütung (VorstAG[4]) das AktG geändert; diese Änderungen betreffen dem Grunde nach alle Aktiengesellschaften ohne branchenspezifische Besonderheit, allerdings mit deutlicher Ausrichtung auf börsennotierte Unternehmen. Im zweiten Schritt veröffentlichte die Bundesanstalt für Finanzdienstleistungsaufsicht (BaFin) am 21.12.2009 Rundschreiben zu Anforderungen an Vergütungssysteme von Versicherungen und Banken[5]. Am 26.07.2010 wurde das Gesetz über die aufsichtsrechtlichen Anforderungen an

---

[1]   Financial Stability Board als Nachfolger des Financial Stability Forum zur Ausarbeitung und Koordinierung internationaler Standards für den Finanzsektor im April 2009 gegründet.

[2]   Principles for Sound Compensation Practices (Implementation Standards); abzurufen unter <www.financial-stabilityboard.org/publications/r_090925c.pdf>.

[3]   PM des BMF Nr. 19/2010.

[4]   In Kraft getreten am 05.08.2009; BGBl. I 2009 S. 2509 ff.

[5]   RS 23/2009 (VA) und RS 22/2009 (BA) – mittlerweile aufgehoben – sind einzusehen auf der BaFin-Homepage unter: <www.bafin.de>.

die Vergütungssysteme von Instituten und Versicherungsunternehmen[6] verkündet, mit dem KWG und VAG ergänzt wurden. Am 13.10.2010 traten zwei vom Bundesministerium der Finanzen (BMF) erlassene Rechtsverordnungen zu Einzelheiten der Ausgestaltung der Vergütungssysteme für Versicherungen und Banken in Kraft[7], die die BaFin-Rundschreiben ablösten. Die Darstellung des Inhalts vorwiegend der VersVergV und die Frage, ob die Vorgaben sinnvoll sind und effektiv die „richtigen" Anreize setzen können, ist Gegenstand der nachfolgenden Erörterung.

2   Vergütungsrelevante Vorschriften

2.1   Allgemeingültige Regelungen

2.1.1   Der DCGK

Der Deutsche Corporate Governance Kodex (DCGK) gilt seit 2002 als Verhaltenskodex für deutsche börsennotierte Aktiengesellschaften und enthält Standards guter und verantwortlicher Unternehmensführung[8]. Er wird kontinuierlich hinsichtlich nationaler und internationaler Entwicklungen überprüft und bei Bedarf angepasst. Unmittelbare Rechtswirkung entfaltet er nicht; börsennotierte Gesellschaften müssen jedoch nach § 161 AktG (Entsprechensregelung) jährlich öffentlich erklären, welchen Empfehlungen des Kodex sie entsprechen, welchen nicht und warum nicht. Erst mit dem BilMoG wurde die konkrete „comply-or-explain"-Regelung eingeführt. Die damit verbundene Stärkung der Bedeutung des Kodex und der Entsprechenserklärung geht mit der jüngeren Rechtsprechung des BGH[9] einher, welche deren Bedeutung ebenfalls hervorhebt.

Die Empfehlungen des DCGK[10] enthalten hinsichtlich der Vergütung für Vorstand (Ziff. 4.2) und Aufsichtrat (Ziff. 5.4) kaum Änderungen zum Vorjahr. Denn die Empfehlungen aus 2009 erfolgten bereits in enger Abstimmung mit den gesetzgeberischen Vorhaben. So blieben Empfehlungen zur Angemessenheit der Vergütung, zu Verhaltensanreizen bei der variablen Vergütung und zur Begrenzung der variablen Vergütung bei außerordentlichen Entwicklun-

---

[6]   BGBl. I S. 950.

[7]   VersVergV v. 06.10.2010; BGBl. I S. 1379 und InstitutsVergV v. 06.10.2010; BGBl. I S. 1374.

[8]   Spindler in Münchener Kommentar zum AktG, 3. Aufl. Vor §76 Rn 79; zu Änderungen vgl. Hecker in BB 2009, 1654 ff.; van Kann/Keiluweit in DB 2009, 2699 ff.; Weber-Rey in WM 2009, 2255 ff.

[9]   vgl. BGH NJW 2009, 2207 ff. (Nichtigkeit der Entlastungsbeschlüsse betreffend Vorstand und Aufsichtsrat bei Unrichtigkeit der abgegebenen Entsprechenserklärung), dazu auch Goslar/von den Linden in DB 2009, 1691 ff.

[10]   Aktuelle Fassung v. 26.05.2010 <www.corporate-governance-code.de/ger/download/kodex_2010/D _CorGov _Endfassung_Mai_2010.pdf>.

gen unverändert. Als Kriterium zur Beurteilung der Angemessenheit gilt u. a. der nicht recht greifbare Begriff der „Üblichkeit" unter Berücksichtigung unternehmensimmanenter Vergütungsstrukturen[11]. Die Vergütung des Vorstandsmitglieds soll aus fixen und variablen Bestandteilen bestehen. Die Variable soll auf einer mehrjährigen Bemessungsgrundlage basieren und damit sowohl positiven als auch negativen Entwicklungen Rechnung tragen. Sie soll auf relevante Vergleichsparameter bezogen sein, wobei deren nachträgliche Änderung oder die Änderung von Erfolgszielen ausgeschlossen sein soll. Die Vergütungsbestandteile müssen für sich und insgesamt angemessen sein. Empfohlen wird auch die Einführung eines Abfindungs-Caps, um Zahlungen bei vorzeitiger Beendigung des Vertrages mit einem Vorstandsmitglied ohne wichtigen Grund zu beschränken. Hinsichtlich der Vergütung für Aufsichtsräte wird empfohlen, bestimmte Funktionen (z.B. den Vorsitz) zu berücksichtigen und neben einer festen auch eine erfolgsorientierte Vergütung zu vereinbaren. Nur angeregt wird bislang, dass dessen erfolgsorientierte Vergütung auch auf den langfristigen Unternehmenserfolg bezogene Bestandteile enthalten sollte. Dies könnte aufgrund der steigenden Verantwortung des Aufsichtsrates künftig durchaus zu einer Empfehlung werden.

2.1.2   Das VorstAG

Das Gesetz zur Angemessenheit der Vorstandsvergütung (VorstAG), das in erster Linie Vorschriften des Aktiengesetzes, insbesondere § 87 AktG, änderte[12], war die erste nationale Reaktion auf die Finanzkrise im Vergütungsbereich. Obwohl bereits vorher Aktienbezugsrechte regelmäßig als Bestandteil der Gesamtbezüge eines Vorstandsmitglieds angesehen wurden[13], werden nun explizit anreizorientierte Vergütungszusagen, wie Aktienbezugsrechte, als möglicher Bestandteil der Gesamtbezüge benannt. Erstmals wird das Kriterium der Leistung des Vorstandsmitglieds zur Begründung der Angemessenheit der Vergütung herangezogen. Weiterhin darf nicht ohne besondere Gründe die „übliche" Vergütung überstiegen werden. Neu ist, dass die Vergütungsstruktur börsennotierter Gesellschaften auf eine „nachhaltige" Unternehmensentwicklung auszurichten ist, weshalb variable Bestandteile eine mehrjährige Bemessungsgrundlage haben sollen; für außerordentliche Entwicklungen soll eine Begrenzungsmöglichkeit vereinbart werden. Zur „Nachhaltigkeit" finden sich bereits einige Einschätzungen und Definitionsversuche[14]. Weitgehende Einigkeit besteht dahingehend, dass das Management nicht eine nur kurzfristige Steigerung des Unternehmenswertes, sondern eine lang- oder zumindest längerfristige solide Steigerung desgleichen anzustreben habe. Die Neuerung besteht nicht in der Betonung dieser kaufmännischen Selbstverständlichkeit, sondern in der Einbindung in die Vergütungsabreden. Konsequent erscheint demnach die Einführung einer mehrjährigen Bemessungsgrundlage der variablen Vergütung. Schließlich soll die Vergütung letztlich an die so verstandene Nachhaltigkeit gekoppelt werden. Die bislang nur als äußerster Notbehelf[15] ausgestaltete Möglichkeit einer Herabsetzung der Bezüge bei

---

[11]   Weber-Rey a.a.O. (Fn. 8) mit dem Vorschlag eines Prüfrasters für den Aufsichtsrat.

[12]   Vgl. allgemein zum VorstAG: Annuß/Theusinger in BB 2009, 2434 ff.; Bauer/Arnold in AG 2009, 717 ff.; Dauner-Lieb/von Preen/Simon in DB 2010, 377 ff.; Hohaus/Weber in DB 2009, 1515 ff.; Hohenstatt/Kuhnke in ZIP 2009, 1981 ff.; Thüsing in AG 2009, 517 ff.; Wagner/Wittgens in BB 2009, 906 ff.

[13]   Spindler a.a.O. (Fn. 8) §87 Rn. 44.

[14]   Bauer/Arnold a.a.O. (Fn. 12); Hohenstatt/Kuhnke a.a.O. (Fn. 12) jeweils m.w.N.

[15]   Spindler a.a.O. (Fn. 8) §87 Rn. 87.

wesentlicher Verschlechterung der Verhältnisse der Gesellschaft in § 87 Abs. 2 S. 1 AktG wurde vereinfacht. Der Aufsichtsrat soll nun Bezüge auf die angemessene Höhe herabsetzen (müssen!), wenn sich die Lage der Gesellschaft nach der Festsetzung so verschlechtert, dass ihre Weitergewährung unbillig für die Gesellschaft wäre. Auch für Ruhegehalt und ähnliche Leistungen, begrenzt auf die ersten drei Jahre nach Ausscheiden aus der Gesellschaft, gilt das Herabsetzungsrecht[16] bzw. die daraus abzuleitende Herabsetzungspflicht seitens des Aufsichtsrats.

Zwar hatte der Aufsichtsrat schon seit jeher die Pflicht, für die Einhaltung einer angemessenen Vergütung zu sorgen; bei Verletzung dieser Pflicht konnte er nach §§ 116, 93 Abs. 3 AktG schadensersatzpflichtig sein[17]. § 116 AktG statuiert nun explizit die Ersatzpflicht der Aufsichtsräte im Fall der Festsetzung einer unangemessenen Vergütung. Selbst ein Beschluss der Hauptversammlung nach § 120 Abs. 4 AktG über die Billigung des Vergütungssystems des Vorstands lässt die Verpflichtung des Aufsichtsrates unberührt[18]. Die rechtliche Dimension dieser Aufgabenzuordnung und Haftungsanordnung ist in der Konsequenz nicht absehbar. Gerade die originäre Vorstandsaufgabe, die Strategie des Unternehmens festzulegen und zu verfolgen, erfährt eine deutliche Relativierung, wenn nunmehr der Aufsichtsrat für die Verabschiedung der die richtigen Anreize setzenden Vergütungsstruktur zuständig ist; letztlich kann ja nur dadurch das Unternehmensziel verwirklicht werden. Anders gewendet: Ist ein Unternehmen nicht erfolgreich, kann dies auf den falschen Anreizen beruhen – die diesbezügliche Verantwortung und das Haftungsrisiko verlagert sich vom Vorstand auf den Aufsichtsrat. Ob der Gesetzgeber dies so wollte, sei dahin gestellt; die gezogene Schlussfolgerung liegt aus juristischer Sicht nahe[19]. Ob und in welcher Dimension dies mit dem Trennungsprinzip der deutschen Unternehmensverfassung in Einklang steht, wird zu diskutieren sein[20]. Jedenfalls haben sich Verantwortlichkeiten und Sorgfaltspflichten des Aufsichtsrats deutlich erhöht. Allerdings dürfte dies nicht so weit führen, dass für Fragen der Vorstandsvergütung nun stets Vergütungsberater hinzuzuziehen wären; vielmehr muss es bei einer unternehmerischen Entscheidung mit Ermessensspielraum bleiben[21]. Die angesprochenen Schwierigkeiten beruhen darauf, dass mit der Neuregelung zu Vergütung und Vergütungsstruktur mittelbar ein bestimmtes, selbstverständliches Verhalten („nachhaltiges Wirtschaften") erreicht werden soll; die Verantwortung für Abreden, die abweichende Anreize schaffen, soll in jedem Fall beim Aufsichtsrat liegen. Das „Feigenblatt" eines Vergütungsberaters sollte diese Position jedenfalls nicht verwässern.

Für die Anwendbarkeit des DCGK nebst Entsprechensregelung ist die Börsennotierung der Gesellschaft nach § 3 Abs. 2 AktG entscheidend. Die eingeführten Neuregelungen im AktG gelten grundsätzlich für alle Aktiengesellschaften unabhängig von der Börsennotierung (Ausnahme: § 87 Abs. 1 S. 2, 3 AktG) und damit nicht nur, aber auch für Versicherungen und Banken in der Rechtsform Aktiengesellschaft.

---

[16]   Ausführlich zur Herabsetzung nach VorstAG: Bauer/Arnold a.a.O. (Fn. 12).

[17]   Spindler a.a.O. (Fn. 8) §87 Rn. 79.

[18]   Vgl. zur rechtlichen Einordnung: Begemann/Laue in BB 2009, 2442 ff.; Vetter in ZIP 2009, 2136 ff; vgl. zur Praxis: Deilmann/Otte in DB 2010, 545 ff..

[19]   Vgl. deutlich Dauner-Lieb/von Preen/Simon. a.a.O. (Fn. 12) m.w.N. zur aufflammenden Diskussion.

[20]   Ebenfalls Dauner-Lieb/von Preen/Simon a.a.O. (Fn. 12).

[21]   Zur Aufsichtsratsverantwortlichkeit und der Rolle von Vergütungsberatern vgl. Fleischer in BB 2010, 67 ff.

Da nunmehr die gesetzlichen Regelungen des VorstAG mit etlichen Empfehlungen des DCGK übereinstimmen, stellt sich die Frage, welche Rolle dem Kodex noch zukommt[22]. Dies, zumal im Vergütungsbereich kaum Änderungen zur letztjährigen Kodex-Fassung vorhanden sind. Im Zuge der sich überschneidenden Regelungsbereiche erfolgte ein regelmäßiger Abgleich des DCGK 2009 mit den geplanten Änderungen des VorstAG[23]. Die Änderungen des AktG sind im Gegensatz zu den Empfehlungen des DCGK unmittelbares, zwingendes Recht. Überflüssig ist der Kodex gleichwohl nicht, weil er flexibler auf zukünftige Entwicklungen reagiert und jenseits der rechtlichen Dimension auf einfachere Weise ethische Grundlagen der verantwortlichen Unternehmensführung einbezieht und adressiert.

2.2   Branchenspezifische Regelungen

Versicherer und Banken halten sich regelmäßig an Vorgaben, die die BaFin in Rundschreiben veröffentlicht, obgleich sie keine unmittelbaren Rechtspflichten begründen[24]. Das Handeln der adressierten Unternehmen muss mit den geltenden Aufsichtsgesetzen übereinstimmen, kann jedoch von den Rundschreiben durchaus abweichen. Ungeachtet fehlender Gesetzesqualität werden deren Inhalte in der Praxis im ersten Schritt als Grundlage für „aufsichtskonformes" Handeln aufgefasst. Die MaRisk (VA)[25] stellt ein solches Rundschreiben dar. Es regelte u.a. die Ausgestaltung der Vergütungssysteme zur Vermeidung negativer Anreize. Die später veröffentlichte MaRisk (BA) für Kreditinstitute orientierte sich detaillierter an internationalen Standards[26] und enthielt ebenfalls Bestimmungen zu Anreizsystemen. Beide Regelungen sind aufgehoben und wurden zunächst in die Rundschreiben vom 21.12.2009 überführt.

Das VAG (ebenso wie das KWG) enthielt keine Regelungen zur Ausgestaltung von Vergütungssystemen. Im Versicherungsbereich galt lange Zeit das Rundschreiben 1/78[27]. Aufgrund dessen seien gravierende Fehlentwicklungen bei der Vergütung im Versicherungssektor ausgeblieben; allerdings sei durch die FSB Standards eine Fortentwicklung notwendig geworden[28]. Es wurde weitgehend in das Rundschreiben 23/2009 (VA) überführt. Für die Höhe der Bezüge galten seither – unabhängig von der Rechtsform des Versicherers – die Grundsätze des § 87 AktG. Es sollte damit sichergestellt werden, dass mehr auf den Aufbau eines soliden Bestandes geachtet wird und sich das Interesse des Vorstands nicht nur auf den Aufbau eines großen Geschäftes richtet.

---

[22]   Ausführlich und zu Änderungen des DCGK im Zusammenspiel mit VorstAG: Weber-Rey a.a.O. (Fn. 8).
[23]   Weber-Rey a.a.O. (Fn. 8).
[24]   Michael in VersR 2010, 141 ff. m.w.N.
[25]   MaRisk (VA), Rundschreiben 3/2009 v. 22.01.2009 (MaRisk (BA), Rundschreiben 15/2009 v. 14.08.2009).
[26]   Wie FSB „Principles for Sound Compensation Practices" und CEBS „High-level Principles for Remuneration Policies"; Committee of European Banking Supervisors; einzusehen unter: <www.c-ebs.org/getdoc/34beb2e0-bdff-4b8e-979a-5115a482a7ba/High-level-principles-for-remuneration-policies.aspx>.
[27]   R 1/78 vom 10.05.1978 des damaligen BAV.
[28]   Vorbemerkung zum Rundschreiben 23/2009 (VA).

3   Das VergAnfG

Das Gesetz über die aufsichtsrechtlichen Anforderungen an die Vergütungssysteme von Instituten und Versicherungsunternehmen (VergAnfG) rückt drei Vorgaben für Vergütungssysteme – Angemessenheit, Transparenz und Ausrichtung auf eine nachhaltige Unternehmensentwicklung – in den Mittelpunkt. Im VAG werden im Wesentlichen § 64b VAG und § 81b Abs. 1a VAG neu eingeführt. In § 64b VAG werden die drei Vorgaben der Vergütungssysteme für Geschäftsleiter, Mitarbeiter und Aufsichtsratsmitglieder aufgeführt. Nach der Gesetzesbegründung betrifft die Regelung auch Aufsichtratsmitglieder, was auf der Übernahme der Vorgaben des Rundschreibens 1/78 beruhen dürfte. Geschäftsleitern und Aufsichtsratsmitgliedern darf nur dann eine Vergütung für andere Tätigkeiten gewährt werden, soweit dies mit den Aufgaben als Organmitglied zu vereinbaren ist. § 64b Abs. 5 VAG ermächtigt das BMF zum Erlass einer Rechtsverordnung; trotz „Weiterverweisungsbefugnis" auf die BaFin hat das BMF selbst die VersVergV erlassen. Danach können u.a. Einzelheiten zu Ausgestaltung, Überwachung, Weiterentwicklung und Transparenz der Vergütungssysteme geregelt werden. Diese Regelungen haben sich an Größe und Vergütungsstruktur des Unternehmens sowie Art, Umfang, Komplexität, Risikogehalt und Internationalität der Geschäftsaktivitäten zu orientieren. Im Gesetzgebungsverfahren wurde eingefügt, dass die Vorgaben nicht gelten, soweit die Vergütung durch Tarifvertrag oder tarifvertragliche Regelung vereinbart ist. Die BaFin erhält mit § 81b Abs. 1a VAG das Recht, unter bestimmten Voraussetzungen Auszahlungen variabler Vergütungsbestandteile zu untersagen oder zu beschränken. Die Unternehmen haben die vertraglichen Voraussetzungen für diese Eingriffsmöglichkeit herzustellen; Rechte aus etwaigen vertraglich entgegenstehenden Vereinbarungen dürfen der BaFin gegenüber nicht hergeleitet werden.

Das KWG erfuhr in §§ 25a Abs. 1, 45 KWG ähnliche Änderungen. Auffällig ist, dass hierin keine Vorgaben für Aufsichtsräte bestehen. Das BMF machte ebenfalls von seiner Ermächtigung zum Erlass einer Vergütungsverordnung Gebrauch.

4   Die VersVergV

Das BMF erließ aufgrund der Ermächtigungen in §§ 64b Abs. 5 VAG bzw. 25a Abs. 5 KWG zwei branchenspezifische Vergütungsverordnungen. Sie orientieren sich weitgehend an den BaFin-Rundschreiben vom 21.12.2009, die mittlerweile als aufgehoben deklariert sind. Sämtliche Regelungen zu Vergütungssystemen sind nun in Gesetze gefasst und damit zwingend zu beachten. Beide Verordnungen enthalten sowohl allgemeine Anforderungen für alle im Anwendungsbereich genannten Unternehmen als auch besondere Anforderungen für bedeutende Finanzinstitutionen bzw. größeren Institute sowie Vorgaben zu Anforderungen auf Gruppenebene und zur Anpassung arbeitsrechtlicher Vereinbarungen.

Die VersVergV gilt für Erst- und Rückversicherer sowie für Pensionsfonds, für Versicherungs-Holdinggesellschaften (§ 1b und § 104a Abs. 2 Nr. 4 VAG), für Versicherungs-Zweckgesellschaften (§ 121g VAG), gemischte Finanzholding-Gesellschaften sowie für übergeordnete Finanzkonglomeratsunternehmen (es sei denn es handelt sich um Institute nach § 1 Abs. 1b KWG) jeweils mit Sitz im Inland. Darüber hinaus gilt sie für im Inland erlaubnispflichtige Erst- und Rückversicherer sowie Einrichtungen der betrieblichen Altersversorgung mit Sitz in einem Drittstaat und letztlich für im Inland erlaubnispflichtige Erstversicherer mit Sitz in einem anderen EU/EWR-Staat, die nicht den Versicherungsrichtlinien unterfallen.

Nur bedeutende Unternehmen haben die Vorgaben des § 4 VersVergV zu erfüllen. Unternehmen mit einer Bilanzsumme von über 90 Mrd. € sind als bedeutend anzusehen, während Unternehmen mit einer Bilanzsumme von unter 45 Mrd. € nicht als bedeutend gelten. Im Bereich einer Bilanzsumme von mehr als 45 Mrd. € haben die Unternehmen aufgrund einer Risikoanalyse eigenverantwortlich festzulegen, ob sie bedeutend sind. Die Parameter, wonach dies bestimmt werden kann, sind in § 1 Abs. 2 VersVergV vorgegeben. Nicht anwendbar ist die Verordnung auf Vergütungen aufgrund Tarifvertrag oder vergleichbarer Dienstvereinbarung.

Unter Vergütung im Sinne der Verordnung sind sämtliche finanziellen Leistungen und Sachbezüge zu subsumieren, gleich welcher Art sowie Leistungen von Dritten, die ein Geschäftsleiter/Mitarbeiter im Hinblick auf seine berufliche Tätigkeit erhält. Unternehmensleistungen ohne Anreizwirkung, wie Rabatte oder betriebliche Versicherungs- und Sozialleistungen, gelten nicht als Vergütung. Als variabel gilt der Vergütungsteil, dessen Gewährung oder Höhe im Ermessen des Unternehmens steht oder von vereinbarten Bedingungen abhängt. Handelsvertreter gem. § 84 Abs. 1 HGB zählen nicht als Mitarbeiter. Vergütungsparameter sind quantitative und qualitative Bestimmungsfaktoren, anhand derer die Leistung und der Erfolg von Geschäftsleiter, Mitarbeiter oder einer internen Organisationseinheit gemessen wird. Erfolgsbeiträge sind die auf Grundlage der Vergütungsparameter ermittelten tatsächlichen Leistungen, die in der Ermittlung der Höhe der variablen Vergütungsbestandteile einfließen; sie können positiv und negativ sein. Kontrolleinheiten überwachen die geschäftsinitiierenden Organisationseinheiten; die Interne Revision gilt ebenfalls als Kontrolleinheit.

4.1   Allgemeine Anforderungen

Die allgemeinen Anforderungen sind von den unter den Anwendungsbereich fallenden Unternehmen zu beachten und gelten für Geschäftsleiter und Mitarbeiter. Aufsichtsratsmitglieder werden ebenfalls einbezogen; z.B. darf ihnen keine Vergütung für Vermittlung von Versicherungsverträgen gewährt werden. Dass die Vorgaben für Aufsichtsräte im Gegensatz zum Bankenbereich detaillierter ausfallen, soll historisch zu erklären sein[29]. Der Inhalt des Rundschreibens 1/78 wurde weitgehend übernommen, ohne ihn jedoch mit der politisch vorgegebenen Schutzrichtung der Verordnungen abzugleichen und konzeptionell mit dem Bankensektor wenigstens gleich zu stellen. Das Rundschreiben nahm noch explizit Bezug auf § 87 AktG, unabhängig von der Rechtsform des Versicherers. Eine solche Bezugnahme findet sich in der Verordnung nicht mehr. Allerdings geht nun bereits aus § 64b Abs. 1 VAG hervor, dass

---

[29]   Leßmann/Hopfe in DB 2010, 54 ff.

Vergütungssysteme für Geschäftsleiter, Mitarbeiter und Aufsichtsratsmitglieder angemessen, transparent und auf eine nachhaltige Entwicklung des Unternehmens ausgerichtet sein müssen, was im Grundsatz der Nachhaltigkeitsregelung in § 87 AktG entspricht. Beachtlich ist, dass die Nachhaltigkeit in § 87 AktG sich nur auf börsennotierte Gesellschaften bezieht. Durch Einfügen des § 25a Abs. 1 Nr. 4 gilt dies auch für Institute, ohne jedoch im Bankenbereich Mitglieder des Aufsichtsrats mit einzubeziehen.

Die Vergütungssysteme müssen festgelegt werden und so ausgestaltet sein, dass (1) sie auf die Erreichung der strategischen Ziele ausgerichtet sind; bei Strategieänderungen ist deren Ausgestaltung zu überprüfen und ggf. anzupassen; (2) sie negative Anreize vermeiden, insb. Interessenkonflikte und Eingehen unverhältnismäßig hoher Risiken, und sie nicht der Überwachungsfunktion der Kontrolleinheiten zuwiderlaufen; (3) bei Geschäftsleitern der variable Teil eine Vergütung für den aus der Tätigkeit sich ergebenden nachhaltigen Erfolg des Unternehmens darstellt. Sie darf nicht maßgeblich von Gesamtbeitragseinnahmen, vom Neugeschäft oder von der Vermittlung einzelner Versicherungsverträge abhängen; (4) sie die wesentlichen Risiken und deren Zeithorizont angemessen berücksichtigen; (5) bzgl. einzelner Organisationseinheiten der Gesamterfolg des Unternehmens angemessen berücksichtigt wird; (6) eine qualitativ und quantitativ angemessene Personalausstattung der Kontrolleinheiten ermöglicht wird.

Vergütungssysteme müssen mindestens einmal jährlich auf ihre Angemessenheit überprüft und ggf. angepasst werden. Die Geschäftsleiter sind für die angemessene Ausgestaltung der Vergütungssysteme der Mitarbeiter verantwortlich und umgekehrt der Aufsichtsrat für die Ausgestaltung der Vergütungssysteme der Geschäftsleiter. Der Aufsichtsrat hat bei der Festsetzung der Geschäftsleiter-Vergütung dafür zu sorgen, dass diese in einem angemessenen Verhältnis zu den Aufgaben und Leistungen sowie zur Lage des Unternehmens steht und die übliche Vergütung nicht ohne besondere Gründe übersteigt. Variable Vergütungen sollen eine mehrjährige Bemessungsgrundlage haben und eine Begrenzungsmöglichkeit für außerordentliche Entwicklungen vorsehen. Die Vergütung, die ein Geschäftsleiter für seine berufliche Tätigkeit erhält, muss abschließend im Anstellungsvertrag festgelegt sein. Der Anstellungsvertrag und spätere Änderungen bedürfen der Schriftform. Die Vergütung für Aufsichtsratsmitglieder muss abschließend durch Satzung oder durch Beschluss der Hauptversammlung festgelegt sein. Geschäftsleiter und Mitarbeiter sind über die Ausgestaltung und Änderungen der für sie maßgeblichen Vergütungsparameter schriftlich zu informieren.

Der Aufsichtsrat ist mindestens einmal jährlich über die Ausgestaltung der Vergütungssysteme des Unternehmens zu informieren. Dem Aufsichtsratsvorsitzenden ist ein Auskunftsrecht gegenüber den Geschäftsleitern einzuräumen. Die Unternehmen dürfen ihren Geschäftsleitern und Aufsichtsratsmitgliedern in der Regel keine Vergütung im Zusammenhang mit der Vermittlung von Versicherungsverträgen gewähren.

4.2   Besondere Anforderungen

Sie gelten für Geschäftsleiter und für solche Mitarbeiter, die einen wesentlichen Einfluss auf das Gesamtrisikoprofil haben. Das Unternehmen hat dies auf Grundlage einer Risikoanalyse eigenverantwortlich festzustellen. Die Analyse ist schriftlich zu dokumentieren, wobei bestimmten Kriterien vorgegeben werden.

Fixe und variable Vergütung müssen in einem angemessenen Verhältnis stehen. Einerseits darf keine signifikante Abhängigkeit von der variablen Vergütung bestehen, andererseits muss sie aber wirksame Verhaltensanreize setzen können. Unzulässig sind garantierte variable Vergütungen; ausnahmsweise sind sie bei der Aufnahme eines Arbeitsverhältnisses für längstens ein Jahr gestattet. Für die variable Vergütung gelten folgende Grundsätze: Soweit mit vertretbarem Aufwand bestimmbar, soll – neben dem Gesamterfolg und dem Erfolgsbeitrag der Organisationseinheit – der individuelle Erfolgsbeitrag, für den auch nichtfinanzielle Parameter herangezogen werden können, berücksichtigt werden. Zur Bestimmung des Gesamterfolgs und der Erfolgsbeiträge sind Parameter zu verwenden, die dem Ziel nachhaltigen Erfolges Rechnung tragen, wobei insbesondere eingegangene Risiken und Kapitalkosten zu berücksichtigen sind. Sicherzustellen ist, dass mindestens 40 % der variablen Vergütung nicht vor Ablauf eines angemessenen Zurückbehaltungszeitraums (in der Regel drei Jahre) unter Berücksichtigung des geschäftlichen Erfolges ausbezahlt wird. Mindestens 50 % der verzögert auszuzahlenden variablen Vergütung soll von einer nachhaltigen Wertentwicklung des Unternehmens abhängig sein. Bei der variablen Vergütung müssen auch negative individuelle Erfolgsbeiträge und negative Erfolgsbeiträge der Organisationseinheit sowie ein negativer Gesamterfolg des Unternehmens die Höhe der variablen Vergütung inklusive der zurückbehaltenen Beträge verringern. Schließlich gilt ein Umgehungsverbot; die Risikoorientierung der Vergütung darf nicht durch Absicherungs- oder Gegenmaßnahmen aufgehoben werden. Zugleich sind angemessene Compliance Strukturen zu implementieren, die solche Maßnahmen unterbinden, etwa durch vertragliche Verpflichtungen der Geschäftsleiter und Mitarbeiter, keine persönlichen Absicherungs- oder sonstigen Gegenmaßnahmen zu treffen, um die Risikoorientierung ihrer Vergütung einzuschränken oder aufzuheben. Dieser Passus dürfe sich schon aus systematischer Sicht nicht auf den Abschluss einer D&O Versicherung beziehen, auch wenn dies auf den ersten Blick so aussieht. Die Vorschrift übernimmt Standard Nr. 14 der FSB Principles for Sound Compensation Practices[30]. Folglich geht es um die Risikoorientierung der zu erwartenden zukünftigen variablen Vergütung.

Ermessensabhängige Leistungen zur Altersversorgung, die angesichts einer ruhestandsbedingten Beendigung des Dienstverhältnisses von Geschäftsleitern/Mitarbeitern geleistet werden, müssen von einer nachhaltigen Wertentwicklung des Unternehmens abhängen und mit einer Frist von mindestens 5 Jahren versehen werden, nach deren Verstreichen frühestens über die Leistung zur Altersversorgung verfügt werden darf.

Ein Vergütungsausschuss zur Überprüfung/Weiterentwicklung der Vergütungssysteme soll mindestens einmal jährlich einen Ergebnisbericht erstellen und Vorschläge für die Weiterentwicklung unterbreiten. Dem Vorsitzenden des Aufsichtsorgans steht ein Auskunftsrecht gegenüber dem Vergütungsausschuss zu. Der zu veröffentlichende Vergütungsbericht muss Angaben zur Vergütungspolitik und -struktur und den Anteil der variablen Vergütung enthalten.

Es ist eine Anpassungspflicht bestehender Vereinbarungen an die Vorgaben der VersVergV vorgesehen. Hinzuwirken ist auf Anpassungen der mit Geschäftsleitern, Mitarbeitern und Aufsichtsräten bestehenden Verträge, der betrieblichen Übungen, Satzungen und Beschlüsse.

---

[30]   „Significant financial institutions should demand from their employees that they commit themselves not to use personal hedging strategies or compensation- and liability-related insurance to undermine the risk alignment effects embedded in their compensation arrangements. To this end, firms should, where necessary, establish appropriate compliance arrangements."

Eine Anpassung hat zu erfolgen, soweit dies nach juristischer Begutachtung zivil- und arbeitsrechtlich möglich ist.

5 Fazit

Der dritte und letzte Schritt zur Umsetzung der internationalen Standards sind formell durch Erlass der Rechtsverordnungen vollendet. Im Rahmen der Umsetzung zur Änderungen der Aufsichtsgesetze und der Verordnungen wären weitere Klarstellungen wünschenswert gewesen. Im Wesentlichen beschränkte man sich darauf, einzufügen, dass tarifvertragliche Vereinbarungen vom Anwendungsbereich ausgenommen sind. Diese Regelung ist zur Herstellung einer gewissen Rechtssicherheit und zur Vermeidung unnötigen Verwaltungsaufwands sinnvoll. Sie war aber nicht die dringendst benötigte Klarstellung. Vielmehr haben Gesetzesänderung und Rechtsverordnungen weitere Probleme geschaffen und lassen Fragen offen. Diese betreffen u. a. auch eine detaillierte vergleichende Betrachtung beider Verordnungen, die jedoch nicht an dieser Stelle vorzunehmen ist, sondern einer gesonderten Untersuchung vorbehalten bleiben muss.

Die Ausweitung in § 64b VAG auf Aufsichtsratsmitglieder ist vor dem Hintergrund des Rundschreibens 1/78 zwar nachvollziehbar, ohne verständlich zu machen, weshalb sie nicht spätestens jetzt auf den Bankenbereich übertragen wurde. Die Versicherungswirtschaft unterfällt hier härteren Regeln als die Banken, bei denen die Ausrichtung der Vergütung auf die „Nachhaltigkeit" über § 87 AktG nur bei börsennotierten Unternehmen erforderlich ist. Zumindest aus Gleichbehandlungsgründen wäre eine Gleichstellung beider Branchen zwingend zu erwarten gewesen, zumal die „strengeren" Standards erst recht für diejenige Branche gelten müssten, die die Misere mit verursacht haben. Die vom GDV geübte Kritik blieb unberücksichtigt. Selbst im DCGK wird die Koppelung einer variablen Vergütung der Aufsichtsräte an einen längerfristigen Unternehmenserfolg lediglich angeregt.

Weiterhin erscheint es problematisch, dass der noch im Rundschreiben 23/2009 enthaltene und – zumindest im deutschen Versicherungsaufsichtsrecht – anerkannte Grundsatz der Proportionalität in der VersVergV nicht mehr zu finden ist, obwohl § 64b Abs. 5 VAG dies verklausuliert vorgibt. In der Konsequenz bedeutet dies, dass auch kleinere Versicherer die Vorgaben eins zu eins zu befolgen und umzusetzen haben, seien es auch nur die allgemeinen Anforderungen. Ob dies ernst gemeint ist, wird die nähere Zukunft zeigen. Sind etwa zwingend variable Vergütungsbestandteile einzuführen, wenn ein Unternehmen bisher nur mit Festvergütungen arbeitete und ein Bonus-System mit der Unternehmensphilosophie nicht in Einklang steht? Nach dem Wortlaut der VersVergV muss das Unternehmen Grundsätze zu den Vergütungssystemen festlegen, die die Anforderungen erfüllen. Nur kleinere Vereine i. S. v. § 53 VAG werden von der Verpflichtung ausgenommen, dass die variable Vergütung eine mehrjährige Bemessungsgrundlage haben soll (vgl. § 3 Abs. 2 VersVergV). Schon bei Erlass des VorstAG wurde diskutiert, ob Begriffe wie Angemessenheit und Nachhaltigkeit zu einer Pflicht zur Vereinbarung variabler Vergütungsbestandteile führen[31]. Nach den Grundsätzen des § 87 AktG wäre eine Verpflichtung zur Einführung einer variablen Vergütung konsequenterweise zu verneinen[32]. Die Betonung des Proportionalitätsprinzips ist aber in den Verordnungen nicht mehr explizit genannt. Auch liefe das Eingriffsrecht der BaFin nach § 81b Abs. 1a VAG ins Leere, wenn keine variable Vergütung Bestandteil der Gesamtvergütung ist. Zu befürchten ist jedenfalls, dass Verwaltungsaufwand und Kosten für alle Unternehmen steigen, sowohl für die verlangten Selbsteinschätzungen, aber auch für die Initiierung, Einrichtung, Ausgestaltung, Überwachung und Einhaltung der Vergütungssysteme.

Es bleibt auch die generelle Frage, ob ein gesetzlicher Eingriff in das Vergütungsgefüge ein richtiger Ansatz ist. Zurückbehaltungszeiträume und Malus-Regelungen für die variable Vergütung dürften ebenso wenig ein Heilmittel sein wie die Bindung der gesamten Vergütung an die „Nachhaltigkeit". Der Versuch, das Eingehen hoher Risiken über Vergütungssysteme einzudämmen, ist mittelbar auch der Versuch, marktwirtschaftliche und wettbewerbsorientierte Prinzipien nicht zu beschädigen. Denn Vorstände haben im Rahmen der risiko- und wertorientierten Steuerung die Pflicht, das Unternehmen werterhaltend und wertsteigernd zu führen. Unbeschadet der Diskussion um shareholder oder stakeholder value ist Wettbewerb geprägt von der Eingehung von Risiken. Wettbewerb beinhaltet das Eingehen erhöhter Risiken, sofern der Zusammenhang der Eingehung hoher Risiken zur Erreichung höherer Renditen zutrifft. Ziel kann daher nur sein, die Risikoabwägung nicht durch sachfremde – sprich Eigeninteressen der Geschäftsleiter – zu beeinflussen. Die neuen Regeln beschreiben daher eine Selbstverständlichkeit, jedoch auf Basis gesetzlicher Normen mit allen Auslegungsschwierigkeiten. Die gerade in der Öffentlichkeit empfundene Notwendigkeit, solche Regeln aufstellen zu müssen, ist in erster Linie ein wirtschaftsethisches Desaster.

Nicht erst die Finanzkrise rückte Managervergütungen in den Fokus der Öffentlichkeit, wobei ein besonderes Augenmerk stets auf dem Bankensektor lag. Im Zusammenhang mit der Frage nach angemessener Vergütung ist der Principal-Agency-Konflikt zwischen Aktionären und Vorstand von Bedeutung[33]. Eine Ursache der Explosion von Vorstandsgehältern wird im sprunghaften Anstieg variabler Vergütungsteile gesehen. Gleichzeitig wird oft behauptet, sie seien notwendig, um das Management zu besseren Leistungen anzuspornen[34]. Ob diese Argumentation im Wesentlichen von denjenigen getragen wird, die unmittelbar oder mittelbar von hohen Bonifikationen begünstigt werden, ist eine nahe liegende Frage.

Unbeachtet bleiben die unterschiedlichen Geschäftsmodelle von Versicherungen und Banken. Ihre Unterschiede werden unzureichend gewürdigt. Die bewusste Risikoübernahme der Versicherer beinhaltet schon im Kern und Zeitablauf von Beginn an den Eintritt des Versicherungsfalls – nur meist mit ungewisser Schadenhöhe sowie Zeitpunkt. Soll der Vorstand, der „zufällig" eine heftige Schadenperiode zu verantworten hat, Einkommensverluste hinnehmen müssen, obwohl weder Bilanzierungsregeln noch Solvabilitätsvorschriften ihm eine 100 %-ige Vorsorge gegen technische Risiken ermöglichen, von „Stürmen" an der breiten Kapitalanlagefront ganz zu schweigen. Das Geschäftsmodell der Versicherer ist u.a. auf Langfristigkeit und risikobewusste Vorgehensweise angelegt. Resultate von Entscheidungen

---

[31] Deutlich zum VorstAG: Thüsing a.a.O. (Fn. 12).

[32] Thüsing a.a.O. (Fn. 12).

[33] Ausführlich und kritisch dazu: Arnold, Die Steuerung des Vorstandshandelns, 2007, S. 115 ff.

[34] Arnold a.a.O. (Fn. 33) S. 115, 116.

wirken sich teils mit enormer zeitlicher Verzögerung aus; fasst man einen Drei-Jahreszeit-raum als „Nachhaltigkeitszeitraum" auf, wird dies der angestrebten Reduktion von „Anreiz" durch Vergütung nicht gerecht. Das Langfristmodell der versicherungstechnischen Risiko-übernahme kollidiert mit den neuen Vergütungsregelungen.

In § 64b VAG erfolgt abweichend von § 25a Abs. 5 Ziff. 1 KWG keine Bezugnahme auf die „Berücksichtigung der Geschäftsstrategie, der Ziele, der Werte und der langfristigen Interes-sen" des Unternehmens. Hieraus zu folgern, dass der „Wertebegriff" bei Versicherern keine Rolle spiele, erscheint unzutreffend, ja ein unzutreffender Umkehrschluss; der Gesetzgeber sah es angesichts der im Mittelpunkt der Finanzkrise stehenden Kreditinstitute als erforder-lich an, bei diesen auf die Relevanz von „Werten" ausdrücklich hinzuweisen. Dass diese im Kontext einer Vergütungsstruktur auch für Versicherungsunternehmen erhebliche Relevanz haben, sollte ebenso außer Frage stehen wie deren Pflicht, eine deutlich verbesserte Transpa-renz und nachvollziehbare Struktur in ihre Vergütungsregeln zu bringen.

Rechtsfragen zur Kollision von Arbeits- und Aufsichtsrecht, nicht nur hinsichtlich der Ziel-richtung Vergütungsstruktur, sondern auch hinsichtlich der aufsichtsrechtlichen Eingriffs-kompetenz, sind ungeklärt. Insbesondere die Untersagungskompetenz der BaFin zur Auszah-lung variabler Vergütungsteile erscheint problematisch. Die dafür erforderlichen vertragli-chen Voraussetzungen sind herzustellen. Auch wenn nur Teile der Vergütung betroffen sind, dürfte dies mit dem Bestandsschutz privatrechtlicher Verträge und dem verfassungsrechtlich abgesicherten Primat der Vertragsfreiheit kollidieren.

Auch Konsequenzen im Verhältnis zum Steuerrecht dürften noch nicht zur Gänze aufgearbei-tet sein; verzögerte Zahlungszeitpunkte können möglicherweise einen fingierten Vorab-Zufluss mit steuerlicher Relevanz nicht vermeiden. Nachträgliche Rückzahlungs- oder Rück-übertragungsverpflichtungen können zum deutlichen zeitlichen Auseinanderfallen positiver und negativer Einkünfte führen, deren Verrechnung im Rahmen der einschränkenden Rege-lungen des § 10d EStG nicht immer möglich sind, womit die Gefahr einer nicht an der Leis-tungsfähigkeit orientierten Besteuerung ausgelöst ist.

Eine vergleichsweise kleine Gruppe von Marktteilnehmern vermochte es, Regularien für beide Branchen auszulösen, die in ihren Weiterungen noch nicht einzuschätzen sind. Ob hierbei der Gesetzgeber zutreffende Regelungsansätze schaffte, muss sich erst zeigen. Die Neuregelungen sollten die ethische Dimension der Diskussion bei allen Entscheidungen deutlich betonen und die bei einem Verstoß ausgelösten Wellen öffentlicher Empörung und das darin steckende Reputationsrisiko für die Unternehmen nicht unterschätzen. Jenseits aller Rechtsdiskussion und Auslegungstechnik ist der Grundgedanke der Neuregelungen nichts anderes als ein Appell an eine auf gesamtwirtschaftliche und unternehmensindividuelle „Se-riosität" setzende Kultur der Unternehmensführung und der Unternehmensführer. Wird dies auch auf internationaler Ebene akzeptiert, werden die Regelungen einen Beitrag zur Stabili-sierung der weltweiten Finanzmärkte leisten. Gelingt dies mittelfristig nicht, werden Umge-hungen der nationalen Regelungen durch diejenigen, die nichts gelernt haben und deren Eigeninteresse ihnen den (Weit-) Blick verstellt, nicht auf sich warten lassen.

6 Literatur

Annuß, Georg und Ingo Theusinger, Das VorstAG – Praktische Hinweise zum Umgang mit dem neuen Recht, in Betriebs-Berater 2009, S. 2434-2442.

Arnold, Arnd, Die Steuerung des Vorstandshandelns – Eine rechtsökonomische Untersuchung der Principal-Agent-Problematik in Publikumskapitalgesellschaften, München, 2007.

Bauer, Jobst-Hubertus und Christian Arnold, Festsetzung und Herabsetzung der Vorstandsvergütung nach dem VorstAG, in Die Aktiengesellschaft 2009, S. 717-731.

Begemann, Arndt und Bastian Laue, Der neue § 120 Abs. 4 AktG – ein zahnloser Tiger? in Betriebs-Berater 2009, S. 2442-2246.

Dauner-Lieb, Barbara, Alexander von Preen und Stefan Simon, Das VorstAG – Ein Schritt auf dem Weg zum Board-System?, in Der Betrieb 2010, S. 377-383.

Deilmann, Barbara und Sabine Otte, „Say on Pay" – erste Erfahrungen der Hauptversammlungspraxis, in Der Betrieb 2010, S. 545-547.

Fleischer, Holger, Aufsichtsratsverantwortlichkeit für die Vorstandsvergütung und Unabhängigkeit der Vergütungsberater, in Betriebs-Berater 2010, S. 67-74.

Goslar, Sebastian und Klaus von den Linden, Anfechtbarkeit von Hauptversammlungsbeschlüssen aufgrund fehlerhafter Entsprechenserklärung zum Deutschen Corporate Governance Kodex, in Der Betrieb 2009, S. 1691-1696.

Hecker, Andreas, Die aktuellen Änderungen des Deutschen Corporate Governance Kodex im Überblick, in Betriebs-Berater 2009, S. 1654 1658.

Hohaus, Bendikt und Christoph Weber, Die Angemessenheit der Vorstandsvergütung gem. § 87 AktG nach dem VorstAG, in Der Betrieb 2009, S. 1515-1520.

Hohenstatt, Klaus-Stefan, Das Gesetz zur Angemesenheit der Vorstandsvergütung, in Zeitschrift für Wirtschaftsrecht ZIP 2009, S. 1349-1358.

Hohenstatt, Klaus-Stefan und Michael Kuhnke, Vergütungsstruktur und variable Vergütungsmodelle für Vorstandsmitglieder nach dem VorstAG, in Zeitschrift für Wirtschaftsrecht ZIP 2009, S. 1981-1989.

Leßmann, Jochen und Rüdiger Hopfe, Neue Regeln für Vergütungssysteme in Finanzinstituten – Die Rundschreiben der BaFin vom 21.12.2009, in Der Betrieb 2010, S. 54-58.

Michael, Lothar, Rechts- und Außenwirkung sowie richterliche Kontrolle der MaRisk VA, in VersicherungsRecht 2010, S. 141-148.

Münchener Kommentar zum Aktiengesetz, Band 2, 3. Auflage, München, 2008.

Thüsing, Gregor, Das Gesetz zur Angemessenheit der Vorstandsvergütung, in Die Aktiengesellschaft 2009, S. 517-529.

van Kann, Jürgen und Anjela Keiluweit, Die aktuellen Änderungen des Deutschen Corporate Governance Kodex, in Der Betrieb 2009, S. 2699-2701.

Vetter, Eberhard, Kraftloser Hauptversammlungsbeschluss über das Vorstandsvergütungssystem nach §120 Abs.4 AktG, in Zeitschrift für Wirtschaftsrecht ZIP 2009, S. 2136-2143.

Wagner, Jens und Jonas Wittgens, Corporate Governance als dauernde Reformanstrengung: Der Entwurf des VorstAG, in Betriebs-Berater 2009, S. 906-911.

Weber-Rey, Daniela, Änderungen des Deutschen Corporate Governance Kodex 2009, in Wertpapiermitteilungen 2009, S. 2255-2264.

Eugen Schmalenbach

Der berühmte Professor – ohne Abitur – ohne Promotion, Der Gründer der „Kölner Schule",
Der Vater der Wirtschaftsprüfer, Begründer der Zeitschrift für handelswissenschaftliche Forschung (ZfhF)

WP/Univ.-Prof. (em.) Dr., Prof. h. c. Dr. h. c. Wolfgang Lück

1   Eugen Schmalenbach – Curriculum Vitae

geb. 20.08.1873	in Halver, Ortsteil Schmalenbach/Westfalen
	Schulbesuche in Halver, Breckerfeld, Elberfeld
	Schlosserausbildung in Barmen, 3jährige kaufmännische Lehre in Velbert, Industriepraxis
1898	Studium der Handelstechnik an der neu gegründeten Handels-Hochschule Leipzig
1898 bis 1906	Neben dem Studium journalistische Tätigkeit für die Deutsche Metallindustrie Zeitung (über 120 Aufsätze und Berichte)
1900	Diplom-Examen Handels-Hochschule Leipzig (Gesamtnote: sehr gut)
1901	Heirat mit Marianne Sachs (9.2.)
1903	Habilitation und Privatdozent für Privatwirtschaftslehre, Handelshochschule Köln
1906	Professor ebenda (ab 1.10.) Zeitschrift für handelswissenschaftliche Forschung (ZfhF); Heft 1, Okt. 1906
1908	Ablehnung eines Rufes an die Handels-Hochschule Stockholm
1911	Vorsitz des Aufsichtsrats der 1909 gegründeten Treuhand AG
1912	Ablehnung des 3. Rufes an die Universität Frankfurt am Main
1914/15	Militärdienst
1919	Eröffnung der Kölner Universität – aus der Handels-Hochschule wird die Fakultät für Wirtschafts- und Sozialwissenschaften (Wiso-Fakultät). Eugen Schmalenbach wird bei der Einweihung der Fakultät der Dr. rer. pol. verliehen.
1920	Dekan der Wiso-Fakultät für 2 Semester
1922	Ablehnung eines Rufes an die Handels-Hochschule Berlin
1923	Ehrenbürgerrecht der Handelshochschule Leipzig (6.5.) Dr. jur. e.h. der Universität Freiburg i. Br. (20.8.)
1924	Dekan der Wiso-Fakultät
1927	Aufsichtsrat der Deutschen Revisions- und Treuhand AG (Treuarbeit)
1928	Pfingst-Tagung des Vereins der deutschen Hochschullehrer für Betriebswirtschaft in Wien: Berühmte „Wiener Rede" von Eugen Schmalenbach (31.5.)
1930	Ehrensenator der Handels-Hochschule Leipzig (17.6.)

1932	Dr. oec. e.h. der Hochschule für Wirtschafts- und Sozialwissenschaften Nürnberg (25.5.)
1933	1. Mitglieder-Versammlung der Schmalenbach-Vereinigung.
	Eugen Schmalenbach wird Ehrengmitglied (21.1.) Ablehnung eines Rufes an die Universität Dorpat (Tartu); Anfrage der Universität Ankara wegen eines Rufes – E. S. lehnt ab. Eugen Schmalenbach muss unter dem Nazi-Regime wegen der jüdischen Abstammung seiner Ehefrau die Lehrtätigkeit sowie alle öffentlichen Ämter und Aufgaben aufgeben. Er stellt einen Antrag auf vorzeitige Emeritierung zum 1. Oktober 1933; der Antrag wird vom Kultusminister genehmigt.
1937	Ablehnung eines Rufes an die Universität Istanbul.
	Vortragsreisen nach Kopenhagen, Stockholm und Göteborg.
1938-1944	Zahlreiche Veröffentlichungen und Manuskripte
1944	Eugen Schmalenbach und seine Frau werden vom Nazi-Regime verfolgt. Sie müssen sich verstecken und wechseln häufig die Wohnungen. Ein früherer Schüler und Assistent sowie dessen Frau bieten dem Ehepaar Schmalenbach im September 1944 ihr Haus in Godesberg als Versteck an. Einzug am 2.10.1944.
1945	Schmalenbach wieder o.Professor der Kölner Universität.
	Immatrikulationsfeier der Kölner Universität (10.12.); Schmalenbach liest über „Bilanzen und Finanzen".
1946	Ablehnung des Angebots, das Amt des Wirtschaftsministers in der Regierung des Landes Nordrhein-Westfalen zu übernehmen. Ehrenpräsident der Schmalenbach-Vereinigung.
1947	Schmalenbach wird (Allein-)Vorstand der Treuhand AG
1948	Dr.-Ing. e. h. der Technischen Hochschule zu Karlsruhe (15.12.). Dr.-Ing. e. h. der Fakultät Ingenieurwissenschaften der Technischen Hochschule zu Berlin-Charlottenburg (23.12.)
1949	Ehrenmitglied des Verbandes der Hochschullehrer für Betriebswirtschaft
1952	Die Schmalenbach-Vereinigung wird zur Schmalenbach-Gesellschaft
1953	Zum 80. Geburtstag (20.8.) wird dem Jubilar das Große Verdienstkreuz mit Band überreicht, außerdem ein Ehrendoktorat der japanischen Universität zu Kobe. Der Verband der Hochschullehrer für Betriebswirtschaft ernennt Eugen Schmalenbach zum Ehrenvorsitzenden. Rektor und Senat der Universität Köln verleihen ihm die Würde eines Ehrendoktors.
1955	Eugen Schmalenbach stirbt am 20.2. in Köln.

2   Dynamische Bilanz

Vorwort von Prof. Dr. e.h. mult. Eugen Schmalenbach: Dynamische Bilanz. Unter Mitwirkung von Dr. Richard Bauer, 11. Aufl. Westdeutscher Verlag. Köln und Opladen, 1953.

Vorwort

Der vorliegenden 11. Auflage ging als 10. eine Auflage voraus, die lediglich in der russischen Zone erschienen ist.

Dieses Buch behandelt den Jahresabschluss der gewerblichen Unternehmungen. Dass es den Titel „Dynamische Bilanz" trägt, hängt mit dem Wandel der Auffassungen über den Jahresabschluss zusammen.

Als der Verfasser im Jahre 1908 sich erstmalig darüber äußerte, herrschte bei der großen Mehrzahl der Juristen und Finanzwissenschaftler noch die Meinung, Aufgabe des Jahresabschlusses sei die Feststellung des Vermögens und aus dem Unterschiede der Vermögenswerte ergebe sich der Jahresgewinn. Dieser Auffassung war eine besser begründete entgegenzusetzen.

Das geschah durch einen 1908 in der „Zeitschrift für handelswissenschaftliche Forschung" erschienenen Aufsatz über Abschreibungen, in dem ausgeführt wurde, dass die Jahresbilanz des Kaufmanns nicht einer Vermögensübersicht, sondern der Erfolgsermittlung dient, und dass der Begriff der Abschreibung eine auf die Lebensdauer der Anlagen sich erstreckende Verteilung von Kosten ist.

Diesem Aufsatz folgte ein zweiter im Jahrgang 1910/11 (S. 379 ff.) „Über den Zweck der Bilanz". Meine Auffassung war ebenso wie die von Fischer und Kreibig von Berliner angegriffen worden, und der genannte Aufsatz war die Antwort darauf. Hier wurde u. a. aufgeführt, dass die Berechnung des „Vermögens" durch eine Bilanz auf einer Fiktion beruhe.

In einem weiteren Aufsatz „Theorie der Erfolgsbilanz" habe ich dann in der gleichen Zeitschrift (10. Jahrg., 1915/16 S. 379 ff.) das System, das in diesem Buche in den Abschnitten D und E dargestellt ist, in Kürze vorgelegt.

Der dann Anfang 1919 folgende Aufsatz „Grundlagen dynamischer Bilanzlehre" war als Sonderdruck die 1. Auflage dieses Buches.

Als diese Schrift erstmalig erschien, galt es die besonders in der Steuerlehre herrschende Sicht zu bekämpfen, dass die kaufmännische Erfolgsrechnung, die sich der Bilanz bedient, eben durch diese Bilanz grundsätzlich anders sei, als die Erfolgsrechnung der Nichtkaufleute. Die Ansicht war, die kaufmännische Erfolgsrechnung sei als Vergleich des Vermögens am Anfang mit dem am Ende der Periode grundverschieden von einer Erfolgsrechnung, die sich der Einnahmen- und Ausgabenrechnung bedient. Hier galt es zu zeigen, dass die Erfolgsrechnung des Kaufmanns eine Ertrags- und Aufwandsrechnung ist, die sich von der einfachen Einnahmen- und Ausgabenrechnungen nur dadurch unterscheidet, dass schwebende Posten zu berücksichtigen sind.

Auch für den Studenten der Betriebswirtschaft ist es notwendig zu wissen, dass die kaufmännische Erfolgsrechnung sich nicht in Ziel und Ergebnis, sondern nur in den Mitteln von anderen Erfolgsrechnungen unterscheidet. Die einfache Einnahmen- und Ausgabenrechnung kennt er aus seiner privaten Buchführung; hat er sie nicht, kann er sie sich leicht vorstellen. Zum Unbekannten zeigt man den Weg am besten, wenn man vom Bekannten ausgeht.

In die Bilanzpraxis und Bilanzliteratur hatten sich ferner, früher mehr als heute, Vorstellungen statischer Natur eingeschlichen. Auch das war für die Aufgaben, die dem betrieblichen Rechnungswesen gestellt werden, störend. Zwar war von einigen Autoren schon früher darauf hingewiesen worden, dass die Jahresbilanz des Kaufmanns der Erfolgs- und nicht der Vermögensbestimmung diene, aber damit war zu wenig gesagt. Es galt positiv nachzuweisen, wie eine der Erfolgrechnung dienende Bilanz beschaffen sein muss.

Dagegen hat sich in neurer Zeit ein Übel breitgemacht, das schon seit jeher vorhanden war, aber in der Zeit seit 1933 sich ausbreitete, und schließlich den Wert der Handelsbilanz fast vernichtete. Das ist die Auffassung, dass in der Bilanz Überbewertungen von Aktiven zwar verboten, Unterbewertungen aber ganz in das Belieben der Bilanzpflichtigen gestellt seien.

Diese Meinung wäre nicht möglich gewesen, wenn erkannt worden wäre, dass die bilanzmäßige Erfolgsrechnung eine betriebswirtschaftlich und wirtschaftspolitisch wichtige Aufgabe zu erfüllen hat, und zwar die Aufgabe, den Betrieb seine Fahrtrichtung erkennen zu lassen und ihm so als Kompass zu dienen. Diesen Gesichtspunkt galt es besser als bisher herauszuarbeiten. Er ist in der Zeit des Wiederaufbaus von besonders großer Bedeutung.

Köln, Juni 1953   Schmalenbach

3   Eugen Schmalenbach:
Der Mann – Sein Werk – Die Wirkung

Herausgegeben von Walter Cordes im Auftrag der Schmalenbach-Stiftung
Autoren: Max Kruk, Erich Potthoff, Günter Sieben
unter Mitarbeit von Harald Lutz, Stuttgart 1984
Vorwort von Walter Cordes (gekürzt)

Vorwort

Der Name **Eugen Schmalenbach** hat in der breiten Bevölkerung nicht den Bekanntheitsgrad wie andere Größen der Wissenschaft erreicht. Aber für Menschen, die im Wirtschaftsleben Verantwortung tragen, ist Schmalenbach kein Unbekannter. Sein wissenschaftliches Werk ist bis heute lebendig geblieben. Es revolutionierte vor allem die Kostenrechnung und führte zu einer neuen „dynamischen" Bilanzauffassung, nach der die Bilanz in erster Linie den wirtschaftlich richtigen Gewinn zu ermitteln hat.

Viele schreiben Schmalenbach auch das Verdienst zu, Begründer der Betriebswirtschaftslehre zu sein, jener Wissenschaft, die sich mit dem Leben der Unternehmen befasst. Doch das ist nur zum Teil richtig. Neben ihm waren auch andere an der Entwicklung des Faches beteiligt; namentlich Johann Friedrich Schär, Heinrich Nicklisch, Wilhelm Rieger und Fritz Schmidt sind als herausragende Köpfe zu nennen. Sie und manche weitere Gelehrte haben wie Schmalenbach in der ersten Hälfte unseres Jahrhunderts begonnen, das Wesen kaufmännischen Handelns zu erforschen und die Tatbestände wissenschaftlich zu durchdringen. Sie haben das Fach, in dem bis dahin lediglich ‚Handelstechniken', vor allem Buchhaltung und Kalkulation, gelehrt wurden, in den Rang einer **wissenschaftlichen Disziplin** erhoben.

Gegen den ausdrücklichen Willen des Vaters ließ er sich 1898 als Studierender an der ersten in Deutschland eröffneten Handelshochschule in Leipzig einschreiben. Durch seine wissenschaftliche Arbeit war Schmalenbach bereits 1906 so bekannt, dass er als 33jähriger von der damaligen Handelshochschule Köln – der späteren Universität Köln – zum Professor berufen wurde, ohne je das Abitur oder den Doktorgrad erlangt zu haben.

Und dann beginnt ein Aufstieg ohnegleichen. Für sein Wirken als Hochschullehrer rückte bald sein Seminar in den Mittelpunkt, das zum Inbegriff der **„Kölner Schule"** wurde. Bereits im Jahr seiner Berufung zum Professor gründete er eine eigene wissenschaftliche Zeitschrift – die **Zeitschrift für handelswissenschaftliche Forschung (ZfhF)** – in der viele mit seinen Schülern im Seminar erarbeitete Beiträge veröffentlicht wurden.

Die Zeitschrift wird später von der Schmalenbach-Gesellschaft übernommen und in **„Zeitschrift für betriebswirtschaftliche Forschung (ZfbF)"** umgetauft. Die ZfbF ist eines der wichtigsten Publikationsorgane für die Betriebswirtschaftslehre geblieben.

1911 beteiligt sich Schmalenbach maßgeblich an einer Treuhand-Gesellschaft. Auf Grund seiner vielfältigen Aktivitäten im Treuhandwesen ist ihm der Ruf zuteil geworden, **„Vater der Wirtschaftsprüfer"** zu sein. Während des Ersten Weltkriegs entstehen seine Hauptwerke, die Bücher **„Finanzierungen"**, **„Dynamische Bilanz"** und **„Selbstkostenrechnung"** (1928 kommt als vierter großer Wurf der **„Kontenrahmen"** hinzu). Als Mitglied des 1920 gegründeten Reichswirtschaftsrates, der eine Gutachterfunktion in Wirtschaftsfragen hat, widmet er sich in der Inflationszeit den verheerenden Wirkungen des Währungsverfalls so eingehend, dass mancher Kenner in ihm den prädestinierten Präsidenten der Reichsbank zu sehen meint, der am ehesten in der Lage sei, die Wirtschaft aus dem Drangsal einer total zerrütteten Währung herauszuführen.

Weitere fünf Jahre später, 1928, im Taumel einer auf tönernen Füßen stehenden Hochkonjunktur, prognostiziert er in einem Vortrag vor Fachkollegen in Wien das unabwendbare Ende der freien Wirtschaft. Das beständige Anwachsen der fixen Kosten, so argumentiert er, und der Druck der dadurch entstehenden Überkapazitäten treibe die Wirtschaft unaufhaltsam in eine von Kartellen beherrschte Ordnung hinein und beraube sie damit der unternehmerischen Freiheit, die im 19. Jahrhundert den raschen Aufstieg in das Industrie-Zeitalter herbeigeführt hatte. Über Nacht zählt er zu den bekanntesten Wirtschaftswissenschaftlern seiner Zeit, der auch vom Reichskanzler zu einer Aussprache empfangen wird.

Wahrscheinlich ist er von nun an der berühmteste von allen Männern dieser Zunft – bis er 1933 unter dem Nazi-Regime seine Lehrtätigkeit sowie alle öffentlichen Ämter aufgeben muss.

Der fortwirkende Nachruhm Schmalenbachs, der auch über den heutigen Tag hinausreicht, zehrt nicht alleine von seinen wirtschaftswissenschaftlichen und gesellschaftspolitischen Aktivitäten. Einer der entscheidenden Gründe für dieses Phänomen besteht vielmehr darin, dass Schmalenbachs betriebswirtschaftliches Forschen und Denken konsequent auf die Praxis des Betriebslebens gerichtet war und sich nicht der reinen Theorie zuwandte. So sehr ihm von Vertretern ,reiner' Wissenschaften auch sein Bestreben, wissenschaftliche Forschung für das praktische Handeln von Kaufleuten zu betreiben, als unwissenschaftlich angekreidet wurde: Er hat stets unbeirrt an seinem Ziel festgehalten, als Wissenschaftler – und das hieß für ihn vor allem: durch Anwendung wissenschaftlicher Methoden – immer und nur der Praxis zu dienen.

Ein anderer, nicht minder wichtiger Faktor für das Weiterwirken seiner Ideen ergibt sich aus dem einzigartigen Verhältnis, das Schmalenbach zu seinen Schülern und diese zu ihm hatten. Sein pädagogisches Streben war nicht darauf gerichtet, den Studenten Wissen einzutrichten. Er wollte sie vor allem zu selbstständigen Denkern erziehen, wollte ein ,Störungsgefühl' in ihnen entwickeln, das ihnen die Fähigkeit vermittelte, Unwirtschaftlichkeiten in ihrem Wirkungsbereich aufzudecken und ihnen entgegenzutreten.

Da von seiner Persönlichkeit, seiner Wesensart, nicht zuletzt von seiner eigenständigen Methode des Lehrens eine rational nicht erklärbare Faszination ausging, die die Studenten unwiderstehlich in seinen Bann zog, entwickelte sich zwischen ihnen vielfach ein auf Verehrung und Zuneigung beruhendes Vertrauensverhältnis, das oft ein ganzes Leben anhielt. Um Schmalenbach scharte sich auf diese Weise ein fester Kreis treu zu ihm stehender ehemaliger Schüler.

Schon früh haben diese ,Ehemaligen' auch einen eigenen organisatorischen Rahmen geschaffen, indem sie sich zur **Schmalenbach-Vereinigung** zusammenschlossen. In diesem Kreise wurden während des Hitler-Krieges, den Anregungen des Lehrers folgend, Kommissionen gebildet, die im Zusammenwirken von Wissenschaftlern und Praktikern Forschungsarbeit auf wichtigen Gebieten leisteten, besonders zu Fragen der **Betriebsorganisation**. Nach dem Kriege öffnete sich die Vereinigung einem größeren Kreis von Betriebswirten, indem sie sich zur ,**Schmalenbach-Gesellschaft zur Förderung der betriebswirtschaftlichen Forschung und Praxis'** erweiterte. Auch in diesem Rahmen wurde die Betriebswirtschaft in Gemeinschaft von Wissenschaft und Praxis zielstrebig weiterentwickelt.

Was lag da näher, als später eine Verbindung mit der zweiten großen betriebswirtschaftlichen Gesellschaft, der **„Deutsche Gesellschaft für Betriebswirtschaft"**, ins Auge zu fassen, die übrigens auf den durch Schmalenbachs Initiative bereits 1905 gegründeten Verband der Diplom-Kaufleute zurückgeht. Aus der Verschmelzung, die 1978 vollzogen wurde, ist die ,Schmalenbach-Gesellschaft – Deutsche Gesellschaft für Betriebswirtschaft' hervorgegangen. Sie ist heute die größte übergreifende betriebswirtschaftliche Gesellschaft in Deutschland, in der fast 1400 Mitglieder vereinigt sind. Mehr als 400 von ihnen arbeiten aktiv in fast 30 Arbeitskreisen an der Lösung aktueller betriebswirtschaftlicher Probleme. Wenn auch die Mitglieder kaum noch Schüler Schmalenbachs gewesen sind, so ist doch eine Grundidee, durch Kooperation von Wissenschaft und Praxis die Betriebswirtschaftslehre weiterzuentwickeln, hier lebendig geblieben. Mögen einzelne Aussagen Schmalenbachs heute auch teilweise überholt sein, seine elementaren Vorstellungen von der wirtschaftlichen Tätigkeit der Betriebe haben ihre Gültigkeit behalten.

Ebenfalls im Jahre 1978 wurde die **Schmalenbach-Stiftung** errichtet, die es sich zu ihrer Aufgabe gemacht hat, das Andenken des Mannes, dessen Namen sie trägt, aufrechtzuerhalten und zu pflegen. Es gibt bis heute keine Biographie Eugen Schmalenbachs; frühere Versuche, sein Leben und sein Lebenswerk zusammenfassend darzustellen, sind stets in den Anfängen stecken geblieben.

Als Vorsitzender der Schmalenbach-Stiftung habe ich mich deshalb verpflichtet gefühlt, den Beschluss ihres Vorstandes, eine Schmalenbach-Biographie herauszugeben, so schnell wie möglich zu verwirklichen.

Der erste Teil, die **Biographie** im engeren Sinne, wurde von dem Journalisten Dr. Max Kruk geschrieben. Als einer der leitenden Wirtschaftsredakteure der Frankfurter Allgemeinen Zeitung, bei der er fast dreißig Jahre lang tätig war, hielten wir ihn besonders für diese Aufgabe geeignet. Dass Kruk kein Schüler von Schmalenbach war, schien uns kein Nachteil, sondern eher ein Vorzug zu sein: Eine Biographie, die den Menschen möglichst echt und umfassend abbilden soll, setzt eine gewisse Distanz des Betrachters voraus. Er hat den Menschen und den Gelehrten so unbefangen und nüchtern dargestellt, wie es einem gewissenhaften Biographen nur möglich ist. Auf der Suche nach der historischen Wahrheit hat der Verfasser auch bisher unbegangene Wege beschritten und dabei eine große Zahl nicht bekannter oder nicht genutzter Quellen erschlossen. Hierdurch ist uns der **Mensch und Wissenschaftler Eugen Schmalenbach** näher gerückt; er steht lebendiger denn je vor uns.

Mit der Erstellung des wissenschaftlichen Teils des Buches wurden zwei deutsche Wissenschaftler der Betriebswirtschaft beauftragt, die als Vorstandsmitglieder der Schmalenbach-Stiftung und der Schmalenbach-Gesellschaft – Deutsche Gesellschaft für Betriebswirtschaft – dem Gedankengut Eugen Schmalenbachs besonders nahestehen. Es sind Professor Dr. Erich Potthoff und Professor Dr. Günter Sieben.

Und noch ein persönliches Wort sei hier gestattet: Meine Bemühungen um die Veröffentlichung dieses Buches sollen auch ein Zeichen des Dankes an Eugen Schmalenbach sein, an eine überragende Persönlichkeit, die mich in jungen Jahren als Student an der Universität Köln fasziniert und die mir das Rüstzeug für meine berufliche Laufbahn gegeben hat. Ich habe die vielen Aufgaben, die mir gestellt wurden, nur mit den wissenschaftlichen Erkenntnissen Schmalenbachs erfüllen können.

Ich wünsche mir deshalb und habe die Hoffnung, dass viele junge Mensche, die sich der Wirtschaft verschreiben wollen, dieses Buch aufmerksam lesen und im Sinne Eugen Schmalenbachs durch Denkschulung ein ‚Störungsgefühl' gegenüber Unwirtschaftlichkeit entwickeln. Dies ist heute nicht nur in der Wirtschaft, sondern auch in öffentlichen Betrieben und in der Verwaltung nötiger denn je.

Düsseldorf, im April 1984   Walter Cordes

4   Eugen Schmalenbach, der Gründer der „Kölner Schule"

Beitrag (gekürzt) von

Prof. Dr. Hans Münstermann, ord. Professor der Betriebswirtschaftslehre an der Universität zu Köln; Geschichte und Kapitalwirtschaft, Beiträge zur Allgemeinen Betriebswirtschaftslehre, Betriebswirtschaftlicher Verlag Dr. Th. Gabler, Wiesbaden 1963, S. 27-31.

4.1   Der Forscher

Über einundachtzig Jahre hat die Moira Lachesis Eugen Schmalenbach, emeritierter ordentlicher Professor der Betriebswirtschaftslehre und Dr. rer. pol., Dr. jur. h. c., Dr. oec. h. c., Dr. rer. nat. h. c., Dr.-Ing. e. h., Dr.-Ing. e. h., Dr. oec. sci. h. c., den Lebensfaden zugeteilt. Genau eineinhalb Jahre vor seinem Heimgang konnte Schmalenbach sein achtzigstes Wiegenfest feiern. Im Jahre 1953 wurde dem Hochbetagten ferner die seltene Gnade zuteil, das goldene Jubiläum seiner Zugehörigkeit zum Lehrkörper der Alma Mater Coloniensis zuerleben. Damals wurde, wie das bei einem Gelehrten von internationalem Ruf üblich ist, wenn er die Schwelle zu seinem neunten Lebensdezennium überschreitet und zudem auf eine fünfzigjährige akademische Lehrtätigkeit zurückblicken kann, in der Fachliteratur des In- und Auslandes die Leistung Eugen Schmalenbachs gewürdigt. In der Zeitschrift für Betriebswirtschaft nahm Walter le Coutre die Erreichung des hohen biblischen Alters und das fünfzigjährige Dozentenjubiläum Eugen Schmalenbachs zum Anlass, die Lebensarbeit dieses Baumeisters am Lehrgebäude der Betriebswirtschaft in einer größeren Abhandlung unter dem Titel „Dynamiker Schmalenbach" zu werten. Überdies verband bereits 20 Jahre zuvor in dieser Zeitschrift ihr Begründer Fritz Schmidt mit seinen Glückwünschen zu Schmalenbachs sechzigstem Geburtstag eine Skizze der Leistungen dieses Maestros aus der Gründergeneration der Betriebswirtschaftslehre. Die Anerkennung seiner Bedeutung für die Entwicklung dieser wirtschaftswissenschaftlichen Disziplin, seiner Persönlichkeit oder „des Phänomens Schmalenbach", wie le Coutre den weitgespannten Arbeitskreis Schmalenbachs, sein unermüdliches vielseitiges Wirken und seine Erfolge in einem Wort zusammenzufassen versucht, durch diese beiden Gratulanten erreicht um so mehr Beachtung, als diese Kollegen Schmalenbachs sich keineswegs zu den Anhängern seiner „Kölner Schule" zählen, vielmehr als wissenschaftliche Antipoden von ihr gelten.

Bereits während seines Studiums in Leipzig, wo er nachher Assistent des Nationalökonomen und Vertreters der Jüngeren Historischen Schule Karl Bücher war, legte Eugen Schmalenbach im Jahre 1899 mit einer in der Deutschen Metallindustrie-Zeitung veröffentlichten Studie den Grundstein zu seiner **Grenzkostenlehre**.

Ähnlich wie in seinen kostenwirtschaftlichen Untersuchungen trennte sich Eugen Schmalenbach in seinen kapitalwirtschaftlichen Forschungen von überlieferten Meinungen. So lehnte er beispielsweise bei der zu einem Kernstück seiner Publikationen über **Finanzierungen** ausgebauten Lehre der **Bewertung von Unternehmungen** die synthetische Methode irgendeiner von Kostenwerten ausgehenden Bilanz oder einer sonstigen Summation von Einzelwerten ab, stellte der Ganzheitsstruktur des Betriebes entsprechend für die Ermittlung seines Gesamtwertes das Prinzip der Bewertungseinheit auf und ging demzufolge von der Identifizierung des Ertragswertes, d. h. des Barwertes aller künftigen Betriebserfolge, mit dem Wert der Unternehmung aus.

In einer **„Dynamischen Bilanz"** wandte sich Eugen Schmalenbach von der vor ihm üblichen Erörterung bilanztechnischer Fragen sowie formaljuristischen statischen und dualistischen Bilanzauffassung ab und räumte der Erfolgsermittlungsbilanz den Primat ein.

Auch in seiner geradezu weltbekannten **Kontenrahmenlehre** gab Eugen Schmalenbach das vor ihm bei der Kontenorganisation befolgte dualistische oder teleologische Prinzip, d. h. das von der Idee des Jahresabschlusses beherrschte Bilanzprinzip, preis und ersetzte es durch das dem Prozess der Leistungserstellung und dem betrieblichen Güterkreislauf angepasste genetische Prinzip, d. h. durch das Prozess- oder Kreislaufprinzip.

Während des Zweiten Weltkrieges und nach ihm befasste sich Eugen Schmalenbach mit der **Betriebsorganisation**. Hierbei beschäftigten ihn aber nicht so sehr die überlieferten Schablonen der formalen Organisation, als vielmehr die Frage, wie den arbeitenden Menschen als den Trägern des Betriebes möglichst viel Bewegungsfreiheit gewährt und diese doch mit optimaler Kooperation verbunden werden kann. Die Resultate dieser Analysen hat Schmalenbach in seinen Abhandlungen **„Über Dienststellengliederung im Großbetriebe"** sowie in den beiden Bänden seiner **„Pretialen Wirtschaftslenkung"**: **„Die optimale Geltungszahl"** und **„Pretiale Lenkung des Betriebes"** niedergelegt. Noch in einem weiteren Werke nach dem Zweiten Weltkriege **„Der freien Wirtschaft zum Gedächtnis"** befasste er sich mit Preisen, d. h. mit dem freien Preismechanismus, und suchte von dem Erbe der freien Wirtschaft, wie sie einmal in ihrer besten Zeit war, mit neuen Methoden möglichst viel zu retten.

Die Enumeration von Beispielen für Schmalenbachs Reichtum an immer wieder neuen konstruktiven Ideen und Zerstörung weit verbreiteter und tief eingewurzelter Illusionen lässt sich fortsetzen, aber kaum erschöpfen; ist doch die Zahl seiner Publikationen Legion. Trotz der Vielseitigkeit seiner betriebswirtschaftlichen Interessen und Forschungen war er kein normativer Systematiker in dem Sinne, dass er ein geschlossenes System der Betriebswirtschaftslehre aus einer Normierung der für sie geltenden Werte, Zwecke und Ziele geschmiedet hätte. Einen derartigen Versuch der Entwicklung einer normativen Betriebswirtschaftslehre hielt Schmalenbach für verfrüht und verschrieb sich als eine dem bíos practicós wie dem bíos theoreticós zugetane Persönlichkeit dem Pragmatismus, indem er in seinen Analysen den ihm besonders liegenden Problemen oder dringendsten Fragen der Betriebe den Vorzug gab.

4.2   Der Lehrer

„Gehe mit Gelehrten um, so wirst du Gott immer mehr zu danken haben." Diese Sentenz Heinrich Leberecht Fleischers kann wohl eine Erklärung für Schmalenbachs Lehrerfolge sein. Alle, die das Glück hatten, sich seine Schüler nennen zu können, haben sich in den Bann seiner wissenschaftlichen Passion und seines pädagogischen Eros ziehen lassen. Ähnlich wie Schmalenbach in seinen Publikationen durch die Originalität seiner Ideen, durch die Anschaulichkeit der Diktion und durch treffende Metapher die Leser zu fesseln verstand, so wusste er in seinen Vorlesungen und Seminaren mit Humor, Scherzen und mit der **„List der**

Vernunft" die Betriebswirtschaftslehre zu einer **„fröhlichen Wissenschaft"** zu gestalten und seine Hörer für sie zu gewinnen. Vielen seiner Schüler hat er die Entscheidung zum Studium dieser Disziplin erleichtert. Trotz alledem hielt er den Kreis seiner Schüler eng. Wenn auch die Zahl der Kölner Studierenden der Wirtschaftswissenschaften schon in den zwanziger Jahren zum ersten Male im Wintersemester 1922/23 dreitausend überschritt, so nahm Schmalenbach damals nicht mehr als zwanzig Mitglieder in sein Seminar auf, weil er in dieser Frequenz die für eine ersprießliche Arbeit zulässige Maximalteilnehmerzahl erblickte. Dabei war er als ein strenger Seminarleiter und Examinator bekannt. Wenn nach seiner Ansicht ein Seminarmitglied trotz der Erfüllung der erschwerten Aufnahmebescheinigungen die wissenschaftliche Reife nicht besaß, wurde er aus dem Seminar verwiesen. In den Prüfungen kam es Schmalenbach auf die Feststellung des spezifisch betriebsökonomischen Denkvermögens der Kandidaten an.

Schmalenbachs Härte gegen sich selbst und zuweilen gegen andere war aus seinem dauernden Bestreben zu verstehen, der Wissenschaft und insbesondere der Betriebswirtschaftslehre die ihr zukommende Reverenz zu zollen sowie der Inflation der auf Universitäten und Hochschulen ausgebildeten Betriebs- und Volkswirte zu steuern.

Dass Schmalenbach mit seiner Strenge gegen sich und zuweilen gegen andere der deutschen Betriebswirtschaftslehre einen großen Dienst erwiesen hat, bestätigte jüngst noch ein englischer Nationalökonom, der klagte, dass England keine Betriebswirtschaftslehre hat und dort Gelehrte wie ein Eugen Schmalenbach und andere deutsche betriebswirtschaftliche Pioniere fehlen.

4.3   Der Mensch

Wenn Eugen Schmalenbach im vierten Jahrhundert vor Christi Geburt in Athen gelebt hätte und dort auf der Agorá dem Repräsentanten der Älteren Kynischen Schule Diogenes von Sinope begegnet wäre, als dieser mittags mit der Laterne nach „Menschen" suchte, dieser Philosoph wäre sicherlich vor Schmalenbach stehengeblieben und hätte ihn freudig mit „o ánthrope" begrüßt; denn ähnlich wie dieses griechische Wort Mensch und Mann bedeutet und Mensch auch sprachlich mit Mann zusammenhängt, so verkörpert Eugen Schmalenbach im besten Sinne Mannestum und Menschentum.

Wie kam es aber zu dieser seltenen Persönlichkeit? Es waren sein Mut, seine Gradheit und Aufrichtigkeit sowie seine damit verbundene Treue seinem Werke, sich selbst, seiner Familie und seinen Freunden gegenüber.

Mögen die Gegenstände seiner Forschungen sich sehr voneinander unterscheiden, mögen sich in seinen Arbeiten hier und da Widersprüche zeigen, er ging in seinen Analysen immer vom ökonomischen Prinzip aus. Aus ihm entwickelte er den Reichtum seiner Ideen, wobei diese Ideen derartig mit ihrem Träger verknüpft waren, dass der Träger als die Verkörperung seiner Ideen erschien. Hierin sehen Freunde von ihm das Geheimnis seiner über seine Leistungen hinausgehenden Wirksamkeit.

Zu dieser Treue zu seinem Werk gesellte sich die Treue zu seiner Wirkungsstätte, zu Köln sowie zu seiner Alma Mater. Die Gründe hierfür waren die weitgehenden Forschungsmöglichkeiten und die zentrale Stellung der Betriebswirtschaftslehre innerhalb der Wirtschaftswissenschaften an der Universität zu Köln.

Eugen Schmalenbach ist sich selbst treu geblieben. Das beweist vor allem seine demokratische Haltung, die ihn 1933 bis 1945 veranlasste, sich durch Emeritierung von seiner geliebten Lehrtätigkeit zurückzuziehen. In den ersten Jahren seiner Emeritierung konnten seine Bücher noch erscheinen. Hierbei zeigte er einen Mut, der seine Freunde die schlimmsten Folgen für ihn befürchten ließ. So verzichtete er in der 6. Auflage seiner „Selbstkostenrechnung und Preispolitik" (Leipzig 1934, S. 294) auf die Erörterung der Preispolitik unter dem Gesichtspunkt des „Gemeinnutzens" mit folgender Begründung:

„Überdies ließe sich ein solches Thema nicht ohne Kritik der bestehenden Zustände bearbeiten." ... „Aber es wäre auch Negatives zu sagen, zum Beispiel über die Beseitigung der Wirtschaftsfreiheit da, wo sie frei sein darf und frei sein sollte. Ob man aber bei negativer Kritik nicht den Punkt überschreitet, wo die erlaubte Kritik aufhört und als unerlaubte Nörgelei gilt, weiß man im Einzelfall nicht. Unter diesen Umständen versteht man, dass ein ordentlicher Staatsbürger, der die Gesetze zu halten wünscht, die Erörterung von Problemen unterlässt, bei denen die gesetzlichen Grenzen der Kritik nicht deutlich wahrnehmbar sind. Eine lediglich positive Kritik liegt mir schon deshalb nicht, weil sie mir den ganz üblen Nachgeschmack der Speichelleckerei verursachen würde."

Im Vorwort desselben Buches hatte er diesen Verzicht auf preispolitische Erörterungen schon wie folgt angedeutet: „Hinsichtlich der formalen Zielsetzung des Buches sind die in früheren Auflagen stark betonten wirtschaftspolitischen Gedankengänge gemodelt worden. Vorschläge und Postulate haben einer lediglich betrachtenden Darstellung Platz gemacht. Der Verfasser fühlt sich berechtigt, die Arena zu verlassen und sich in den Zuschauerraum zu begeben."

Ferner wurde in diesem Vorwort die damalige Abkehr von früheren Erziehungszielen des wirtschaftswissenschaftlichen Unterrichts folgendermaßen bedauert: „Betriebswirtschaftler haben in der Durchdringung der Wirtschaft mit exakter Rechenfestigkeit und der Abwehr unexakten Tuns und Redens viel geleistet. Heute tritt diese Schulungsweise an den Wirtschaftsfakultäten und Handelshochschulen gegenüber anderen Erziehungszielen zurück. Aber die Wirtschaft braucht diese Wertungsspezialisten nach wie vor, ..."

Vorbildlich wirkten Schmalenbachs harmonische Ehe und die Treue zu seiner Familie. Trotz der politischen Verhältnisse seit dem Jahre 1933 errichtete er noch Ende desselben Jahres seiner jüdischen Gattin Marianne durch die Widmung seines Buches **„Kapital, Kredit und Zins in betriebswirtschaftlicher Beleuchtung"** (Leipzig 1933), das vielfach als sein wissenschaftlich wertvollstes Werk angesehen wird, ein Denkmal mit den Worten: „Dieses Buch ist meiner Frau gewidmet. Es ist der bescheidene Versuch einer Abgeltung wichtiger Verdienste um meine wissenschaftliche Arbeit. Diese Arbeit kann nur gedeihen in einem Hause, in dem liebevolle Fürsorge den Verfasser und seine Arbeitsstätte umgibt."

5   Veröffentlichungen von Eugen Schmalenbach

Über 35 Buchveröffentlichungen und selbstständige Publikationen (teilweise in mehrfachen Auflagen).

Annähernd 200 Beiträge in Zeitungen, Zeitschriften und Sammelwerken.

Ca. 180 Beiträge in der Zeitschrift für handelswissenschaftliche Forschung (ZfhF) und in anderen

Zeitschriften.

Pflichtlektüre für Betriebswirte

Dynamische Bilanz. 13. Auflage, Köln und Opladen 1962 (bearbeitet von Richard Bauer).

Der freien Wirtschaft zum Gedächtnis. 3. Auflage, Köln und Opladen 1958 (bearbeitet von Richard Bauer).

Die Betriebswirtschaftslehre an der Schwelle der neuen Wirtschaftsverfassung.
In: Zeitschrift für handelswissenschaftliche Forschung (ZfhF), 22. Jahrgang 1928, S. 241-251.

Neue Aufgaben der Betriebswirtschaftslehre.
In: Betriebswirtschaftliche Beiträge. 1. Jahrgang 1947, S. 3-9.

Über die literarische Betätigung der Wirtschaftsprüfer, in: Die Wirtschaftsprüfung, 1. Jahrgang 1948, Nr. 1, S. 3-4.

Der Wirtschaftsprüfer als Krisenwarner.
In: Die Wirtschaftsprüfung, 1. Jahrgang 1948, Nr. 2/3, S. 1-3.

6   Zitate

„Die Bedeutung des Rechnungswesens für ein Unternehmen kann nie zu hoch eingeschätzt werden."
Aus: Richtlinien für eine kaufmännische Normalbuchführung (1927).

„Die gegenwärtige Betriebswirtschaft ist in besonderem Grade empfindlich gegen finanzielle Überraschungen."
Aus: Die Aufstellung von Finanzplänen (1931).

„Ich lege mehr als die meisten anderen, auch nicht betriebswirtschaftlichen Autoren Wert auf das Gewordene. Die meisten Theoretiker sind radikaler und schreiben leichter über die praktischen Tatsachen hinweg."
Aus: Dynamische Bilanz (1933).

„Es kommt weniger darauf an, was man in der Praxis tut, als was man in der Praxis, und zwar in der Praxis ordentlicher und ehrenwerter Kaufleute für richtig hält."
Aus: Grundsätze ordnungsmäßiger Bilanzierung (1933).

„Erst recht würde der Beruf des Bilanzprüfers Bedeutung gewinnen, wenn er sich verantwortlich fühlen müsste, dass er ein wesentliches Organ der Kapitallenkung der Nation ist."
Aus: Allgemeine Grundsätze ordnungsmäßiger Bilanzierung (1944).

„Als ich im Jahre 1903 meine Lehrtätigkeit begann, mussten zwei besonders wichtige Gegenstände bearbeitet werden: erstens die Lehre vom Geld- und Kapitalverkehr und zweitens das Rechnungswesen der Betriebe, das infolge seiner formalischen Einengung unter allen Umständen auf einen wesentlich höheren Stand zu bringen war."
Aus: Neue Aufgaben der Betriebswirtschaftslehre (1948).

„Der Verfasser hält für das wesentlichste der Merkmale den Preismechanismus, weil der Kopf wichtiger ist als die Glieder."
Aus: Der freien Wirtschaft zum Gedächtnis (1949).

„Diejenigen, die in der Wirtschaft stehen oder von der Wirtschaft etwas verstehen, sind sich heute in der großen Mehrzahl darüber einig, dass wir zu einer Wirtschaft, wie sie einmal in ihrer besten Zeit war, nicht zurückkommen."
Aus: Der freien Wirtschaft zum Gedächtnis (1949).

„Das Rechnungswesen hat die Aufgabe, der Denkschulung des akademischen Betriebswirts zu dienen."
Aus: Die doppelte Buchführung (1950).

„Der wichtigste Bestandteil der betriebswirtschaftlichen Denkschulung ist ein stark ausgeprägtes Störungsgefühl gegen Unwirtschaftlichkeiten, wie sie in jedem Betrieb vorkommen und immer wieder sich von neuem einnisten."
Aus: Die doppelte Buchführung (1950).

7   Literatur

Bellinger, Bernhard: Geschichte der Betriebswirtschaftslehre. Stuttgart 1967.

Brockhoff, Klaus: Geschichte der Betriebswirtschaftslehre. Wiesbaden 2000.

Cordes, Walter (Hrsg.) – Autoren Max Kruk. Erich Pothoff. Günter Sieben unter Mitarbeit von Harald Lutz: Eugen Schmalenbach. Der Mann – Sein Werk – die Wirkung. Stuttgart 1984.

Lück, Wolfgang: Geschichte der Betriebswirtschaftslehre – Vorlesungsmanuskript (unveröffentlicht).

Münstermann, Hans: Geschichte und Kapitalwirtschaft. Beiträge zur Allgemeinen Betriebswirtschaftslehre. Wiesbaden 1963.

Potthoff, Erich: Schmalenbachs Leben und Wirken für die Betriebswirtschaftslehre. In: Betriebswirtschaftliche Forschung und Praxis (BFuP), 2/1998, S. 141–153.

Schmalenbach, Eugen unter Mitwirkung von Richard Bauer: Dynamische Bilanz. 11. Auflage. Köln und Opladen 1953.

Schmalenbach-Gesellschaft für Betriebswirtschaft e. V.: Zukunftsperspektiven der Betriebswirtschaftslehre – 75 Jahre Schmalenbach-Gesellschaft für Betriebswirtschaft e. V. – Köln 2007.